U0089576

古代歷史文化研究輯刊

二一編

王明蓀 主編

第30冊

明清廣東狀元與進士的人文地理研究

陳漢成 著

國家圖書館出版品預行編目資料

明清廣東狀元與進士的人文地理研究／陳漢成 著 — 初版 --
新北市：花木蘭文化事業有限公司，2019〔民 108〕
目 4+260 面；19×26 公分
（古代歷史文化研究輯刊 二一編；第 30 冊）
ISBN 978-986-485-748-7（精裝）
1. 科舉 2. 人文地理 3. 廣東省
618   108001547

ISBN-978-986-485-748-7

古代歷史文化研究輯刊
二一編　第三十冊　　　　　ISBN：978-986-485-748-7

明清廣東狀元與進士的人文地理研究

作　　者　陳漢成
主　　編　王明蓀
總 編 輯　杜潔祥
副總編輯　楊嘉樂
編　　輯　許郁翎、王筑　美術編輯　陳逸婷
出　　版　花木蘭文化事業有限公司
發 行 人　高小娟
聯絡地址　235 新北市中和區中安街七二號十三樓
　　　　　電話：02-2923-1455／傳真：02-2923-1452
網　　址　http://www.huamulan.tw 信箱 hml810518@gmail.com
印　　刷　普羅文化出版廣告事業
初　　版　2019 年 3 月
全書字數　220290 字
定　　價　二一編 49 冊（精裝）台幣 122,000 元

版權所有‧請勿翻印

明清廣東狀元與進士的人文地理研究

陳漢成 著

作者簡介

陳漢成博士，廣東省汕尾縣人士。現為香港教育局課程發展處借調老師及保良局唐乃勤初中書院中國歷史科主任。2011 年獲香港教育局頒發「第十六屆表揚教師狀」。2017 年畢業於廣州暨南大學，獲中國史博士學位，主修歷史地理學。主要研究興趣為中國明、清歷史地理學和香港教育史。其著述涵蓋香港教育歷史和非華語學生學習中國歷史的教育研究。

提　　要

　　本研究工作的目的和創新點是在歷史人文地理的理論基礎上，從明清時期，廣東的文化、經濟與政治等方面，研究明清狀元與進士的人文地理。本書研究方法是透過分析明清時期的《明清歷科進士題名碑錄》，並參考各種形式的質性證據，包括明清時期的《方志》《府志》《州志》《縣志》《傳記》《家譜》作出歸納與總結。

　　本文主要的研究成果分為三部分：第一、從明清廣的文化、狀元與進士的人文地理分佈、經濟與政治等方向，作深入分析及探討其文化傳承。第二、整體檢視乾隆時代的廣東科舉盛況，分析明清廣東狀元與進士地理分佈的傳承。第三、透過廣東科舉興盛的南海縣、順德縣及番禺縣作地域個案考察，闡釋明清廣東狀元與進士的增長情況。

　　本文創新之處及結論共有三點：第一、明清時期廣東進士數目的增加，原因之一是廣東科舉家族積極地透過興建書院及利用科舉賓興制度，持續地鞏固廣東進士數目增加的成果。第二、乾隆對廣東科舉家族所作出的貢獻，例如乾隆積極地透過在廣東興建書院及推動科舉賓興制度，開創了廣東狀元與進士的發展方向。第三、透過明清廣東 1,909 名進士的籍貫分析，呈現明清廣東狀元與進士所具備的特性。

目次

第一章　緒　論

第一節　研究工作的目的及涉及範圍

　　本研究工作的目的是在人文地理學的理論基礎上，以明清時期廣東在人口、文化、地理、經濟與政治等方向，作深入研究明清時期的狀元與進士的人文地理分佈。

　　本書研究涉及範圍及時期是由明朝至清朝，由於科舉制度在 1905 年被廢除，所以本文的研究時期是由西元 1370 年至 1904 年。而爲了可更清晰地展示明朝與清朝，在科舉制度方面的不同政策，如何影響廣東的狀元與進士發展，本文將會以六個時期闡釋明朝與清朝在科舉制度方面的不同政策，簡列如下：

　　明朝前期即由洪武、建文及永樂三朝組成（西元 1370～1424）

　　明朝中期即由洪熙、宣德及正統三朝組成（西元 1425～1499）

　　明朝後期即由景泰至崇禎朝組成（西元 1450～1644）

　　清朝前期即由順治、康熙、雍正及乾隆四朝組成（西元 1644～1795）

　　清朝中期即由嘉慶、道光及咸豐三朝組成（西元 1796～1861）

　　清朝後期即由同治至光緒朝組成（西元 1862～1904）

　　清朝廣東的研究範圍是根據清朝嘉慶時期（1820）廣東省下設 9 個府和 4 個直隸州，合共 89 個府、州及縣。廣東省下設 9 個府包括有廣州府、肇慶府、韶州府、惠州府、潮州府、高州府、廉州府、雷州府、瓊州府；廣東省下設 4 個直隸州分別是羅定州、南雄州、連州及嘉應州。

　　廣州府共有 14 個縣。包括南海縣、番禺縣、順德縣、東莞縣、從龍縣、龍門縣、新寧縣、增城縣、香山縣、新會縣、三水縣、清遠縣、新安縣、花縣。

　　肇慶府共有 12 個縣和 1 個州。包括高要縣、四會縣、新興縣、高明縣、廣寧縣、開平縣、鶴山縣、封川縣、開建縣、恩平縣、陽江縣、陽春縣、德慶州。

　　韶州府共有 6 個縣。包括曲江縣、樂昌縣、仁化縣、乳源縣、翁源縣、英德縣。

　　潮州府共有 8 個縣和 1 個廳。包括海陽縣、豐順縣、潮陽縣、揭陽縣、饒平縣、大埔縣、澄海縣、普寧縣、南澳廳。

　　惠州府共有 9 個縣和 1 個州。包括歸善縣、博羅縣、長寧縣、永安縣、海豐縣、陸豐縣、龍川縣、河源縣、和平縣、連平州。

　　高州府共有 5 個縣和 1 個州。包括茂名縣、電白縣、信宜縣、吳川縣、石城縣、化州。

　　雷州府共有 3 個縣。包括海康縣、遂溪縣、徐聞縣。

　　廉州府共有 3 個縣和 1 個州。包括合浦縣、靈山縣、防城縣、欽州。

　　瓊州府共有 10 個縣和 2 個州。包括瓊山縣、澄邁縣、定安縣、會同縣、樂會縣、臨高縣、感恩縣、昌化縣、陵水縣、萬縣、儋州、崖州。

　　廣東省下設 4 個直隸州分別是羅定州、南雄州、連州及嘉應州。

　　羅定直隸州共有 2 個縣和 1 個州。包括羅定州、東安縣、西寧縣。

　　南雄直隸州共有 1 個縣和 1 個州。包括南雄州、始興縣。

　　連州直隸州共有 1 個縣和 1 個州。包括連州、陽山縣。

　　嘉應州直隸州共有 4 個縣和 1 個州。包括嘉應州、長樂縣、興寧縣、平遠縣、鎮平縣。

　　人文地理學是指以地域為單元，用系統科學的原理與方法研究人地關係，探討人地關係地域系統形成、發展、演變與分佈規律的科學。根據《大英百科全書》，人文地理學是研究多種人文特徵的分佈變化和空間結構的科學。本文是從人文地理學的理論基礎上，對明清時期廣東在人口、文化、地理、經濟與政治等方向，作深入研究明清時期的狀元與進士的人文地理。

　　而本文主要是以明清廣東的文狀元作為研究，至於明清廣東的武狀元，並不在本文的研究範圍內。

　　西漢司馬遷所著的《史記》中的《貨殖列傳》，記錄了從上古到西漢初年各地的風土人情、經濟物產、交通貿易以及城市和地區差異。東漢班固所著的《漢書》中的《地理志》，記錄了當時全國和地方的行政彊界、人口民情、經濟貿易、道路市鎮等情況。《地理志》開創了按行政區域編撰地方志的先河，從而形成了省有省志、府有府志、州有州志、縣有縣志的地理志景象。

　　本研究的經線，主要是以明清時期的《明清歷科進士題名碑錄》爲主，而在研究的緯線方面，本文主要是評量各種形式的質性證據，包括明清時期的方志、府志、州志、縣志、傳記、家譜、社會小說和狀元與進士著作等。第二章是廣東狀元與進士的歷史人文地理基礎，本章是從廣東古史考證歷代廣東社會風俗與廣東文化傳承的關係。分析朝代是從明朝至清朝。第一章共分爲五節，作爲分析廣東歷代文化傳承的脈絡，以冀達到詳盡地呈現明朝至清朝的廣東社會風俗與其氣候、文化傳承和廣東狀元與進士產生的人地關係，地域系統形成及演變。

　　第三章是以明朝至清朝的科舉制度，從廣東狀元與進士的變化狀況進行分析人才分佈規律。本章是以科舉的崛起、發展、全盛至沒落的綜合分析研習。本文是以明朝 880 名廣東進士及清朝 1,029 名廣東進士進行研究。從閱覽明清廣東 1,909 名進士的資料、統計與重組，闡釋明清兩朝廣東科舉興盛的實況。

　　第四章是分析明朝至清朝，廣東狀元與進士的地理分佈規律，本章是全文的重點所在──綜合分析明朝至清朝廣東狀元與進士的人數與地理分佈兩者的關係，並以 1,909 名進士（包括 26 名三鼎甲進士）的比較與分析。在此研究結果上，可完滿闡釋一個現象：爲何在漫長的 1300 年中國科舉制度中，廣東只有九位文狀元；卻在明清期間，廣東在產生狀元與進士的人數方面，出現特殊增長的情況，明朝和清朝各有 3 名廣東文狀元；本文是以明朝 880 名廣東進士及清朝 1,029 名廣東進士進行研究。

　　第五章是明朝至清朝廣東狀元及進士的人文構成，廣東狀元與進士的增加，背後的原因是明清廣東科舉家族積極地透過興建書院及利用科舉賓興制度，持續地鞏固廣東狀元與進士增加的成果，反映出地域系統形成和演變，呈現了人地關係的人文地理規律。

　　第六章是明清時期廣東狀元與進士的朝代個案考察，以乾隆時代爲例，因乾隆時代共有 257 名廣東進士產生，在明清廣東進士研究而言，乾隆時代

是具有一定的代表性，例如在廣東地域系統形成和演變，府縣的人地關係和最終展現的人文地理分佈規律。並且以此朝代個案研究，主要集中以乾隆對廣東科舉家族所作出的貢獻爲主線，例如他積極地透過在廣東興建書院及利用科舉賓興制度，成就了廣東狀元與進士的發展與廣東科舉的興盛。

第七章是明清時期廣東狀元與進士的地域個案考察，以廣東南海縣、順德縣及番禺縣爲例，此朝代個案研究是透過明清時期廣東產生的狀元與進士的籍貫，從廣東各省的地域個案作一歸納及分析。本文並會利用明清時期的科舉發展與廣東狀元與進士的社會流動，作一比較與總結，藉此反映明清時期廣東狀元與進士的地域獨特性。

廣東自隋至宋代，共七百七十多年，只有三位狀元；而元至清三代共五百四十多年，則有六位源自珠江三角洲的富庶地區。由此觀之，地區富庶對文化的傳承和培育人才是有直接的關係。例如私人書院的建立、出版印刷、宗族制度、幫助舉子應試的社區援助機制。

第二節　相關領域的前人研究成果及研究設想、研究方法及學術史回顧

在國內外研究現狀和發展趨勢，略述如下：從學術著作及論文題目而言，中國、中國香港、臺灣、日本、韓國、越南、英國、加拿大與美國等國家均曾採用不同深度的探究方式研習中國歷代科舉制度之沿革，20 世紀 90 年代，相對研究進士的學術論文而言，有關狀元與地理分佈的論文研究並不太多，而近年來，特別是中國內地的學術研究方向已從制度史轉往歷史民族地理學。本文對於科舉制度在中國實行了約 1300 年的研究是建基於前人的相關研習成果而成。

近年來，研究科舉與明清社會流動的史料陸續公開，明代鄉試錄 313 種、會試錄 54 種、進士登科錄 54 種、進士同年齒錄 15 種及進士履歷便覽 17 種，《明代登科錄編匯》《清代朱卷集成》《天一閣藏明代科舉錄選刊·登科錄》《天一閣藏明代科舉錄選刊·會試錄》《天一閣藏明代科舉錄選刊·鄉試錄》，科舉的研究，再度興起，而有科舉學的出現，例如于志嘉利用《萬曆三十八年（1600）庚戌科序齒錄》，分析 77 名軍籍進士祖孫五代社會身份的變遷。張傑的《清代科舉家族》，即用統計分析法，處理《清代朱卷集成》中的家族背景資料，討論中式進士的垂直流動。

明清科舉學與社會流動的研究和發展趨勢，除研究縱向垂直的上下流動及橫向的水準流動外，又注重區域研究，在相關的資料整理方面，1980 年，朱保炯及謝沛霖在房兆楹與杜聯喆編《增補清朝進士顯名碑錄附引得》，的基礎上，編輯《明清朝進士顯名碑錄索引》，確認全國進士的籍貫。

對於清代鄉會試同年齒錄的論述，較早的是商衍鎏於 1958 年在《清代科舉考試述錄》第二章第七節論及同年齒錄。但這一類文獻在國內多年來未受到學界的關注及應用，研究成果長期闕如，根據 2004 年版本，商衍鎏《清代科舉考試述錄》有關清代對於清代童生、生員、舉人及進士系內之各種考試均有詳細的闡述。

商衍鎏《清代科舉考試述錄》包括童生之考試，生員、生員系之各種考試，細列童生之縣試、府試、院試的內容，並提供江寧縣學宮、廣東省揭揚縣文廟及廣東省番禺縣學宮圖以作說明。至於生員歲考及科考也有詳細的闡述，較爲重要的是廩生、增生、監生的分類說明。至於五貢，即優貢、拔貢、歲貢、恩貢、拔貢。優貢、拔貢皆爲省學政所選取以貢成均者，優貢三年一考選，取額極少，拔貢十二年一舉行，每縣一人，府兩人，並可入京朝考授官。而在考核教職方面，其等級包括教授、學正、教諭、訓導、教官。

舉人系內之各種考試，包括鄉試之定制、場規、考試方法、考官及鄉試中額。而在第二章第七節對本文內容較爲重要，商衍鎏提供有關清代鄉會試之登科錄、試錄、同年齒錄（附師生年誼）

試錄之刊刻，始於洪武二十一年，《清代科舉考試述錄》第二章第七節指出清朝沿之亦有試錄，普通稱曰闈墨。

《清代科舉考試述錄》第二章第九節有關清代各鄉試停科補行史料，分別以停考科分及省份與補行年份及科分區分，對於研習清朝廣東科舉實況具有參考價值。

《清代科舉考試述錄》第三章論及進士及關於進士系內之各種考試，包括會試、復試、殿試、朝考及翰林院庶起士之散館、考差大考（附南書房、上書房）及制科（博學鴻詞、經濟特科、孝廉方正、經學及召試）。而清代會試年份科分表、清代殿試、會試歷科首選姓名表一百一十二科會試中額統計、殿試會試首先姓名表、清代殿試、會試歷科首選省份統計表，而商志醰校注於 2004 年版本《清代科舉考試述錄》有關在 2003 年制的清代順治至光緒廷試中額差異統計表，對於本文在資料分析方面，具有重要的參考價值。更由

於清朝科舉制度多承明制，因此《清代科舉考試述錄》為本文的重要參考書目。

至於《登科記》，從唐朝中宗神龍（705～707）時起，就已有記載登第進士的姓名，稱作《進士登科記》，唐人所編的《登科記》，在穆宗長慶（821～824）以前，共有十多種，但不論是官家或私人所修的唐朝至五代的登科記在宋朝已殘缺或失傳，其後北宋人著《登科記》三十卷，南宋人洪适亦補作《重編登科記》十五卷，但今天上述的書均已亡佚，清人徐松（1781～1848）以《文獻通考》所載的唐登科記的總目為科名，以人物為綱，從大量科舉史料纂輯成一部三十卷的《登科記考》，於道光十八年（1818）成書。

清人徐松所撰的《登科記考》是一部唐代科舉編年史，詳細記載自唐武德元年至周顯德六年的科第史料。唐一代登科者，進士 2,087 人，其中編年者 1,404 人，入附考者 683 人，諸科 48 人，其中編年者 24 人，入附考者 24 人，明經 303 人，其中編年者 45 人，入附考者 258 人，制科、宏詞、拔萃 562 人，其中編年者 486 人，入附考者 76 人。

《清代朱卷集成》最顯著的特點，是對家族所有具備科舉功名者，全部列入，從而成為研究清代科舉家族最完整的原始資料，《清代朱卷集成》具有準確性，多樣性及豐富性。《清代朱卷集成》是數千個家族的人物傳記，其數量超越《清史稿》和《清史列傳》，可稱清代科舉家族的特殊族譜，完全彌補族譜之缺失。

毛曉陽指出《清代賓興志》是明清時期專門為參加科舉考試的考生提供免費資助的地域性助考公益基金，清代約全國 1883 個府州縣中，有 617 個均設有賓興基金，賓興地域分佈率達到 32.8%，《清代賓興志》文獻可分三類，即地方志、賓興專志、個人文集筆記等其他文獻。

一、《清代賓興志》文獻最大門類是地方志。目前我們能夠較方便地集中利用的地方志是兩種方志叢書，即是《中國方志叢書》和《中國地方志集成》。

保存史實是《清代賓興志》的基本出發點，這在很多地方志的記載中都有所反映，如廣東海豐縣，乾隆十三年（1748），知縣于卜熊清理賓興田產後，特撰《新立賓興記》一文說明將事立卷存案的目的，清人將賓興活動刊載入志，其目的雖是為保存史實，但更深層的目的，則是為了有朝一日當賓興基金遭到豪紳或猾吏侵蝕時，地方志的記載可以作為清理積弊，恢復原貌的最佳憑證。又如廣東海康縣，據民國《海康縣志》目錄顯示，第 12 卷為學校志

六，內容包括學署、學額、書院、試院、賓興、會館，但該志《中國地方志集成》影印本第 11 至 13 卷正好全缺。

二、《賓興專志》主要是指專門記載賓興的地方文獻。包括賓興志、賓興徵信錄，由於此類文獻在清代賓興基金的社會監管機制中具有較為重要的作用，但是經過長時間的損毀散佚。特別是科舉制度被停廢後，原先讓人們引以為傲，積極從事的賓興公益反而成為被國家、政府和社會漠視，甚至是鄙視的事物，因而與之相關的賓興專志，都不再被人所收藏，逐漸湮沒於歷史塵埃之中。

關於賓興志，如廣東高要縣《高要縣賓興館產業四刻》，收藏於廣東省中山圖書館古籍部，賓興志比其他地方志的記載更加詳盡，特別是詳細記載賓興所擁有的資產、管理章程、論說文章、管理董事、捐資者姓名等。多為賓興個案研究不可多得的第一手資料，由於賓興志的收藏地點往往極為分散，多為縣、市圖書館或檔案館，有些甚至收藏於私人手中，故而查閱利用相對困難。

關於賓興徵信錄，如浙江平湖縣《嘉定縣賓興徵信錄》《平湖縣志》卷四《建置志》記載了平湖縣的創立過程及其田產、田租，並收錄了該局兩個版本的管理章程，由於賓興徵信錄一般在賓興發展過程中隨時刊印，而地方志則一般要經過一定年份才會編纂新版。故賓興徵信錄往往成為地方志資源收集的重要來源。

三、文集、筆記等其他文獻，除了《清代賓興志》《地方志》兩種最直接的賓興文獻，個人文集、筆記、日記、年譜等古代文獻，偶而也會有關於清代賓興的記載，此類文獻，有些可以補地方記載簡略之不足，有些則因為地方志記載的缺漏，而成為考察當地賓興的惟一文獻，在一些地方，個人文集、筆記、日記、年譜等古代文獻，往往能夠成為當地《地方志》記載的有益補充。如湖南湘鄉縣，咸豐六年（1856），知縣唐逢辰與紳士劉象恒、曾國潢等籌集捐款，設立賓興堂，資助從童試、齡科試到鄉試、會試、貢生廷試等各項考試經費，此時尚在軍事倥傯之中的曾國藩撰寫了一篇《湘鄉縣賓興堂記》，除了記述其捐設的過程。還引經據典對其給予了高度的評價。

《明清進士題名碑錄索引》作為工具書有這麼高的發行量（12,400 冊），因《明清進士題名碑錄索引》對進士籍貫的記載進行考察進士分省及分地區統計。藉以考察傳統社會中人才的地理分佈，從而引入進士群體的社會史研

究，這是近年來學界的一大熱點，但是，不少學者如毛曉陽陸續發現了其中的錯訛，而進士的籍貫著錄錯誤是一重要的原因。

吳根洲在《明清進士題名碑錄索引刊誤述論》指出，清代十八行省中，有許多行省名稱僅一字之差，包括江西、江南及分省之後的江蘇同一個江字、湖廣及分省之後的湖北、湖南同一個「湖」字，江南、河南、湖南、雲南，同一個「南」字，山西、陝西、江西、廣西同一個」西」字，廣東、廣西同一個「廣」字，山西、山東同一個「山」字，在這些名稱相近的省籍之間容易發生進士籍貫著錄錯誤，吳根洲整理爲 6 大類 13 小類，共涉及進士籍貫錯誤 44 例。例如廣西與廣東之間省籍錯置，科年甲第光緒三年、十五年及十八年，包括經校訂的廣西黃維清、張建瀛及馮舜生，再如廣東誤爲廣西進士，科年甲第乾隆七年、光緒六年，包括經校訂的廣東李學、邱普昕。

《明清進士題名碑錄索引》是以《題名碑錄》爲底本參閱多種資料校補而來，其部分錯誤由《題名碑錄》而來，具體而言，乾隆十六年三甲第三十名譚尚忠、乾隆三十一年三甲第八十二名劉驥、乾隆三十一年三甲第三十名吳之珩，共有 3 名江西誤爲江南，合共 15 例錯誤來自《題名碑錄》，其他 47 例爲新增的錯誤。並不是來自《題名碑錄》，更多的可能來自自編者或印刷者。

江慶柏的《題名錄》也以《題名碑錄》爲底本，參閱包括《明清進士題名碑錄索引》在內多種資料校補而來，大大減低了錯誤，也包括省籍錯誤，在《明清進士題名碑錄索引》出現的 62 例錯誤中，仍有 3 種未校補，如乾隆七年三甲第一百六十名王企，仍爲湖北（應爲浙江）嚴州府淳安府者。

《清代鄉會試同年齒錄》是鄉試和會試同榜考取者的人名錄和他們履歷的彙編，在古代某一科年（如乾隆七年）同榜考取者的舉人或進士，互稱爲同年，同年齒錄是同年之間用以聯誼和通訊的個人的個人彙編，其功能相當於現在的同學名錄，但其功能遠比現在的同學名錄，但其內容遠比現在的同學名錄豐富。

馬鏞在《清代鄉會試同年齒錄研究》指出清代鄉會試同年齒錄不僅是同榜考取者的人名錄和他們履歷的彙編，而且是同榜考取者家庭及家庭成員履歷的彙編，對研究員和使用者而言，無疑均是極佳的史料。

同年齒錄與同年錄的不同，清代同年錄資源來自考生自己提供的，但編纂體例卻很不同，可以分爲兩種：

一種稱爲會試同年錄，其姓名排列按取的名次爲序，以刊登錄取的舉人或進士的名稱爲主。內容較簡易，只有主要考官姓名、官銜、考試題目，接

著按考取名次登載考取者的姓名、年齡、籍貫和身份、考試題目一般只載第一場的八股文和第二場的五經文題目，有的連試題也不載，如《光緒甲辰會試同年錄》首載大總裁裕德及內監試、同考官、內收掌的姓名、職銜，然後是會試者名次，不過，鄉試同年錄往往以十八省爲單位，全載各省人的年齡、籍貫和名次。而鄉會試同年齒錄則大多只載一個省份的舉人信息，但也有一些鄉會試同年齒錄是彙集各省齒錄而成。

　　另一種則稱爲鄉會試同年齒錄，雖名稱只多了一個「齒」字，在體例和內容上與同年錄有很大區別。同年齒錄除了不按考試名次，而按考生年齡長幼排列之外，與同年錄的主要差異在於：（1）有考生詳細履歷，（2）同年齒錄有考生豐富的親屬家族與社會關係包括祖上三代姓名、官銜、以及叔侄、兄弟等人的姓名、身份、和考生老師姓名、身份、官銜等，（3）同年齒錄有考生從童試開始的歷次考試名次的記錄，（4）同年齒錄大多有考生的居住地址，有的還有以前居住於何處，現住何處的記載，（5）同年齒錄在版式上，每一頁都分爲上下兩欄，上欄記直系親屬和老師、始祖、三代和受業師，受知老師的姓名等資料，下欄記旁系親屬如叔、伯、兄弟和侄子的姓名，官銜等資料，也與同年錄不同。

　　《清代鄉會試同年齒錄》所載的考生祖上履歷，有的從家族的始祖開始，有的從高祖開始，但這種情況屬少數，一般只記載曾祖、祖、父三代。

　　近半個世紀以來，學術界很注重明清進士的社會流動問題，潘光旦、費孝通在《科舉與社會流動》（1947）中，對915本從康熙至宣統的朱墨卷中相關信息進行統計，以祖上五代所獲得的功名高低爲標準，對這些家族分爲上中下三級：上級包括貢士及進士，中級包括各種貢生各舉人，下級包括各種生員，由此得出：五代之內均無功名的只有122人，在915人中只占13.33%，從而得出結論：科舉並非完全由已有功名的世家所壟斷，但科舉成爲社會流動的機構也並不見得是寬大的。

　　1947年，美國學者柯睿格（Kracke）以1148年與1256年兩份進士名錄，對宋代科舉進行研究，認爲當時沒有家庭背景的考生在人數上佔有重要地位。

　　而在海外，主要是有何炳棣《明清社會史論》，他廣泛使用清代鄉會試同年齒錄，並利用其中的履歷說明家族的變遷。20世紀60年代初，並對明清48份進士登科錄的12,226名進士的家庭背景進行統計分析，把明清進士祖上三代分成四類：A類爲上三代沒有獲得任何最低一級的功名和官職；B類爲上

三代出現一個或多個生員，但沒有更高級的功名和官職；C 類為上三代出現一個或多個更高級的功名和官職，即比生員更高級的層次，對明代而言，包括監生，對明清而言，包括貢生，D 類為考生家庭三代之內產生一個或數個更高級的官員，即三品以上的官員，包括貴族家庭。低層的貴族包括在 C 類中。

　　本文主要目的之一是詳列清朝進士人數（包括進士姓名、籍貫、科考等第及名次），以為今後中外學人更進一步較全面研究的參考。本文對於清朝進士的人數，與何炳棣指出的清朝進士人數有所不同，現以下列兩表作出比較。

表 1　何炳棣《明清社會史論》廣東進士人數

時　期	科舉次數	廣東進士人數
順治年份	8 次	34 名進士
康熙年份	21 次	91 名進士
雍正年份	5 次	69 名進士
乾隆年份	27 次	252 名進士
嘉慶年份	12 次	106 名進士
道光年份	15 次	139 名進士
咸豐年份	5 次	36 名進士
同治年份	6 次	79 名進士
光緒年份	13 次	206 名進士
總數	112 次	1012 名進士

表 2　本文提供的廣東進士人數

時　期	科舉次數	廣東進士人數
順治年份	8 次	34 名進士
康熙年份	21 次	92（+1）名進士
雍正年份	5 次	70（+1）名進士
乾隆年份	27 次	257（+5）名進士
嘉慶年份	12 次	106 名進士
道光年份	15 次	144（+5）名進士
咸豐年份	5 次	36 名進士
同治年份	6 次	79 名進士
光緒年份	13 次	211（+5）名進士
總數	112 次	1029 名進士

　　應該特別指出，何炳棣擅長於廣泛運用社會科學和自然科學的成果，又能吸納西方史學。《明清社會史論》根據的明清社會流動樣本數量極多，被譽爲科舉與明清社會流動最全面的一部著作，不少研究科舉與明清社會流動的中外學者，均以《明清社會史論》爲典範。例如許倬雲教授的《先秦社會史論》（Ancient China in Transition : An Analysis of Techniques and Ideas of Social Mobility , 722～222 B.C.）及 Yong-ho Cheo（崔永浩），The Civil Examinations and the Social Structure in Early Yi Dynasty Korea, 1392～1600（Seoul : Korean Research Center , 1987）。

　　根據《明清社會史論》譯者徐泓在序指出本書大量運用附有三代履歷的明清進士登科錄及會試、鄉試同年齒錄的科舉史料，作者並作量化統計，在統計分析的樣本，進士達一萬四五千名，舉人貢生達兩萬多名。分析結果，以平均數而言，明代平民出身進士占總數 50%，清代則減至 37.2%。而祖父三代有生員以上功名者，則由明代的 50%，升至清代的 62.8%，可見平民向上流動機會漸減。

　　何炳棣在《明清社會史論》的研究中，他最早注意全國進士的籍貫這一論題，並在《明清社會史論》第六章《科舉的成功與社會流動的地域差異》，（Regional Differences between Imperial Examination Success and Social Mobility .）論述：中國地大，地形複雜，各地發展不平衡，差異性極大，是治中國歷史者當特別放在心上的。否則便會把中央集權體制視爲極有效率的，誤以爲所有制度實施時，是全國一致的。1993 年，何炳棣教授發表《明清進士與東南人文》，論述東南進士人才的人文環境。

　　1993 年，王振忠翻譯《明清社會史論》第六章（Regional Differences in Sociacademic Success and Mobility.）爲《科舉的成功與社會流動的地域差異》，發表於《歷史地理》第 11 輯，這一工作完成後，許多國內的中國學者直接閱讀何炳棣教授的論著，開展有系統的進士地域分佈和分區的研究。

　　2000 年美國學者艾爾曼的英文版專著《中華帝國晚期的科舉文化史》（A Cultural History of Civil Examinations In Late Imperial China）也大量使用了清代鄉會試同年齒錄的履歷，目前關於清代鄉會試同年齒錄的研究成果。包括馬鏞於 2007 年 9 月發表於《圖書館雜誌》上的《清代三種科名錄辨析》、馬鏞於 2009 年發表於《科舉學論叢》上的《清代鄉會試同年齒錄初探》、李振聚

於 2011 年發表於《圖書館理論與實踐》第九期上的《清代鄉會試同年齒錄編纂方式和史料價值——以〈道光甲辰恩科山東鄉試同年齒錄〉為例》。

本文主要是以古籍考證作為研究方法，主要古籍包括《廿四史》《通志》《縣志》《府志》《府圖志》《志補》《貢舉考》《三元考》《進士登科錄》《狀元圖考》《國朝歷科進士碑錄》《封川縣志》《通鑑綱目》等典籍。

其他作為旁證的專著包括中國、中國香港、臺灣、日本與美國等國家的學術論文及專著。略述如下：《中國狀元大典》《廣東歷代狀元》《中國歷代狀元錄》《中國狀元全傳》《廣東歷代狀元》《中原文化的南下與廣東學術思想的發展》。

唐宋以來，因北方戰亂及經濟重心南移，導致南北文化水準之巨大差距，因此，明朝確立各鄉試解額，建立會試南、北、中卷制，依地域比例，訂立錄取名額。使全國各地均有人才加入明朝政權，鞏固明代作為代表全國各地人民的統一帝國。

明代科舉研究共可細分為七類，簡列如下：

一、科舉人才的地域分佈及其流動

對明代進士地域分佈及其流動的論著，在數量上遠多於全國性地域分佈及其流動的研究，此類論文主要有朱沛蓮《明清兩代福建鼎甲考》、曹國慶《明清江西科第興盛原因芻議》、李勝《明清涪州進士述錄》、張曉東《明清時期甘肅進士的時空分佈》、王耀生《明清時期山東進士的區域分佈特點及與經濟、區位、民生的關係》、李勝《明清涪州進士述錄》、劉希偉《明代山東進士的區域分佈研究》等。

二、進士出身及其社會流動

潘光旦、費考通：《科舉與社會流動》原載清華社會科學第 4 卷 1 期，1947年。何炳棣著.徐泓譯注：《明清社會史論》，臺北，聯經出版股份有限公司，2013 年 4 月初版第二刷。美國學者的著作 ping ti Ho：The Ladder of Success In Imperial China：Aspects of Social　Mobility（1368～1911），New York，Columbia University Press．美國學者艾爾曼的英文版專著《中華帝國晚期的科舉文化史》（A Cultural History of Civil Examinations In Late Imperial China）及加拿大學者卜正民《家族傳承與文化霸權——1369 至 1911 年的寧波紳士》等論文從不同角度和層面論及明代科舉及其社會流動。如于志嘉利用《萬曆三十八年（1600）

庚戌科序齒錄》，分析 77 名軍籍進士祖孫五代社會身份的變遷。張傑的《清代科舉家族》，即用統計分析法，處理《清代朱卷集成》中的家族背景資料，討論中式進士的垂直流動。

三、進士考試與八股文、考試規模與錄取率

科舉學的出現，例如于志嘉利用《萬曆三十八年（1600）庚戌科序齒錄》，分析 77 名軍籍進士祖孫五代社會身份的變遷。張傑的《清代科舉家族》，即用統計分析法，處理《清代朱卷集成》中的家族背景資料，討論中式進士的垂直流動。八股文是科舉專有文體，潘光旦、費考通：《科舉與社會流動》原載清華社會科學第 4 卷 1 期，1947 年。此文論及八股文不是一種知識檢驗，而是一種能力檢查。

四、科舉社會群體

關於狀元群體的研究，周臘生《明代狀元的年齡魁齡與魁後生存時間分析》科舉社會群體專著包括中國、中國香港、臺灣等國家的學術論文及專著。略述如下：毛佩琦《中國狀元大典》、王洪鵬《中國歷代榜眼》、《中國歷代探花》、康學偉《中國歷代狀元錄》、蕭源錦《狀元史話》和其他專著如《中國狀元全傳》、《廣東歷代狀元》。

五、進士觀政與庶起士制度

進士觀政始於洪武十八年，是進士在正式任職前按規定分配衙門熟悉政事的制度，旨在提高其行政素質和任職後適應政務的能力。較早對此進行研究的是顏廣文《明代觀政進士考略》。庶起士制度是明代專門在二甲及三甲進士中，選擇及培養高級官員的制度。始於洪武，形成於永樂之後的政權，成為明代科舉顯著的特色之一。較早對此進行研究的是吳仁安《明清庶起士制度拾零》。

六、明代科舉特點及其評價

對明代科舉進行總體研究述評的論文，詳見郭培貴，《二十世紀以來明代科舉研究述評》，《中國文化研究》2007：4，秋之卷。此外，劉海峰《科舉學導論》、王凱旋《明代科舉制度考論》美國學者艾爾曼的英文版專著《中華帝國晚期的科舉文化史》（A Cultural History of Civil Examinations In Late Imperial China）等書也有相當內容論及明代科舉的評價。

七、明代科舉文獻及其資料的研究

有助於全面研究明代科舉文獻及其資料的研究的史料包括鄉試錄共 313 種、會試錄 54 種、進士登科錄 54 種、進士同年齒錄 15 種及進士履歷便覽 17 種，《明代登科錄編彙》、《清代朱卷集成》《天一閣藏明代科舉錄選刊・登科錄》《天一閣藏明代科舉錄選刊・會試錄》《天一閣藏明代科舉錄選刊・鄉試錄》。另外，美國學者艾爾曼的英文版專著《中華帝國晚期的科舉文化史》（A Cultural History of Civil Examinations In Late Imperial China）一書後所列關於 1148～1904 年間 1042 種原始科舉資料，也有十分重要的參考價值。

除了上述學者進行明代科舉區域研究外，2006 年，寧波出版社印《天一閣藏明代科舉錄選刊・登科錄》，是規模較大的明代科舉文獻，對於開展有系統的明代進士地域分佈和分區的研究大有幫助。

日本是較早仿照中國實行科舉中的貢舉制度，其科目主要有秀才明經、進士、明法等，只是日本的貢舉制度只限於大部分官僚子弟報考，其後更被貴族子弟所壟斷。

而日本學者的著作，主要是參閱以下四本日本學者的著作，簡列如下：

一）〔日〕宮崎市定，1987，《科舉史》（東京：東京平凡社）

二）〔日〕宮崎市定，1984，《科舉一一中國的考試地獄》（東京：東京中央公論社）

三）〔日〕平田茂樹，1997，《科舉制與官僚制》（東京：東京山川出版社）

四）〔日〕村上哲見，1980，《科舉史話：考試制度與文人官僚》（東京：東京講談社）根據崔致遠《桂苑筆耕錄》記載，在西元 958 年，高麗朝設立了仿照中國的貢舉制度，其科目主要有進士科、明法、明算、明書等，西元 1392 年，李朝取代高麗，仍沿用科舉制度。直至中日甲午戰爭後才停辦，前後實行科舉制度共約 936 年，其制述業（進士科）亦最受重視。越南是在西元 1075 年至 1919 年實行科舉制度的，前後實行科舉制度共約 800 餘年。

從以上的史料，可反映中國的科舉制度世界上具有廣泛的影響力。

臺灣方面的著作，主要是參閱高明士：《隋唐貢舉制度》，臺北市，文津出版社，1999 年 6 月第一版。根據本人現有的資料，顯示從隋唐至現今在國內外研究現狀和發展趨勢，自隋唐以來，自從產生了科舉制度與狀元，便有不少有關科舉制度與狀元的史籍。現作初步的文獻回顧：從唐朝開始便有文

人編撰《登科錄》、明朝學人朱希召所撰《宋歷科狀元錄》，輯錄了南宋與北宋共 118 名狀元的事蹟、至於明朝與清朝的狀元，可參考王世貞撰《弇山堂別集》、張帷襄輯《明清巍科姓氏錄》、法式善撰《清秘述聞三種》、清閭湘蕙輯《國朝鼎甲徵信錄》及清朝徐松所撰《登科記考》，此書收集了唐朝至五代有關狀元與進士、明經及第的史料。

近十年國內與本研習相關的專著則有蕭錦源的《狀元史話》、宋元強的《清代的狀元》、曹濟町主編的《狀元傳》及莫雁訙、黃明編撰的《中國狀元譜》等。

在國內的論文題目，簡述如下：

一）金旭東：〈科舉制起源辨析之商榷〉原載歷史研究，1984 年 6 月。（此論文在考察科舉制的沿革富有參考價值。）

二）顧頡剛：〈中國考試制度史序〉原載燕京大學圖書館報 89 卷，1936 年 4 月。（此論文可反映中國科舉制度史的概況。）

三）潘光旦、費考通：〈科舉與社會流動〉原載清華社會科學第 4 卷 1 期。1947 年。（此論文可部分闡釋科舉與社會流動兩者的關係。）

四）錢穆：〈中國歷史上之考試制度〉原載考銓第 1 期月刊，1951 年 4 月。（此論文可反映中國考試制度的概況。）

五）陳直：〈隋進士科開始於煬帝大業元年考〉原載文史第 3 期，1963 年 10 月。（此論文可補救隋進士科始於何時不足的史料。）

六）林天蔚：〈唐末嶺南狀元莫宣卿考〉原載食貨月刊（復刊）第 5 期第 7 卷，1977 年 8 月。（此論文可增潤有關莫宣卿史料不足的現存問題。）

近年來有關科舉論文主要有朱沛蓮《明清兩代福建鼎甲考》、曹國慶《明清江西科第興盛原因芻議》、李勝《明清涪州進士述錄》、張曉東《明清時期甘肅進士的時空分佈》、王耀生《明清時期山東進士的區域分佈特點及與經濟、區位、民生的關係》、李勝《明清涪州進士述錄》、劉希偉《明代山東進士的區域分佈研究》等。

綜合而言，國內有關本文研究的論文題目比較少，因為本文主要是以明清時期廣東狀元與進士的人文地理研究，作為主要的研習方向，由於前人研究的成果不足，因此，本文主要是以明清時期的《明清歷科進士題名碑錄》及《方志》《府志》《州志》《縣志》和狀元與進士著作以作史料基礎。

本文主要的研究方法是歷史文獻法，研究歷史問題必須溯源探流，即明清兩代廣東狀元、榜眼、探花和明清廣東 1,909 名進士的史料，尋找其歷史演變軌跡，從縱向上完成明清兩代廣東狀元、榜眼、探花和進士的史料，並應用歷史人文地理的思路，對於明清兩代全國不同省份與地區進行歸納與比較分析，從橫向上完成明清兩代廣東科舉制度的建構過程，配合因果聯繫的原則，總結其發展規律性因素。

此外，本文是根據歷史文獻學使用原始史料，在處理明清兩代廣東狀元、榜眼、探花和進士的史料時，利用相關語言學工具書，以求正確解讀史料，並會特別注意版本，對於明清兩代全國不同省份與地區進行歸納與比較分析。

第三節 實際的概述、理論意義和實際價值

本文實際的概述和研究意義是從廣東狀元與進士在不同地理分佈（例如廣州、韶州、惠州、潮州、高州、廉州、雷州、瓊州、南雄、順德、南海、番禺、東莞、肇慶等府、州、縣。）和制度、朝代的蛻變中，闡釋狀元與進士的孕育背景及其與地理分佈的關係。主要的研究意義是以廣東的歷史環境為始，據已故史學著名學者羅香林的《中原文化的南下與廣東學術思想的發展》一文的考證。在唐朝的廣東與中原的交通是由長安經漢中沿漢水至洞庭湖，再沿湘江溯江而至粵桂交界。由此看來，中原的學術文化由西江流域向廣東內地傳播。此外，據宋朝朱熹的《通鑒綱目》一文的考證。輒以進士科之創設始於隋朝煬帝大業 2 年（606），終於清朝光緒三十年（1905）八月四日。科舉制度在中國實行了約 1300 年，而中原的學術文化是自唐朝已由西江流域向廣東內地傳播。然而，綜觀廣東只有九名狀元產生；而在明清期間，本文共以明清廣東 1,909 名進士分析這種現象，本人認為是值得從不同人文地理分佈、明清朝代君主施行的科舉制度、朝代的蛻變中，闡釋狀元與進士的孕育背景及其與人文地理分佈的關係。也是本文的主要研究意義之終結。

本文主要的概述分為三部分：第一、從明清廣東的文化、狀元與進士的人文地理分佈、經濟與政治等方向，作深入分析及探討其文化傳承。第二、整體檢視乾隆時代的廣東科舉盛況，分析明清廣東狀元與進士地理分佈的傳承。第三、透過廣東科舉興盛的南海縣、順德縣及番禺縣作地域個案考察，闡釋明清廣東狀元與進士的增長的情況。

明代舉辦進士考試次數為 88 場，共產生進士總數為 24,594 名。

清代舉辦進士考試次數為 112 場，共產生進士總數為 26,747 名。

明清進士名額可參下表：

表 3　明朝進士名額

時　期	考試次數	進士總數
（1）1368～1450 洪武元年至景泰元年	22	3,636
（2）1368～1450 景泰二年至崇禎十七年	66	20,958
總計	88	24,594

表 4　清朝進士名額

時　期	考試次數	進士總數
（1）1644～1661 順治元年至順治十八年	8	2,964
（2）1662～1678 康熙元年至康熙十七年	5	1,029
（3）1679～1699 康熙十八年至康熙三十八年	7	1,115
（4）1700～1722 康熙三十九年至康熙六十一年	9	1,944
（5）1723～1735 雍正元年至雍正十三年	5	1,499
（6）1736～1765 乾隆元年至乾隆三十年	13	3,422
（7）1766～1795 乾隆三十一年至乾隆六十年	14	1,963
（8）1796～1820 嘉慶元年至嘉慶二十五年	12	2,821
（9）1821～1850 道光元年至道光三十年	15	3,269
（10）1851～1861 咸豐元年至咸豐十一年	5	1,046
（11）1862～1874 同治元年至同治十三年	6	1,588
（12）1875～1911 光緒元年至宣統三年	13	4,087
總計	112	26,747

　　本文的理論意義是以人文地理學地域為單元，用系統科學的原理與方法研究人地關係，探討人地關係地域系統形成、發展、演變與分佈規律的科學。根據《大英百科全書》，人文地理學是研究多種人文特徵的分佈變化和空間結構的科學。本文是從人文地理學的理論基礎下，對明清時期廣東在人口、文化、地理、經濟與政治等方向，作深入研究明清時期的狀元與進士的人文地理。

　　本文實際價值共有三點：第一點是在內容方面：本文在明清廣東 1,909 名進士的資料分析的基礎上，以朝代及地域兩類個案考察，作為人文地理分佈

規律的參考，在南海、順德和番禺的地域個案考察方面，重組廣東明清時期狀元與進士人數的增加、地域分佈的特色和進士任官重點的異同；至於朝代個案考察方面，乾隆對廣東科舉家族所作出的貢獻、明清廣東科舉家族積極地透過興建書院及利用科舉賓興制度，闡釋明清時期廣東狀元與進士人數的增加的部分原因。

第二點是在材料方面：本文參考了中國、臺灣、日本、美國及加拿大等國家的歷史學家在廣東狀元與進士的史料研究，加上本文注重引用明清科舉史實的原始資料和利用圖表進行歸納及分析，並且本人曾於 2017 年往南京江南貢院博物館進行實地考察。

第三點是在觀點方面：雖然本文提出的觀點，只屬初步的研習方向，而本文提出透過闡釋廣東科舉家族興建書院及利用科舉賓興制度，可進一步闡釋明清時期廣東狀元與進士人數持續增加的原因。

關於乾隆對廣東科舉家族所作出的貢獻，特別值得注意的兩個政策，廣東狀元與進士的增加，其一是乾隆積極地透過在廣東興建書院，其二是乾隆利用增設賓興制度，成就了明清廣東狀元與進士的增長。

本文由於集中於明清時代的中國科舉制度發展情況，對於整個科舉制度發展史是從無到有的研習歷程，期間使用了較多時間進行史料搜集及文獻回顧，導致論文的撰寫時間倉促，很多明清時代的廣東狀元與進士的分佈及資料問題，只能進行初步的史料研究及文獻探討。又由於本人對本題目的研究，也只是停留在初級階段，故希望得到專家學者更多的批評和指正。

第二章　廣東狀元與進士的人文地理基礎

第一節　廣東的地理定義

　　《廣東通志》中說明廣東府禹貢揚州南境，春秋戰國爲百越地。秦始皇三十三年置南海郡。漢初爲南越國。三國時吳分交州置廣州，晉仍爲廣州及荊湘交三州地。南朝宋初亦爲廣州，後分交廣二郡置越州。齊因之。隋開皇九年郡廢，仁壽元年改爲番州。大業三年復曰南海郡，屬揚州。唐武德四年，復曰廣州。置總管府。天寶元年復曰南海郡，至德元載置嶺南節度，乾元元年復曰廣州。咸通三年分爲嶺南東道，乾寧二年改清海軍節度使。五代爲南漢國，宋置廣南東路，又分屬廣南西路。元又置海北海南道肅致廉訪司，隸屬江西行中書省。明洪武初曰廣州府，爲廣東布政使司治。〔註1〕根據《廣東通志》卷三郡縣沿革表一說明廣州府禹貢揚州南境春秋戰國爲百粵地〔註2〕，禹貢荊楊二州之南裔。周爲藩服，戰國時爲百越。亦曰揚越。秦時號陸梁地，始皇取其地。置南海郡。漢初爲南越國。平其地置南海、蒼梧、合浦、珠崖、儋耳等郡。後漢建安中徙交州治南海郡。三國時吳分交州置廣州，晉仍爲廣州及荊湘交三州地。南朝宋初亦爲廣州。後分交廣二郡置越州。齊因之，梁

〔註1〕（清）阮元修，《廣東通志》（一）道光二年（1822）版（臺灣：臺灣書店，1959），頁93至94。

〔註2〕班固（唐）顏師古注，《漢書》二十八下《地理志》（北京：中華書局，1962年6月），頁1669。

分湘廣二州置衡州。又分置成州、合州、建州、東揚州。陳因之，隋設廣循二州，又改置為南海、蒼梧、合浦、珠崖、義安等郡。唐改諸郡為州。置嶺南道。又改諸州為郡。分為嶺南東道。五代為南漢。宋置廣南東路。又分屬廣南西路。元又置海北海南道肅致廉訪司。隸江西行中書省。明置廣東布政使司。清為廣東省領縣六曲江縣。

舊領道六，縣八十六，今道已廢，地勢九連山及大庾嶺、騎田二嶺。綿亙於北，羅浮山盤繞於東。全境多山。

《廣東省志・地名志》及《廣東省志・風俗志》中說明廣東地名的起源可以追溯至傳說時代，先秦時期已有廣東地名的記載《史記・秦始皇本紀》有陸梁地，《山海經》有賁禺之名。唐・李吉甫《元和郡縣志》、宋・樂史《太平寰宇記》、宋・王象之《輿地記勝》、清・顧祖禹《讀史方輿紀要》、清《嘉慶重修一統志》及《古今圖書集成》等古籍中所收集廣東地名則更多。歷代統治者在廣東的政權建置中。對政區名稱也作個別考究。例如三國前設廣信縣，賦其意為廣布恩信而設縣，三國前時吳設思平縣，唐代改為恩平縣，意欲恩威並施而達和平。清・屈大均《廣東新語・地語》描述廣東地名時也指出帶有規律性的現象，其含義不能照漢語一般的詞義解釋。〔註3〕

第二節　廣東的自然地理

「五嶺」包括大庾嶺、騎田嶺、都龐嶺、萌渚嶺、越城嶺，其實「五嶺」像是一道屏風，將廣東和華中分隔開來，北方的冷空氣被「五嶺」擋住，吹不到五嶺以南；而來自海洋的潮濕空氣，也被「五嶺」擋住，吹不到五嶺以北。這現象除了影響到自然氣候，「五嶺」對於南北交通也造成障礙，因此，有了「五嶺」這道屏風，就形成了廣東獨特的自然地理及環境文化。由於廣東的自然地理關係，促使廣東在唐朝期間，在科舉方面的發展，特別是狀元及進士的培養方面，形成了一個極大的阻礙。

五嶺以南共有三條主要的河流：包括北江、西江和東江，把廣東分割成數部分：粵北山區、興寧和梅縣地區，主要是客家人居住的。西江流域和珠

〔註3〕廣東省地方史編纂委員會編，《廣東省志・地名志》（廣東：廣東人民出版社，1999年），頁19～21；亦參廣東省地方史編纂委員會編，《廣東省志・風俗志》（廣東：廣東人民出版社，2002年），頁1～4。

江三角洲，主要是說粵方言的；韓江三角洲，主要是潮州人居住的。

「五嶺」在中國南部，亦稱「南嶺」。「南嶺」以南，稱爲「嶺南」，此名始於西漢司馬遷《史記・貨殖列傳》：「夫天下物所鮮所多，人民謠俗，山東食海鹽、山西食鹽鹵，領南、沙北固往往出鹽，大體如此矣。」〔註4〕。而在古代，「領」字和「嶺」字，古代通用。

至於「五嶺」之名，最早也是見了西漢司馬遷《史記・張耳陳餘列傳》：「秦爲亂政虐刑以殘賊天下，數十年矣。北有長城之役，南有五嶺之戍，外內騷動，百姓罷敝。」〔註5〕。晉朝鄭德明《南康記》認爲五嶺是「大庾、騎田、都龐、萌渚、越城」。

在唐朝司馬貞《史記索隱》注釋說明：「裴氏（即裴淵）《廣州記》云：大庾、始安、臨賀、桂陽、揭陽，斯五嶺」。後人試圖去作考證，認爲始安嶺即越城嶺，臨賀嶺即萌渚嶺，桂陽嶺即騎田嶺。

秦朝覆亡後，南越自立。最初漢高祖劉邦（前256至前190）鑒於秦末起義和楚漢相爭，百姓生活感到罷敝，因此他不欲出兵攻打嶺南。最終，劉邦決定封趙佗爲南越王，使嶺南文化得以發展。此外，根據在1995年廣州發掘的南越王宮的遺址可以分析嶺南文化的發展。最後西漢武帝派遣樓船將軍（官銜）楊僕向南征伐。他命令一位名爲庾勝的將領去平定「梅嶺」一帶，故該處改稱爲「庾嶺」或「大庾嶺」，而在西南面樂昌縣境內，由庾勝之弟駐守的「蔚嶺」，改稱爲「小庾嶺」。此後，大、小庾嶺之名流傳至今。

班固《漢書》二十八下《地理志》：

> 今之蒼悟、鬱林、合浦、交址、九眞、南海、日南旨粵分也，
> 其君禹後，帝少康之庶子云，封於會稽，文身斷髮，以避蛟龍之害。

此史料可以證明古代是以越國以南總屬一區，包括嶺南在內〔註6〕。

唐朝姚思廉《陳書・高祖本紀》：「長驅嶺嶠，夢想京畿」，稱嶺南爲「嶺嶠」，「嶠」代表多山，此史料說明嶺南有很多山地。在行政區域上，唐太宗

〔註4〕（西漢）司馬遷，《史記》傳（四）（北京：中華書局，2007年6月第21版），頁3269。

〔註5〕（西漢）司馬遷，《史記》傳（二）（北京：中華書局，2007年6月第21版），頁2573。

《史記》內卻沒有注釋「五嶺」是屬於哪五個地方，此引起後世對五嶺地域的議論，到今仍有考究的空間。

〔註6〕班固（唐）顏師古注，《漢書》，二十八下《地理志》（北京：中華書局，1962年6月），頁1669。

在貞觀元年（西元 627），分全國爲十道，在五嶺以南地區設置「嶺南道」「嶺表」，即古代嶺南。轄七十多個州，宋太宗至道三年（西元 997）分全國爲十五路，在嶺南設置廣南東路、廣南西路，因此，當時人們稱嶺南爲「廣南」。到了元朝個別人士稱「嶺南」爲「嶺廣」，此詞見於明朝宋濂等撰《元史‧郝經傳》：「嶺廣之兵盡集長沙」，由於「嶺廣」並非行政區名稱，而且元朝統治時間較短，故「嶺廣」一詞較少人使用。

「嶺南」之名逐漸通用，意指「五嶺之南」。古代以中原爲內，嶺南爲外，故文獻中又有「嶺表」、「嶺外」和「嶺海」的別稱。如唐代劉恂的《嶺表錄異》；宋代周去非的《嶺外代答》和明代姚虞的《嶺海輿圖》均有此記載。此外，更有嶺嶠與嶠南之名，意思是指五嶺高峻，如明代魏濬《嶺南瑣記》則有此記錄。

清朝錢以塏所撰的《嶺海見聞》對嶺南有如此概括的說明：「嶺之從南安而入者，爲嶺南臺戒門戶，居五嶺之東，曰東嶠。」《漢書》曰「台山」，《輿地》曰「臺嶺」，則以其地高平如臺也。曰秦關者，秦始皇時，治獄吏不直者所築。《南康記》云：南野三十里至橫浦爲秦關，其下曰塞上是也。曰梅嶺、曰庾嶺者，漢梅鋗奉越王自皋鄉入粵遂家於此；武帝時，庾勝兄弟常戍焉，故皆以其姓名之。唐以前入粵，或從桂陽，或從臨賀。至張九齡開鑿，其後往來者取道焉〔註 7〕。由此可見，嶺南廣東存在其獨有的文化及背景。

根據嶺南的地理的分析，「五嶺」還是古名，只把地方名稱統一。「五嶺」包括大庾嶺、騎田嶺、萌渚嶺、都龐嶺和越城嶺。最高是越城嶺（是湖南與廣西間，被認爲是一架屏風擋住北方的寒冷氣候），主峰海拔 2123 米，但長度卻有一百多公里。大庾嶺最低，約爲越城嶺的一半。在廣東與江西之間爲大庾嶺；在廣東與湖南之間爲騎田、都龐嶺；在廣西與湖南之間爲越城、萌渚嶺，合稱爲五嶺。廣東北高南低，珠江水系的西、北、東江在其中、西部交匯，有韓江繞灌。初期此地理環境對嶺南的發展較爲不利，需要隨航海和造船技術的進步，嶺南才得以發展。

〔註 7〕（清）錢以塏撰，程明點校，《嶺海見聞》（廣州：廣東高等教育出版社，1992
　　　年 5 月第 1 版），頁 13。

第三節　古時廣東的氣候特性

　　廣東地處五嶺之南，俗稱「嶺南」。古時廣東是「夏日暑時嘔泄霍亂之病相隨屬也」〔註8〕「加上嶺南二十餘郡大率土地下濕皆多瘴癘」〔註9〕。古時廣東因瘴氣而形成發展的障礙。如上節所述，除了水土外，氣候是任何人到新地區必須要瞭解和克服的事，古時廣東的天氣，對於中原人來說是很難適應的。由此觀之，瘴氣確實是古代廣東發展的障礙。加上廣東的氣候特性，促使廣東在唐朝期間，在文化方面的發展，特別是科舉的制度建立方面，形成了一個極大的阻力。

　　唐朝劉恂所撰的《嶺表錄異卷·上》對嶺南的瘴氣有以下的說明：

> 嶺表或見物自空而下，始如彈丸，漸如車輪，遂四散，人中之即病，謂之「瘴母」。嶺扒山中，盤鬱結聚，不易疏泄，故多嵐霧作瘴，人感之。多病腹脹成蠱，俗傳有百蟲為蠱以毒人，蓋濕熱之地，毒蟲生之，非第嶺表之家牲慘害也〔註10〕。

　　貞觀初年，唐太宗欲派兵平定嶺南道的馮盎、談殿起兵作亂，魏徵認為因嶺南地區的氣候問題而反對，最後唐太宗接受其勸諫後，停止出兵，等到叛軍不戰而敗。

　　盛唐時，杜甫懷念被貶江南的李白，也寫下「江南瘴癘地，逐客無消息」的詩句。其他如李德裕貶謫海南島途中所寫《惡溪詩》描寫「風雨瘴昏蠻日月，煙波魂斷惡溪時」和《謫嶺南道中作》中的「愁冲毒霧逢蛇草，畏落沙蟲避燕泥」等的七言詩句。由此可見，古人把「瘴癘」和種種的惡劣環境，作為當時嶺南特徵之一。

　　中原人士到達嶺南，因為難以適應其氣候的差異，容易因為瘴氣而病倒。

　　唐朝鄭熊《番禺雜記》類說四載：「嶺表或見物自空而下，始如彈丸，漸如車輪，遂四散。人中之即病，故謂之「瘴母」。

　　根據馬端臨的《文獻通考》記載，在嶺南廣大地區中，瘴癘最嚴重的是英德縣，宋紹熙五年（西元 1194）間，廣東路十四州以英德府煙瘴最甚，有

〔註8〕 班固（唐）顏師古注，《漢書》，《嚴助傳》（北京：商務印書館，1958 年 9 月），頁 1987；亦參（清）阮元修，《廣東通志》（二）道光二年（1822）版（臺灣：臺灣書店，1959 年）頁 1743。

〔註9〕 （清）阮元修，《廣東通志》（二）道光二年（1822）版（臺灣：臺灣書店，1959 年）頁 1743。

〔註10〕 （唐）劉恂，《嶺表錄異卷上》，頁 301～304。

「人間地獄」之號。屈大均的《廣東新語・天語》也說，英德瘴烈，故有「大法場」之稱。

清朝范端昂《粵中見聞》解釋：「瘴」即瘴氣，「癘」即疾病，因此瘴氣所引起的疾病，叫做瘴癘。古代廣東，人煙稀少，山嶺滿布原始森林，坡地則荒草沒脛，荊棘遍野，在這古木鬱閉，濕氣蒸騰的地方，產生一種氣體，似煙非煙，似霧非霧，它能使人患上疾病，古代統稱為瘴癘，現代則叫做瘧疾、傷寒、中暑。

本節對於古時廣東的氣候特性作出上述說明，目的是要指出嶺南處於中原的南方地帶，其氣候與北方不同，中原人士較難適應嶺南一帶的水土和天氣，加上交通的不便，中原人士對嶺南一帶的地方較為陌生，認為此是蠻夷之地。古時的廣東，可以說是只有得罪了皇帝或權貴的官員，才會到該地任官。加上嶺南地區的氣候屬熱帶，亞熱帶季候風類型。廣東地區多在北回歸線兩側，而廣東地區距離赤道近，日照多，又受南海暖濕氣流的調節，故此，古時廣東因氣候特性，經常出現霍亂的病症，因此古時廣東在政治、經濟、文化三方面均難以作出實質的發展。

綜合而言，廣東的氣候對於以黃河流域為活動中心的人民來說，確令人民初期感到十分畏懼，繼而他們在心態上，漸漸視廣東為蠻夷之地。誠然，從現今的醫學角度而言，古代統稱為瘴癘，現代則叫做瘧疾、傷寒、中暑，廣東的氣候確實對其發展文化與科舉兩方面，成為一個極大的阻礙。

第四節　張九齡和蔡挺開鑿嶺南通道的貢獻

正如上節所述，廣東的環境對古時的人來說是相當惡劣的，在盛唐前被認為是蠻夷才會居住的地帶。加上廣東的氣候特性，促使廣東在唐朝期間，在文化方面的發展，特別是科舉的制度建立方面，形成了一個極大的阻力。幸好後期唐朝張九齡為了改善廣東的發展，決定在梅嶺開鑿通道，為後世廣東在發展科舉方面，唐朝張九齡確實作出了重大的貢獻。

《史記・張耳陳餘列傳》說明「北有長城之役，南有五嶺之戍。」把長城和五嶺作為華夏皇朝的南方邊界，五嶺之南，中原漢人稱之為「南蠻之地」作說明。古人從廣東到中原去，都非過大庾嶺不可，而成功地越嶺的人，由於嶺南山脈的阻隔，古代由中原入廣東，並無正式通路。秦始皇發兵征南越，

其主力大軍，也需要在廣西鑿靈渠，由湘江經灕江轉西江東下，必須繞過穿越五嶺的種種山地。

唐太宗貞觀元年（西元627），把全國劃分為十道，嶺南道就是其中之一。在地理上，五嶺是五座綿延漫長的山，恰像五架大屏風，在地面上把廣東、廣西和中原的遼闊地區分隔開來。此使到地廣人稀的江南和嶺南，沒有常設行政機構和常任官員管理，皇帝派出的觀察使不定期地視察「道」內各州地方行政工作的巡行區。直到盛唐時代張九齡的出現才得以改善。

張九齡為曲江（韶關）人，盛唐時期玄宗（唐明皇）其中一位名相。他做宰相時候是開元二十一年到開元二十四年（西元733至736）。在南雄曾任地方官的張九齡，深感嶺南因地理上的障礙而與中原政治、文化脫節，發展緩慢。在發展地方長遠的方向而言，他認為必須克服交通極為艱難的障礙，於是他上表請准後，親自主持了一項開鑿越嶺，修築梅嶺道路的重大工程。張九齡主持了大庾嶺南北兩條驛路的開闢工作，又在兩路相接的頂點，建了雄偉的「嶺南第一關」——梅關，嶺南——尤其是以廣東為本位，其用意在於保障地方治安。朝廷為張九齡的成就刻在《告身帖》石刻。此石刻的文字五行四十六字，按原分行點錄如下：「告身青光祿大夫、守中書令、集賢院學士知院事，兼修國史，上柱國，曲江縣開國男張九齡，奉被制書如右。符到奉行」。「告身」是指唐代授官文憑之稱。

大庾嶺（簡稱為「庾嶺」，又叫「梅嶺」），有一條驛路，是從前中原和嶺南交通的陸上唯一通道。約在一千三百年前的唐代，廣東曲江人於開元年間在朝拜相的張九齡主持了擴路工程。

到了宋代，唐時的工程許多都已荒廢，曾有一次較大的修築工程，主其事者為蔡挺。今日所見庾嶺古道最高處的「梅關」，就是蔡挺主持下建立的。

其實即使張九齡和蔡挺分別在唐代和宋代建設梅關，進一步打通嶺南與中原之間的交通，促進文化和物資的交流。晚唐時，對嶺南和安南軍隊的供應，首先要通過中原路線和運輸，主要經由靈渠輸送，但是很快便發現其路線是不足夠的。西元862年，唐朝君主接受建議，改由海道向安南運送物資。對於南方租賦有大權的鹽鐵使，在長江地區包租船隻，將物資運往南方。

經過張九齡和蔡挺的開鑿，嶺南地區的文化得以發展，在唐宋之前，人們把五嶺以南看做「化外之地」，一旦不幸地得罪了皇帝的官員，往往被貶到嶺南任官。包括唐朝文學家韓愈、柳宗元；宋朝的蘇軾、蘇轍。正因上述原

因，被貶到廣東任官的唐宋文人，對於廣東的文化發展，特別是在啓發唐宋兩朝的廣東家族，直接影響他們對科舉的概念，使廣東家族開始重視科舉及功名兩方面的發展及鞏固，唐宋文人在建立科舉制度的貢獻，確實可以使整個廣東，在不同的府、州、縣在參加科舉考試方面的承傳方面，將廣東科舉持續地鞏固起來。宋朝廣東的文化與中原文化相差收窄，廣東開始在人文地理發展方面，朝向興盛的方向邁進，正是唐宋文人在建立廣東科舉傳承的貢獻。

可惜當時嶺南的天氣、文化和交通，令到中原人士輕視嶺南地區的水準。由於被輕視，唐朝打算進一步向嶺南道以及越南的河內地區擴張，廣大的熱帶地區被政府分爲幾個軍事管轄區，再被細劃爲若干州，但此舉並不能夠防止北方中原統治者和南方臣民之間連續不斷的衝突。尤其在安史之亂後，長安的官員視遙遠的南方爲一潭死水，因此他們都允許地方官員隨心所欲地虐待人民。當土著反叛時，唐朝政府才派兵去恢復秩序。

整體而言，張九齡和蔡挺關鑿嶺南道是能夠促進人口的增加和文化的交流，更重要的是使到廣東文化能吸收更多中原地區的優點，因此，廣東獨有的文化與張九齡和蔡挺在開鑿嶺南方面確是密不可分。

第五節　古代廣東的社會風俗

廣東雖遠自秦、漢朝已劃入中國直屬版圖，但其風俗與中土殊異。此一直引起中原人士對嶺南地區文化的輕視，認爲居住廣東的人，文化水準必低於中原一帶人士。由於廣東的社會風俗關係，促使廣東在唐朝期間，在科舉方面的發展，特別是狀元及進士的培養方面，形成了一個極大的阻礙。

古代的廣東屬百越地區，《淮南子》卷一《原道訓》：

> 九疑之南，陸事寡而水事眾，於是民人被髮文身，以像鱗蟲。

唐代嶺南的風俗一般仍是較原始落後的。《隋書》卷三十一《地理志》：

> 自嶺巳南，二十餘郡，大率土地下濕，皆多瘴癘，其人性並輕悍……其俚人則質直尚信，諸蠻則勇敢自立，皆重賄輕死，巢居崖處，盡力農事，刻木爲契，言誓至死不改，父子別業，父貧乃，有質身於子，諸獠皆然，並鑄銅爲大鼓……

其中「刻木爲契」、「巢居崖處」簡直與原始生活無異。又其中「父子別業，父貪乃，有質身於子」是與中原人當時的道德觀大異，可見其落後情況，或者中原人士穿鑿附會、或者誇大其辭，但亦表示中原人士對廣東瞭解不深。

《朝野僉載》卷一：

> 嶺南風俗，多爲毒藥，令奴食冶葛死，埋之土中，草生正當腹上，食之立死，手足額上生者當日死，旁自外者數日死，漸遠者或一月、或二月、全遠者，一年、二年、三年亦即死。惟陳懷卿家藥能解之，或以塗馬鞭頭控上，拂著手即毒，試著手即死。〔註11〕

這些具有神秘性的風俗，促使當時的中原人士認爲廣東是一個原始落後的民族，他們認爲這是廣東族群用以對付敵人的方法。反映當時中原社會對嶺南及廣東地區存在的偏見。廣東的風俗對古時的人來說是相當恐懼的，在盛唐前被認爲是蠻夷才會居住的地帶。加上廣東的氣候特性，促使廣東在唐朝期間，在文化方面的發展，特別是科舉的制度建立方面，形成了一個極大的阻力。

本章從古代廣東的歷史、氣候特性、自然地理及社會風俗等方面，說明古代廣東在人文地理發展方面，初時可以說是充滿障礙的。自宋元以後，北方中原地區受到較多的戰亂，使到大量中原人口遷往生活較爲穩定的南方居住、中原人民在農耕收穫方面增加和商貿更爲繁榮，使到遷往廣東的中原人口大增。此外，被貶到廣東任官的唐宋文人，對於廣東的文化發展，特別是在啓發唐宋兩朝的廣東家族，直接影響他們對科舉的概念，使廣東家族開始重視科舉及功名兩方面的發展及鞏固，唐宋文人在建立科舉制度的貢獻，確實可以使整個廣東的不同府、州、縣，在參加科舉考試的承傳方面，將這種優良的學風持續地鞏固起來。宋朝廣東的文化與中原文化相差收窄，廣東開始在人文地理發展方面，朝向興盛的方向邁進，正是唐宋文人在建立廣東科舉的貢獻。

廣東在此時期的政治、經濟、文化等多方面的發展，特別在明朝和清朝，主要是因地緣政治和人口急遽增長的關係。由於廣東的快速發展，使明朝和清朝的君主，更注重廣東在科舉方面的發展，因此，明清期間，從廣東不同府志、州志及縣志中，可以充分反映廣東各府、縣、州的人地關係，地域系

〔註11〕拙著《「嶺南之風」實地考察課堂研究和編寫教材計劃》（香港，保良局唐乃勤初中書院，2012年第二版），頁7至54。

統形成和演變，本章從古代廣東的歷史、氣候特性、自然地理及社會風俗等方面，初步進行了明清廣東狀元與進士的人文地理研究，對於明清廣東科舉的興盛發展，作出簡單的說明。

第三章　明朝至清朝科舉制度下廣東狀元與進士的變化

第一節　明朝至清朝廣東科舉制度變化

　　上一章從古代廣東的歷史、氣候特性、自然地理及社會風俗等方面，說明古代廣東在人文地理發展方面，初時可以說是充滿障礙的。但是，宋元以後，北方中原地區受到較多的戰亂，使到大量中原人口遷往生活較爲穩定的南方居住、中原人民在農耕收穫方面增加和商貿更爲繁榮，使到遷往廣東的中原人口大增。廣東在此時期的政治、經濟、文化等多方面的發展，特別在明朝和清朝，更因地緣政治和人口急遽增長的關係，有利於廣東的發展，使明朝和清朝的君主更注重廣東在科舉方面的發展，因此，明清期間的廣東科舉是一個興盛的發展階段。本章是以明清科舉制度，反映廣東狀元與進士的發展概況。

　　貢舉（科舉）終於清朝光緒三十一年（1905）八月四日，袁世凱及張之洞等再奏罷廢科舉，光緒頒詔準自明年清朝光緒三十二年（1906）爲始，所有鄉會試科考一律停止，維持 1300 年的科舉制度在中國壽終正寢。

　　隋朝帝王重視治術良才的選拔，隋文帝在開皇七年（587）「制諸州歲貢三人」。在開皇十八年（598）「以志行修謹、清平幹濟二科舉人」。繼隋文帝之後，「煬帝始建進士科」由考試選任官吏而言，科舉制度雖尚未完備，但科舉制度業已實行。

在唐朝科舉取士的過程中薦舉人所起的作用很大，因主考官要優先考慮政要權貴薦舉之人，科場弊病亦由此而生。

狀元淺說中指出「狀」取自「投狀」，「元」即為第一，唐朝時規定，各地的舉子，應試前要向禮部呈上州里的解狀和本人出身履歷等親狀，也就是報名。考生考取合格後，禮部又要將新進士的身份材料及成績一起呈報給皇帝，稱為奏狀。排在前面的就是狀頭。當時只分為甲乙等，並無狀元之名。

武則天天授元年（690）首創殿試之例，對禮部的考試再行覆試，但並沒有形成定制，只有在特殊情況下才舉行。這才開始按成績排在最前面的稱狀元或狀頭，「狀元之名，蓋自此始」。

中國科舉制度的早期，曾設有許多科目，種類舉例包括貢舉、制舉、武舉、童子舉等；在這諸多科目中，只有貢舉中進士科第一人稱狀元（武舉中第一稱武狀元）。

「進士」一詞最早見於《禮記‧王制》：「大樂正論造士者告於王，而升諸司馬，曰進士」是指造士中學有所成的優秀者，是可以進用任職享受爵祿的士人，到隋朝大業年間才成為取士科目。

唐代所開的科目，計有常科及制科兩大類九十多科。制科是皇帝因特別需要而臨時設定的，所以被視為「非正途」 常科有數十種，有些科目因生員有限（如秀才及童子科），很快便停辦了。只有明經及進士兩科，幾乎是年年開設，而因進士科最難應考，錄取人數也少，加上進士科是以詩、賦、應用文作為主要考試方式，比明經考帖經、墨義更能顯示應試者的才能，所以進士科較受重視。唐代流行的諺語：「三十老明經，五十少進士」。

北宋初年，曾以狀元高居第一而稱榜首，宋太祖開寶六年（973）首創科舉殿試制度後，科舉形成解試、省試、殿試三級考試制度，解試、省試、殿試的第一人分別稱為「解元」、「省元」和「狀元」。為杜絕請託舞弊，宋代採取了鎖院、糊名、謄錄和磨勘等措施，在對狀元的重視方面，宋代有釋褐和拜官的恩寵，形成了進士科空前的繁榮局面。

遼、金朝雖然是少數民族政權，現列出遼、金朝科舉制特點。於聖宗統和六年（988）正式開始科舉制，考試分常科和制科，常科設進士及明經科，以進士科較受重視，其考試程序有鄉試、府試、省試。遼中期才設立殿試，遼代殿試實行黜落制，進士科考試按成績分甲、乙、丙三個等第。進士科考試內容為詩賦和經義。由於遼代科舉初始時主要對象是漢人，參加考試也有

身份和條件的限制，如詔醫卜、屠販、奴隸及商賈不得舉進士。遼中期才設立殿試，遼代殿試實行黜落制，進士科考試按成績分甲、乙、丙三個等第。〔註1〕

金朝科舉制度是在總結了遼代的經驗後建立的，繼承唐、宋和遼的科舉制特點而作創新。於熙宗天眷元年（1138）正式下詔，南北選各以經義，詞賦兩科取士，考試科目上沒有南北區別，均試詞賦和經義。於章宗承安五年（1200）將詞賦定為程式，成為明清時期八股文的始作俑者。〔註2〕

元代科舉，十六科共得進士約一千二百。元代科舉制規定，左右兩榜進士均分三甲，第一甲授官從六品，第二甲授官正七品，第三甲授官正八品。元政府對於科舉制長期廢而不舉，直至元仁宗皇慶二年（1313）才頒佈科舉的詔書，延祐二年（1315）正式開科取士。元代科舉制共實行了四十八年。〔註3〕

明初，朱元璋正式規定狀元是殿試一甲第一名的專稱，根據《明史·選舉制》記載：「三年大比，以諸生試之直省，曰鄉試，中式者為舉人，次年以舉人試之京師，曰會試，中式者天子親策於廷，亦作殿試。分一、二、三甲，以為名第之次。一甲止三人，曰狀元、榜眼、探花，賜進士出身。二甲若干人，賜進士出身。三甲若干人，賜進士出身。狀元、榜眼、探花之名，制所定也。而士大夫又通以鄉試第一為解元，會試第一為會元，二、三甲第一為傳臚云。子、午、卯、酉年鄉試；辰、戌、丑、未年會試。鄉試以八月，鄉試以二月，皆初九日為第一場，又三日為第二場，又三日為第三場。」〔註4〕

清朝承襲明制，狀元即一甲第一人，一甲第一人即為狀元。「狀元」此稱謂一直沿用到清朝科舉制度被廢除之前，相沿不改。清朝科舉制度分設童試、鄉試、會試、殿試，狀元是經過選拔狀元，直到呈送殿試後，由皇帝欽點全國第一。

天聰八年（1634）四月，皇太極初命禮部，考取通滿州、蒙古、漢書文義者，取中滿族剛林、蒙古人俄博特、漢人宜成格等16人為舉人，是為清朝科舉的關開始。〔註5〕

〔註1〕《遼史》卷二十《光宗紀三》及《遼史》卷二十七《開祚帝紀四》。
〔註2〕《金史》卷五十一《選舉志》一。
〔註3〕《元史》卷八一《選舉志》一。
〔註4〕《明史》卷七十《選舉志》二。
〔註5〕《清太宗實錄》卷十八。

　　皇帝巧妙地進行開科取士，其目的是爭取漢族知識分子加入清政權，在清朝時代，可謂極爲明顯，例如康熙十六年（1677）十一月，江南道監察御史和鹽鼎在奏摺中說：「查世祖章皇帝時，鄉試增於丙戌，會試增於丁亥。」

　　清朝的新皇帝登基、皇帝、太后壽誕等，清朝都會增加鄉試、會試，稱爲「恩科」。相對而言，若爆發大規模戰爭，如康熙時「三藩之亂」，長達八年之久。咸豐及同治年間，又有長達十四年之久的太平天國戰爭，不少地方因發大規模戰爭被迫中止科舉考試制度。

　　清朝實行鄉試、會試「恩科」的結果，就使清朝在鄉試、會試的數量上，大大多於明朝。相對而言，明朝立國 276 年，舉行鄉試、會試共計 88 次，平均三年不足一科。清朝從入關後計算，立國 268 年，到光緒二十九年（1903）最後一科爲止，按平均三年一科計算，應不多於 90 科，而清朝實際舉行鄉試、會試共計 112 科。

　　清朝實際舉行鄉試、會試共計 112 科，共錄取進士 26,749，舉人以乾隆年間每科 1,290 人計算。總數爲 144,480 人，〔註6〕學者普遍估計，清朝在同時期存在的生員接近百萬人，由此看來，明清時期，全國各地逐漸形成科舉家族。

　　清朝時代聚族而居，從事舉業人數眾多，取得舉人功名的家族。清朝皇帝利用開科取士，其目的不正是作爲緩和滿漢民族矛盾，爭取漢族知識分子加入清政權，提升滿族自身文化素質的重要措施。

　　清朝逐漸形成遍佈全國各地的科舉家族，從事舉業的人數，還反映在清朝科舉家族鄉試大、及小省的劃分上，鄉試大省、中省及小省的劃分，取決於兩種因素：一是根據各省人口，二是經濟文化發展情況。乾隆九年（1745），清朝政府規定內地各省鄉試取額爲大省、中省及小省的劃分，大省包括直隸（順天）135 人、江南 114 人、江西和浙江 94 人、福建 85 人、湖廣 93 人。中省包括廣東 72 人、河南 71 人、山東 69 人、陝西 61 人、山西、四川皆 60 人。小省包括雲南 54 人、廣西 45 人、貴州 36 人等。〔註7〕

　　從全國各省舉人的名額，可作以下分析：

　　根據各省中舉人數計算，直隸（順天）中舉的人數爲最多的 135 人，但中舉人的機會是 80 人取 1 人；廣州的中舉人數爲最中位數的 72 人，但中舉

〔註6〕光緒《大清會典事例》卷三五四。
〔註7〕光緒《大清會典事例》卷三三七。

人的機會是 60 人取 1 人。；貴州的中舉人數為最少的 36 人，但中舉人的機會是 50 人取 1 人。

因此，可作進一步分析如下：

大省可謂在清朝科舉是應試人數最多；中省則在清朝科舉是應試人數及中舉機會均在中線以上；小省相對是中舉機會最大。

清朝的科舉家族，從事舉業的人數，還反映在清朝科舉家族鄉試大省、中省及小省的劃分上，現以浙江（大省）、廣東（中省）、廣西（小省）作出比較。

從朱卷履歷中的大量記載史料中，關於**清代浙江（大省）以汪藻家族**舉例說明如下：

浙江：道光十五年（1835）。乙未恩科浙江鄉試舉人汪藻，汪藻本人生於嘉慶十九年（1814），中舉前是杭州府學學生，商籍，汪藻高祖汪癸正以下直系親屬 4 人，其中曾祖等 3 人均為太學生，汪藻族親如下：

曾叔祖汪元鑒等 6 人，皆有太學生功名。

胞伯祖和堂叔祖計 12 人，汪為善等 9 人分別為進士、附貢生、太學生。

胞伯、嫡堂伯、堂伯叔計 50 人，其中汪瀠等 36 人分別為副貢生、附貢生、附監生、廩貢生、廩生、生員、太學生。

胞兄弟、嫡堂兄弟、堂兄、從堂兄弟計 119 人，其中汪錫珪等 50 人分別為優貢生、貢生、生員、太學生。

胞侄、嫡堂侄、堂侄、從堂侄計 69 人，其中汪國俊等 21 人分別為舉人、增生、生員。

嫡堂侄孫 7 人、堂侄孫 26 人、從堂侄孫、子 1 人，計 42 人，均無功名。

汪藻朱卷履歷列名家族高祖以下七代男姓人口，包括汪藻本人總數為 303 人，其中有功名者為 126 人，無功名者為 177 人。汪家七代人除高祖輩不計外，每代人都有科舉功名，最少的曾祖輩 6 人，最多的兄弟輩 50 人。

從朱卷履歷中的大量記載史料中，關於**清代廣東（中省）以廣州府順德縣嚴其琛家族**舉例說明如下：

廣東：同治十二年（1873）。癸酉科廣東鄉試舉人，廣東廣州府順德縣嚴其琛家族。嚴其琛的始祖嚴泰亨，宋朝時，由廣東四會縣遷居省城（廣州），至四世祖嚴元福，始由省城（廣州）遷居黎村，嚴氏家族經歷元、明、清三朝 700 餘年。「世居順德黎村鄉湧源坊」。〔註8〕

〔註8〕《清代朱卷集成》卷三四三冊。

從朱卷履歷中的大量記載史料中，**關於清代廣西（小省）以白鸞鏘家族舉例說明如下：**

廣西：光緒十五年（1889）。己丑恩科廣西鄉試舉人，白鸞鏘爲同治七年（1868）生人，中舉前是桂林府臨桂縣學附生，民籍，直系高祖 4 人，有功名者 2 人：祖父白光恒爲太學生，父親白洛爲武舉人。

白鸞鏘族親如下：

嫡堂伯叔高祖、從堂伯叔高祖、再從堂伯叔高祖、三從堂伯叔高祖計 21 人，其中白成全等 7 人分別爲生員、太學生。

胞叔曾祖、嫡堂伯叔曾祖、從堂伯叔曾祖計 36 人，其中白兆元等 8 人分別爲生員、太學生。

胞伯叔祖、從伯叔祖、再從伯叔祖計 53 人，其中白光正等 11 人分別爲太學生、舉人、廩貢生、生員。

嫡堂叔 7 人、從堂叔 26 人、再從堂伯叔、三從堂伯叔 68 人，其中白振鈞等 11 人分別爲增生、舉人、太學生、生員及歲貢生。

胞兄弟、嫡堂弟、再從堂兄弟、三從堂兄弟計 51 人，其中白詔掄等 2 人分別爲太學生。

胞侄、再從堂侄、三從堂侄計 4 人，其中生員 1 人、業儒者 2 人。

族侄孫 1 人，無功名。

白鸞鏘朱卷履歷列名家族男性人口，從高祖起包括他本人總數爲 239 人，其中有功名者爲 41 人，無功名者爲 191 人。白氏家族包括高祖輩以下六代人在內，每代人都有科舉功名，最少者侄輩僅 1 人，最多者祖父輩 11 人。白氏家族還有業儒者 8 人，完全可以視爲從事舉業的家族人口。

清朝會試共計 112 科，進士總人數只有 2 萬多人，而清朝的文官編制，官員人數達到萬人以上，士人考上進士。出仕機會確實有了保證，清朝進士有甲科或甲榜之稱，一甲狀元授修撰，榜眼及探花授編修。二、三甲科進士授庶起士，主事、中書、行人、評事、博士、推官、知州、知縣等官有差。〔註9〕

清朝會試考試在北京進行，康熙五十二年（1713）以前，因各省沒有固定名額限制，故江浙地區取中進士人數最多，就是江南地區舉人基數大。參加考試人數多，可謂以量取勝的因素。

〔註9〕《清史稿》卷一零八。

　　此外，在朱卷履歷中，除了記載本家族成員的科名與官職，對自己家族的等第，也時常有意流露。現以廣東番禺縣舉人許應鎞爲例子，其家族，世居省城大南門外，高第街。〔註10〕

　　明朝皇帝朱元璋在洪武三年，首次爲各省訂定舉人的解額，其總數爲470人，但大省的解額是有有彈性的，明初，廣東和廣西因人才缺少，只設一科。

　　永樂十九年（1421）北京定都之後，成爲全國解額最大的地區，直至乾隆十三年（1748）訂定的舉人解額簡列如下：

表5　乾隆十三年（1748）訂定的舉人解額

京師	206
江南	114
浙江	95
福建	85
廣東	72
廣西	45

　　在鄉貢未能及額的情況下，雖京畿規定可取百人，在洪武三年，廣東在可錄取 72 人，廣東也只錄取 12 人，明初舉人解額較少，最南面的沿海省份廣東間接吃虧。可引用《清高宗實錄》卷 558 記載的史料說明。《清高宗實錄》卷 558，乾隆二十三年三月丙申條：「嗣後直隸、江西、福建、浙江等大省官生，二十名取中一名，三十一名取中二名；山西、河南、廣東等中省官生，十五名取中一名，二十三名取中二名；雲南、貴州、廣西等小省官生，十名取中一名，十六名取中二名。」

　　依清代穩定的生員學額制度，尚未能與急增的人口互相配合，根據何炳棣的資料引用如下：康熙三十九年（1700），近一億五千萬人口。嘉慶五年（1800），近三億人口。道光三十年（1850），近四億三千萬人口。

　　上述兩點爲明清期間，君主政策對廣東科舉發展的不利共有性因素，然而，本文亦同時發現在明清期間，君主政策對廣東科舉發展的有利因素，例如廣東省興辦社學與私立書院、協助應試舉子的社區援助機制、宗族制度、出版印刷和興辦官學等有利因素。

〔註10〕《清代朱卷集成》第六及第八冊。

一、科舉與官學

　　從明初開始，科舉制度與學校不再分開，洪武二年（1369），明朝開國君主明太祖下詔天下府州縣皆立官學，教師由政府指派，經費永久由政府基金支持，洪武三十一年（1398），明太祖施政的最後一年，在有效統治的地區內已設有學校一千二百所，到十五世紀前半，許多軍衛或駐軍指輝也設立了學校，隨著中國內陸國境的持續擴展與向來是少數民族地區的漢化，到嘉慶十一年（1812），官學已增至一千七百四十一所，到光緒十二年（1886），官學更增至一千八百一十所，明初開始規定，每一府學置教授一人、訓導四人，縣學置教諭一人、訓導二人，於是全國便共有數千個學官，教場逐漸多由官場上沒有出路的舉人或貢生擔任，明朝將學校與科舉考試制度的統整，試圖於地方、省及全國三個不同層次之上，控管舉業造成的社會學術流動量，歸納明清科舉的發展如下。

　　明初對寒微出身的人採取較寬大和同情的政策，明初創建科舉制度與學校開始，生員免除徭役，享受免費住宿與廩月米六斗，洪武十五年（1382），明朝開國君主明太祖下詔月增一石，其他魚肉鹽醋之類也由官給，明太祖施政理念是第一、標示科舉考試的秀才、舉人、進士三項正式科名與資格制度的開始，第二、標示一個全國性的獎學金制度的創設，在當時的明朝社會實況，公費月米一石大致足夠讓學子無憂地集中精神讀書，生員不但自己免除徭役，另外還可免除家中兩名男丁的徭役，於是大大減輕家中的經濟負擔。

二、社學與私立書院

　　從明初開始，已確立學校的必要性，洪武八年（1375），明朝開國君主明太祖下詔天下府州縣皆立社學，雖然皇帝的詔令使鄉村或都市等地方由民間自力興建這些學校，但其成功相當程度要靠地方官員的宣導，基本上，在十五世紀，國家享受著長期的復蘇及財政重擔的減輕的果實，使鄉村或都市等地方學在設立社學方面，在地方官員的宣導下快速地完成，至於私立書院的成功與持久，全視校產的大小與經營而定，校產成長的趨勢，依賴地方富人與官員定期的捐贈，湖南省會長沙的嶽麓書院，是歷史可以追溯到十一世紀宋代的古老書院，校擁有一筆不算多的校產，但到嘉靖十八年（1539）已有地1,824畝，其後還穩定地擴張。

完全爲地方而設的書院，其資源也很多元，揚州安定書院是一所專爲鹽商子弟而設的學校，就有一筆達銀 7,400 兩的充裕校產，到雍正十一年（1733）以後，能夠每月發給每位學生三兩的膏火津貼，被稱爲膏火的獎學金，其規定也很多樣，一般給生員和考第一級院試學生的月津貼，從三兩到一兩不等，有些書院還給高階的學生額外津貼，由於清代書院高度功利，到清代後期，收高班進階的學生，成爲普遍的慣例，應該特別指出，十八世紀後期開始，廣東有十九所較大型的書院發展出一套精緻的津貼制度，來幫助學生報考高階的科舉考試。

三、協助應試舉子的社區援助機制

清朝乾隆主政期間，他特別注重廣東科舉賓興制度的發展，例如在廣東一些地方社區，科舉賓興制度（公益基金）是依靠持續的關注與定期的捐助，通常存在於較富庶和科舉成功率較高的地區，在較富庶和科舉成功較高的地區，社區公益基金的提供相對充足，許多地區運用了公款說明生員取得第二個功名，可能由於舉人身份在社會分層上有關鍵作用，任何人成爲已舉之人後，想從地方社區公益基金以外的管道，進一步取得赴京會試的補助，並不太困難，由於明朝創建之後，舉人成爲正式的功名，可取得下級官員的資格，於是補助的重點，轉移到幫助本地子弟取得對他們最重要的中階科名舉人，而廣東擬出比較周密的地方莊庫計劃，例如在富庶的廣州城就有充足的地方社區公益基金資助生員與舉人，基金的規模高達銀二萬兩，更由於廣東離北京很遠，在同治年間（十八世紀中期）絕大部分基金用來資助舉人。

除了地方社區公益基金外，至少從十六世紀初開始，全國各省和各府，甚至一些縣分，逐漸興起在京城興建會館的風氣，供來京城趕考會試的本地子弟使用，從字源而言，會館的會字是源自會試，這些會館有一個特徵，原始創設時，把他們住在北京的商人排除在服務對象之列，隨著時間的推移，北京大部分的會館已不再有歧視，明清時代，一般而言，在京城興建會館和提供地方社區公益基金，正反映了一個重要的心理事實，即各地方社會幾乎是不遺餘力地幫助學子取得科舉成功與社會地位。

四、宗族制度

現在學者用了大量的清代族譜，才有可能對宗族提供的獎學金及補助制度的情況做數量性的描述，族人通過生員、舉人、或進士考試者，依例可以

至少獲得象徵式獎金，要到省城或京城趕考者，其旅費部分或全部由宗族資助，立志投考初階科名生員的青年，可以在宗族內免費學習，甚至到別處讀書，也可以得到補助。

五、出版印刷

　　從明初開始，已確立書籍的重要性，洪武元年（1368），明朝開國君主明太祖下詔天下給予所有書籍免稅的法令，皇帝並且再下兩次詔令於不易取得書籍的北方各省免費頒贈《四書》、《五經》等儒家基本典籍，明太祖下令典藏元朝皇家圖書館藏書的南京國子監，將殘缺的舊書板補考，以備重新刻印之用，從長遠來看，愛書的風氣漸起，特別是官學招生人數大增，及科舉的重要性不斷提升，均有利於刻書業的發展，到嘉靖時期（1522～1566）南京國子監在原本的任務之外，又肩負起刊印《二十一史》《十三經》的任務，以應付基本文本和類書不斷增長的需要，這些大規模翻刻基本書籍的工作，對傳播知識，書籍普及起了很大作用，其後還穩定地擴張。

　　明中期的刻書技術的開創與進步著稱，這是民間個人努力的成果，江蘇南部無錫的華燧（正統四年至正德八年，1439～1513）及其子孫是使用銅活字印刷的重要先驅，刻書業經歷晚明民變及滿清統一戰爭而停滯了半個世紀之後，清代刻書業穩定地擴張。清代對刻書的品質並不特別在意，這也使書籍出版急增，書價更便宜，這個大藏書家的時代，可能也是寒素之士科舉成功比率最小的時代，如果書籍持續驟增的部分原因，是貧富間教育資源的不斷懸殊化，這就可能壓擠寒素之士的科舉成功比率，只有獨具天分的有志之士，才可獲得最後的成功。

　　誠然，科舉制度廢除後，廣東人才知識結構轉型的成效，可作為本節的一小結，應該特別指出，廣東人才如康有為、錢穆、孫中山、梁啓超等，在科舉制度廢除後，東南人才向西方學習，以實現知識結構轉型，確已取得明顯成效。1905 年的一紙聖諭，科舉制度雖然廢除了，卻中止不了傳承在世俗的科舉心理，1905 年科舉制度廢除後，東南學子紛紛走出傳統的私塾和書院，進入沿海通商口岸的洋學堂學習，或漂洋過海，到日本或歐美去留學深造，從而他們實現了知識結構轉型的願望，並已取得明顯成效。在此作一討論，只是呼應本文題目中，曾觸及科舉制度的興起及廢除。

　　另外一個值得探討的問題是：明清期間，在相同的制度下，廣東各府、州、縣，各有家族成為科舉家族，有的家族卻不能成功，本人相信是與人文

地理有關，應該可進一步探討，廣東各府、州、縣科舉家族對功名的重視程度和所屬地區的科舉成功是有密切關係的。

第二節　明朝至清朝廣東狀元的變化

明朝至清朝廣東科舉的變化，是依據廣東持續建立穩定的經濟及文化基礎而組成的，特別是在明清期間，廣東在經濟方面有了高速的發展，為了反映明代及清代狀元及進士的增長情況，本文將簡介歷代廣東九位文狀元履歷，再集中明代及清代狀元籍貫分佈分析。而本文是以兩種方式作為分析：第一是從狀元及進士籍貫分佈表、第二是從狀元及進士的朝代分佈表，綜合以上資料，可初步作出一個朝代前期的背景資料分析，再集中明代及清代狀元發展的規律，闡釋明代及清代狀元及進士的增長概況。

歷代廣東九位文狀元履歷如下：

一）莫宣卿，封開人，唐朝大中五年辛未科狀元。（851）〔註11〕

二）簡文會，南海人，南漢乾亨二年戊寅科狀元。（918）〔註12〕

三）張鎮孫，南海人，宋朝咸淳七年辛未科狀元。（1271）〔註13〕

四）倫文敍，南海人，明朝弘治十二年己未科狀元。（1499）〔註14〕

五）林大欽，潮州海陽人，明朝嘉靖十一年壬辰科狀元。（1532）〔註15〕

六）黃士俊，順德人，明朝萬曆三十五年丁未科狀元。（1607）〔註16〕

七）莊有恭，番禺人，清朝乾隆四年己未科狀元。（1739）〔註17〕

〔註11〕 徐松《登科記考》卷二十二唐大中五年（851年）「制科」條在引用白鴻儒《莫孝肅公詩集序》和柳珪《送莫仲節狀元歸省詩》後加按語云：「制科第一，據此亦得稱狀元。」（清）徐松《登科記考》卷二十二，頁817，北京：中華書局，1984年。

〔註12〕 （明）劉廷元修，《南海縣志》13卷，明萬曆三十七年（1609年）；亦參南海市地方志編纂委員會編，《南海縣志》（廣東：中華書局，2000年1月第1版），簡文會是進士科廣東第一位狀元。

〔註13〕 （明）劉廷元修，《南海縣志》13卷，明萬曆三十七年（1609年）；亦參南海市地方志編纂委員會編，《南海縣志》（廣東：中華書局，2000年1月第1版）。

〔註14〕 （明）劉廷元修，《南海縣志》13卷，明萬曆三十七年（1609年）；亦參南海市地方志編纂委員會編，《南海縣志》（廣東：中華書局，2000年1月第1版），頁1243。

〔註15〕 （清）周碩勳纂修，《乾隆潮州府志》，清乾隆四十年，頁488至489。

〔註16〕 （清）嚴而舒纂《康熙順德縣志》，清康熙十三年，頁173。

〔註17〕 （清）望江檀纂修，《乾隆番禺縣志》，清乾隆三十九年，頁187。《廣東府州縣志》第二冊，頁187，海南：海南出版社，2001年。

八）林召棠，吳川人，清朝道光三年癸未科狀元。（1823）〔註18〕

九）梁耀樞，順德人，清朝同治十年辛未科狀元。（1871）〔註19〕

一、莫宣卿

莫宣卿（834～868），字仲節，號片玉。廣東封州（今廣東封開縣）人，唐朝宣宗大中五年（851）辛未科制科進士第一人（狀元）。莫宣卿為遺腹子，母親梁氏因家境困難，改嫁開建縣（今廣東封開縣南豐鎮）莫及芝，莫宣卿七歲時能詩，一次他受群童欺侮，他憤然在沙中寫詩一首：「我本南山鳳，豈同凡鳥群。英俊天下有，誰能祐聖君。」

莫宣卿稍大入鄉後，就讀於名師梁明甫，12 歲舉秀才。後在麒麟山側建一間書屋，刻苦攻讀。唐朝宣宗大中五年（851），17 歲的莫宣卿廷試第一，欽點狀元，莫宣卿中狀元後，出任翰林院修撰，賜內閣中書大學士，莫宣卿思念母親，上表陳情，請求出任南方地方官。莫宣卿榮歸故里後，奉母親攜眷赴台州上任，不幸病逝於途中。

二、簡文會

簡文會（890？～950？），南海（今廣東南海）人，南漢乾亨四年（920）庚辰科狀元。簡文會年幼聰慧出眾，品性耿直，他善詩作，名噪一時，狀元及第後，以才學見用。累官至尚書右丞。

乾和年間，南漢劉晟帝暴戾而殘酷，簡文會進言，觸怒中宗。被貶謫為禎州刺史，任上，他盡心盡職，頗有政聲，為民所稱道，以清廉務實著稱，終死於禎州任上。

簡文會鄉里有「簡狀元井」。後來明朝倫文敘也曾居住此地，乾亨元年（917），南海改為咸寧、常康二縣，故也有稱簡文會為咸寧人。

三、張鎮孫

張鎮孫，（1235～1278），字鼎卿，號粵溪。南海（今廣東南海）人，宋度宗咸淳七年辛未科進士第一人（狀元）。張鎮孫少年時，學習刻苦，博文強記，15 歲參加童子試，名冠諸生，聲振鄉里。

〔註18〕（清）陳蘭彬纂、毛昌善修，《光緒吳川縣志》，清光緒十四年，頁 231。

〔註19〕（清）嚴而舒纂，《民國順德縣志》，頁 589。

張鎮孫 35 歲以第五名通過地方選拔試，第二年狀元及第，張鎮孫中狀元後，授秘書省正字。進秘書省校書郎，不久，因不肯依附賈似道，出為婺州通判。

宋度宗咸淳十年（1274），宋度宗駕崩，年僅 4 歲太子恭帝即位，元軍逼近宋都臨安，張鎮孫因念雙親，棄官回南海奉養父母，遭彈劾被罷官免職。

恭帝君臣降元後，宋臣擁立端宗即位，張鎮孫為龍圖閣待制，廣東制置使兼經略按撫。不久，元軍復占廣州，張鎮孫兵敗被俘，英勇就義。

張鎮孫善於詩文，殿試時，洋洋七千言，一揮而就。張鎮孫著有《見面亭集》十六卷。

四、倫文敍

倫文敍（1466～1513），字伯疇。南海（今廣東南海）人，明孝宗弘治十二年（1499）己科進士第一人（狀元）。倫文敍長身玉立，雖出身貧寒，但他年幼聰慧出眾，5 歲時與一群孩子玩耍時，被一名會相面的人看中，他說：「此兒必大魁天下」。

倫文敍登第後，任翰林院修撰，正德五年（1510）充經筵講官，以啓君心。後因病死於任內，年僅 47 歲。

倫文敍三位兒子均考中進士，一家之中，父子兄弟均以魁元策名，故稱為
「一門四進士，父子魁三元。」

倫文敍著有《白沙集》

五、林大欽

林大欽（1511～1546），字敬夫，號東莆。廣東海陽人（今廣東潮州）人，明世宗嘉靖十一年壬辰科進士第一人（狀元）。林大欽雖出身貧寒，但聰穎過人，他的乳名叫大茂，傳說他在私塾讀書時，老師葉先生有意考考他，便以大茂姓名入對，出了個上聯：「竹架滿園，豈能成林大茂。」林大欽立即對道：「梅花魁首，何曾從葉先生。」葉先生深為歎服，為之改名「大欽」。「大欽」即大魁天下之意。

明世宗嘉靖十一年壬辰科（1532），22 歲的林大欽殿試第一，林大欽淡薄名利，他中狀元後便把母親接到京城奉養，在京中三年，深感自己的理想無法實現，請求辭官與母親南歸。

林大欽居家設講堂於華嚴山，向鄉中子弟講授六經，著書立說，名噪一時，從此絕意仕途。

明世宗嘉靖二十三年（1544），林大欽自覺身體每況愈下，將不久於人世。便集中精力將自己以往所作詩歌 355 首彙集成冊，並寫了序言，翌年葬其母親於桑浦山麓，又一年林大欽病卒，年僅 36 歲。

林大欽著有《東莆先生文集》，民間至今還流傳他的許多對聯趣事。

六、黃士俊

黃士俊（1570～1655），字亮垣，號振宇。自稱「碧灘釣叟」，廣東順德人，明朝萬曆三十五年丁未科進士第一人（狀元）。

黃士俊少負偉志，好學上進，督學許尚志十分讚賞他的文章和品行，預言他大魁天下，27 歲黃士俊奪廣東鄉試第一，名冠諸生，聲振鄉里。

明朝萬曆三十五年（1607），31 歲的黃士俊殿試第一，黃士俊登第後。黃士俊任翰林院修撰，天啓三年（1623），以太子洗馬升爲詹事兼侍讀，不久又升爲禮部右侍郎，黃士俊爲官耿介剛直，曾因得罪宦官魏忠賢，引病辭官，再在崇禎元年（1628）任吏部右侍郎，翌年又升爲禮部尚書。崇禎 17 年（1644）被晉封爲柱國、武英殿大學士，皇帝又一次派人召回他回京，但他還不及上路，李自成已攻入北京，崇禎已於煤山弔死，黃士俊因此積極參加反清戰爭，數年而卒，王夫之曾爲他題詩道：「順德黃閣老士俊，四十年狀元宰相。」享年 85 歲。

七、莊有恭

莊有恭（1713～1768），字容可，號滋圃。廣東番禺 （今廣東廣州）人，清朝乾隆四年己未科進士第一人（狀元）。

莊有恭少年時已有神童之譽，清朝乾隆四年（1739）莊有恭高中狀元，任翰林院修撰，莊有恭一生在官場大起大跌，乾隆十七年，因浙江人獻書稿他置之不理而罰重，乾隆三十一年，莊有恭因曾授意浙江按察使朱奎揚等有意徇私，被徹銷職務侯審。

至於政績方面，莊有恭爲官於浙江，在江浙興修水利，乾隆二十七年，他積極安排竹籠條石，修建坦水，築高加厚附塘土堰，徹底改建危殆舊塘。

乾隆三十二年，莊有恭病死任上。

八、林召棠

林召棠，（1786～1873），字愛封，號苻南。廣東吳川人，清朝道光三年癸未科進士第一人（狀元）。林召棠年幼聰慧出眾，18 歲應童試，被當時廣東學政譽爲「海淀俊才」。

林召棠 31 歲中舉，兩次會試落榜，經家人勉勵資助，再次北上，終於在道光三年（1823）林召棠狀元及第，登第後，任翰林院修撰，掌收國史，道光十一年，林召棠出任鄉試主考。後因母親年邁有病，辭官歸里，從此不再復出。

林召棠曾自撰《治家格言》其中有「日食飯當思耕田人之苦，日著衣當思織布人之勞」。林召棠著有《心亭居詩文集》。享年 87 歲。

九、梁耀樞

梁耀樞（1832～1888），字冠祺，號叔簡。廣東順德人，清朝同治十年辛未科進士第一人（狀元）。

清朝同治十年梁耀樞狀元及第，登第後，任翰林院修撰，掌收國史，同治十二年，梁耀樞出任鄉試同考官。

光緒二年（1876），任湖北學政，光緒六年，任會試同考官、充任教習庶起士、典試會試。

光緒十四年，梁耀樞官至詹事府詹事，同年，卒於任上。享年 56 歲。

本節實際的概述和研究意義是從廣東狀元與進士在不同地理分佈（例如廣州、韶州、惠州、潮州、高州、廉州、雷州、瓊州、南雄、順德、南海、番禺、東莞、肇慶等府、州、縣。）和制度、朝代的蛻變中，闡釋狀元與進士的孕育背景及其與地理分佈的關係。主要的研究意義是以廣東的歷史環境爲始，據已故史學著名學者羅香林的《中原文化的南下與廣東學術思想的發展》一文的考證。在唐朝的廣東與中原的交通是由長安經漢中沿漢水至洞庭湖，再沿湘江溯江而至粵桂交界。由此看來，中原的學術文化由西江流域向廣東內地傳播。

明清兩代狀元進士的不同和特點，現以不同朝代及人文地理兩方面，再作進一步劃分如下：

廣東九名狀元產生的背後原因，應可根據人文地理研究進行分析， 再加上自然環境、人文環境變化、社會不穩、政局演變、交通與教育的聯繫、氣

候及地理沿革等原因，每個出現均有出現不同的細小變化，透過本節的全面深入分析，並且配合加強對比變化，揭示人文地理的原因是如何成爲今天廣東興盛的啓示。

本節的清朝進士人數，可全面地反映自然環境、人文環境變化、社會不穩、政局演變、交通與教育的聯繫、氣候及地理沿革的原因，因爲本文提出的清朝進士人數是具有代表性的，至於進士人數方面，基本上是建基於何炳棣的研究基礎。

關於交通方面的進士人數變化，本文的第七章主要是以明清地圖展示，至於在交通便利、人文地理、教育變化也同時作了進士人數分析和研究。

以下是廣東唐朝至清朝狀元地域分佈，本文的表 6 作爲簡介，並以圖 1 至圖 4，進行廣東唐朝至清朝狀元地域分佈的朝代比較分析，同時以朝代分佈顯示明清時期，正是明清廣東狀元的發展高峰期，而十分重要的轉捩點，就是長期被忽略的明清廣東狀元的成就，因在明清廣東，在廣東科舉家族的持續重視功名及發展科舉的賓興制度，將在本文第五至第八章加以說明。

表 6　廣東唐朝至清朝狀元地域分佈數目表（共九名狀元）

籍　貫	狀　元
廣東封開（1 人）	莫宣卿（唐）
廣東南海（3 人）	簡文會（五代）
	張鎮孫（南宋）
	倫文敘（明）
廣東潮州海陽（1 人）	林大欽（明）
廣東順德（2 人）	黃士俊（明）
	林召棠（清）
廣東番禺（1 人）	莊有恭（清）
廣東吳川（1 人）	梁耀樞（清）

圖1　廣東狀元地域分佈表

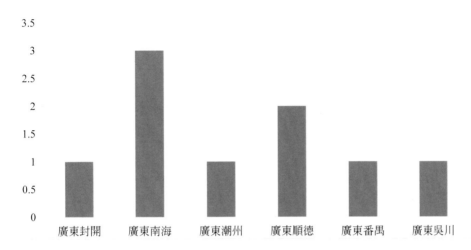

圖2　廣東狀元朝代分佈

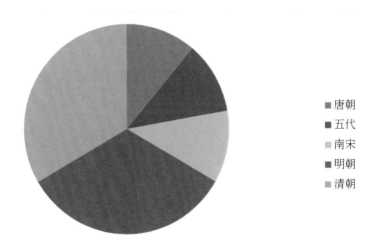

■唐朝
■五代
南宋
■明朝
■清朝

　　唐朝當時的廣東地區只有一名狀元，由此看來，唐朝與五代狀元與三鼎甲的發展，兩方面同屬極初步的孕育階段。

　　在宋朝，特別是在南宋的廣東，在狀元方面，雖然也只有一名廣東狀元，但同時在狀元、榜眼及探花（三鼎甲）方面，出現一個很大的突破，共有一名榜眼及兩名探花，三鼎甲共有四人。

圖3　唐宋三鼎甲數目比較

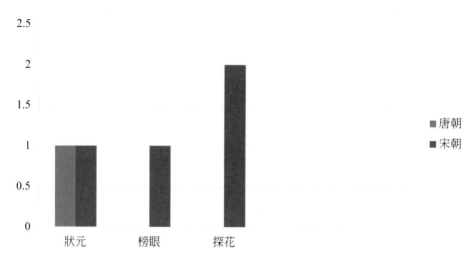

明朝在狀元方面已增加至共有三名，同時在榜眼及探花各有二人，三鼎甲其有七人；清朝在廣東狀元方面，也能保持合共三名，但要特別注意的是，清朝廣東在榜眼及探花方面，已經增加至各有五人，三鼎甲其有十三人。

圖4　宋、明、清三鼎甲數目比較

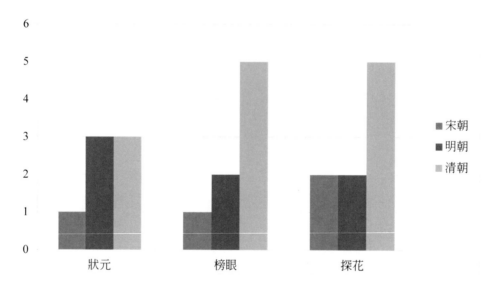

若以一個具有規律性方式，以朝代劃分不同科舉發展階段作為分析與比較這些資料，可以從宏觀的方向，呈現三個關鍵朝代（宋朝、明朝及清朝）科舉發展的持續增長階段和具有規律性的變化。

　　從唐朝時期的廣東地區，只有一名狀元，唐朝與宋朝以三鼎甲作比較，宋朝共有一名狀元、一名榜眼及兩名探花，三鼎甲共有四人。

　　明顯可見，宋朝是比唐朝在三鼎甲的發展方面，多了三名，三鼎甲人數方面，已有階段性提升趨勢。

　　明朝廣東地區，從唐朝、宋朝與明朝的三鼎甲人數作比較，明朝在狀元方面已增加至共有三名，同時在榜眼及探花各有二人，三鼎甲共有七人，由此可見，明朝是比唐朝、宋朝在三鼎甲的發展方面，可以得出的資料是明朝比宋朝的三鼎甲人數多了三名；明朝比唐朝的三鼎甲人數多了六名。在三鼎甲人數方面，已有明確的上升趨勢。

　　再以清朝廣東地區，再和唐朝、宋朝與明朝的三鼎甲人數作比較，清朝在狀元方面維持共有三名，同時在榜眼及探花各有五人，三鼎甲共有十三人，由此觀之，清朝是比唐朝、宋朝與明朝在三鼎甲的發展方面，可以得出的資料是清朝比明朝的三鼎甲人數多了六名，在榜眼及探花兩方面，各有 3 名的增長；清朝比宋朝的三鼎甲人數多了 9 名；清朝比唐朝的三鼎甲人數多了 12 名。在三鼎甲人數方面，已呈現鞏固的上升趨勢。

　　綜合而言，本節透過唐朝至清朝，共有九名廣東狀元的籍貫與朝代劃分，作為分析與比較這些資料後，已經初步展現廣東在不同朝代三鼎甲人數的發展概況，並從具有實質意義的資料中，找出三個廣東科舉發展的朝代（宋朝、明朝及清朝），應該特別指出，雖然共有三個朝代的持續增長階段，但是，真正可鞏固廣東三鼎甲增長人數的關鍵朝代，應該只有明清期間，因為在明清期間，明清科舉家族將原本帶有不穩定性的三鼎甲人數，持續地轉變成規律性的上升趨勢。

表 7　唐朝、宋朝、明朝與清朝三鼎甲人數比較表

朝　代	狀　元	榜　眼	探　花
唐	（1）	（0）	（0）
五代十國	（1）	（0）	（0）
南北宋	（1）	（1）	（2）
元	（0）	（0）	（0）
明	（3）	（2）	（2）
清	（3）	（5）	（5）
合共	（9）	（8）	（9）

圖 5　唐朝、宋朝、明朝與清朝三鼎甲人數比較表

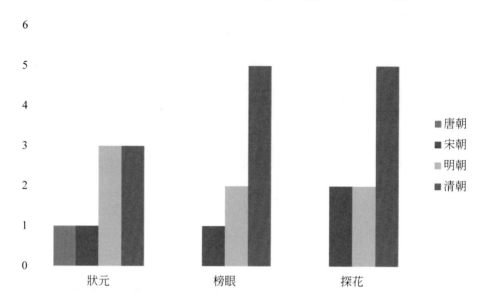

第三節　明朝至清朝廣東進士的變化

　　本節主要的研究資料是依據《進士登科錄》《明代進士題名錄》及《明清歷科進士題名碑錄》刻本影印。因爲這些名冊精準地捉供及第舉子的家庭與祖先背景資料，《進士登科錄》與《會試錄》具體的差異，在於通過會試的舉子，雖然殿試不採取淘汰制，可以準確地稱爲進士，只有進士才會編印正式的進士名冊，依規定登科錄其姓名、生日、鄉貫、年齡、履歷、配偶、子女及祖宗三代，祖宗三代若曾任官也要注明，由於登科錄是要呈上皇帝的，其編排是非常嚴謹的，進士名冊依最後殿試名次排列，以一甲狀元、榜眼、探花爲首，接著是二甲及三甲進士。

　　本文是以明清期間，廣東 1,909 名狀元與進士進行研究。此外，本文是以下列的分期作比較與分析如下：

　　明朝前期即由洪武、建文及永樂三朝組成（西元 1370～1424）

　　明朝中期即由洪熙、宣德及正統三朝組成（西元 1425～1499）

　　明朝後期即由景泰至崇禎朝組成（西元 1450～1644）

　　而在研究進士的人數方面，主要是以已搜集明朝的 880 名進士及清朝 1,029 名進士，合共 1,909 名狀元與進士作爲研究資料的。

表 8　明朝廣東進士分析表

明朝洪武年間廣東進士籍貫表

編號	年份及姓名	籍　貫	等　第
1	洪武四年辛亥科梁臨	廣東廣州府新會縣儒籍	賜同進士出身第三甲一百名
2	洪武四年辛亥科張壽齡	廣東南雄府保昌縣民籍	賜同進士出身第三甲一百名
3	洪武四年辛亥科梁安	廣東肇慶府高要縣民籍	賜同進士出身第三甲一百名
4	洪武四年辛亥科陳玄	廣東廣州府東莞縣儒籍	賜同進士出身第三甲一百名
5	洪武四年辛亥科何子海	廣東廣州府番禺縣民籍	賜同進士出身第三甲一百名
6	洪武十八年乙丑科黃子平	廣東茂名縣人	賜進士出身第二甲一百七名
7	洪武十八年乙丑科陳綬	廣東南海縣人	賜進士出身第二甲一百七名
8	洪武十八年乙丑科勞士寬	廣東南海縣人	賜進士出身第二甲一百七名
9	洪武十八年乙丑科蔡福南	廣東海陽縣人	賜同進士出身第三甲三一百六十二名
10	洪武十八年乙丑科衛善初	廣東四會縣人	賜同進士出身第三甲三一百六十二名
11	洪武十八年乙丑科張觀	廣東南海縣人	賜同進士出身第三甲三一百六十二名
12	洪武十八年乙丑科李文善	廣東高要縣人	賜同進士出身第三甲三一百六十二名
13	洪武十八年乙丑科黃敬中	廣東曲江縣人	賜同進士出身第三甲三一百六十二名
14	洪武十八年乙丑科林昶	廣東吳川縣人	賜同進士出身第三甲三一百六十二名
15	洪武十八年乙丑科譚彥芳	廣東高要縣人	賜同進士出身第三甲三一百六十二名
16	洪武十八年乙丑科甘友信	廣東保昌縣人	賜同進士出身第三甲三一百六十二名
17	洪武十八年乙丑科林宗浦	廣東徐聞縣人	賜同進士出身第三甲三一百六十二名
18	洪武十八年乙丑科朱革慶	廣東南海縣人	賜同進士出身第三甲三一百六十二名
19	洪武十八年乙丑科周尚文	廣東香山縣人	賜同進士出身第三甲三一百六十二名
20	洪武十八年乙丑科陳迪	廣東四會縣人	賜同進士出身第三甲三一百六十二名
21	洪武十八年乙丑科姚觀文	廣東南海縣人	賜同進士出身第三甲三一百六十二名
22	洪武十八年乙丑科戴雲	廣東連州人	賜同進士出身第三甲三一百六十二名
23	洪武十八年乙丑科林遜	廣東潮陽縣人	賜同進士出身第三甲三一百六十二名
24	洪武二十一年戊辰科米稚	廣東清遠縣人	賜同進士出身第三甲七十八名
25	洪武二十四年辛未科何測	廣東文昌縣人	賜進士出身第二甲十二名
26	洪武二十四年辛未科張廣陽	廣東德慶州人	賜同進士出身第三甲十六名
27	洪武二十四年辛未科楊壁	廣東海陽縣人	賜同進士出身第三甲十六名
28	洪武二十七年甲戌科蔣資	廣東化州人	賜進士出身第二甲三十一名
29	洪武二十七年甲戌科譚源	廣東番禺人	賜同進士出身第三甲六十六名
30	洪武二十七年甲戌科李王茶	廣東化州人	賜同進士出身第三甲六十六名
31	洪武二十七年甲戌科梁熙	廣東新興縣人	賜同進士出身第三甲六十六名
32	洪武三十年（春榜）符銘	廣東瓊山縣人	賜同進士出身第三甲三十五名

　　上表可見，明朝從洪武 4 年至洪武 30 年，共有六次開科取士，廣東共有
5 名賜進士出身第二甲及 27 名賜同進士出身第三甲，明朝洪武時期，廣東共
有 32 名進士，共有 21 個廣東府縣出現進士人才。

　　在 21 個廣東縣州中，首名爲南海縣，共有 5 名進士、第二爲高要縣共有
3 名進士、第三名共有五個縣州，包括番禺縣、保昌縣、海陽縣、四會縣及化
州，各有 2 名進士。其他 14 個縣州，包括新會縣、東莞縣、茂名縣、曲江縣、
吳川縣、瓊山縣、新興縣、徐聞縣、潮陽縣、清遠縣、香山縣、徐聞縣、連
州及德慶州，各有 1 名進士。

廣東進士人數表

次　　數	洪武考期	廣東進士人數
1	洪武四年辛亥科	5 名進士
2	洪武十八年乙丑科	18 名進士
3	洪武二十一年戊辰科	1 名進士
4	洪武二十四年辛未科	3 名進士
5	洪武二十七年甲戌科	4 名進士
6	洪武三十年（春榜）	1 名進士
		合共 32 名進士

明朝洪武朝廣東進士人數

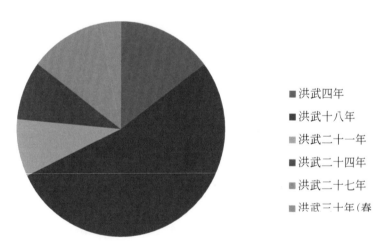

- ■ 洪武四年
- ■ 洪武十八年
- ■ 洪武二十一年
- ■ 洪武二十四年
- ■ 洪武二十七年
- ■ 洪武三十年（春

廣東進士首三甲名次表〔註20〕

名　次	名　稱	廣東進士人數
1	南海縣	5 名進士
2	高要縣	3 名進士
3	番禺縣	2 名進士
3	廣東南雄府保昌縣	2 名進士
3	海陽縣	2 名進士
3	四會縣	2 名進士
3	化州	2 名進士

廣東進士首三甲名次表

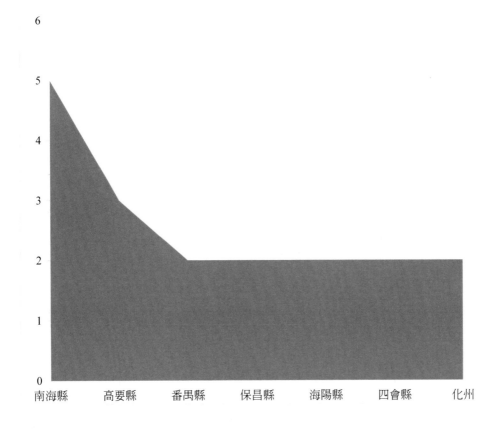

〔註20〕《明清歷科進士題名碑錄》洪武四年至光緒三十年。第一冊至第四冊，臺北：華文書局股份有限公司，1969 年；同時亦參考《明代進士題名錄》刻本影印。

明朝建文時期廣東進士人數表

編　號	年　份	姓　名	籍　貫	等　第
1	建文二年庚辰科	梁成	廣東信宜縣人	賜進士出身第二甲三十七名
2	建文二年庚辰科	余存諒	廣東高要縣人	賜同進士出身第三甲七十名

廣東進士人數表

次　數	建文考期	廣東進士人數
1	建文二年庚辰科	2 名進士 1 名第二甲 1 名第三甲

明朝永樂廣東進士人數表

編號	年　份	姓名	籍　貫	等　第
1	永樂二年甲申科	李寧	廣東南海縣人	賜進士出身第二甲九十三名
2	永樂二年甲申科	羅亨信	廣東東莞縣人	賜進士出身第二甲九十三名
3	永樂二年甲申科	容善	廣東茂名縣人	賜同進士出身第三甲三百七十四名
4	永樂二年甲申科	孔泰初	廣東高要縣人	賜同進士出身第三甲三百七十四名
5	永樂二年甲申科	周益	廣東茂名縣人	賜同進士出身第三甲三百七十四名
6	永樂二年甲申科	黃本固	廣東海康縣人	賜同進士出身第三甲三百七十四名
7	永樂二年甲申科	唐舟	廣東瓊山縣人	賜同進士出身第三甲三百七十四名
8	永樂二年甲申科	張昌	廣東瀧水縣人	賜同進士出身第三甲三百七十四名
9	永樂二年甲申科	吳謙	廣東海康縣人	賜同進士出身第三甲三百七十四名
10	永樂二年甲申科	謝升	廣東高要縣人	賜同進士出身第三甲三百七十四名
11	永樂二年甲申科	馮高	廣東新興縣人	賜同進士出身第三甲三百七十四名
12	永樂二年甲申科	陳穎	廣東合浦縣人	賜同進士出身第三甲三百七十四名
13	永樂二年甲申科	林森	廣東合浦縣人	賜同進士出身第三甲三百七十四名
14	永樂二年甲申科	李仲芳	廣東南海縣人	賜同進士出身第三甲三百七十四名
15	永樂二年甲申科	梁致恭	廣東高要縣人	賜同進士出身第三甲三百七十四名
16	永樂二年甲申科	李祐	廣東茂名縣人	賜同進士出身第三甲三百七十四名
17	永樂二年甲申科	潘疇	廣東南海縣人	賜同進士出身第三甲三百七十四名
18	永樂二年甲申科	陳季芳	廣東潮陽縣人	賜同進士出身第三甲三百七十四名
19	永樂二年甲申科	洪溥	廣東澄邁縣人	賜同進士出身第三甲三百七十四名
20	永樂二年甲申科	林現	廣東海康縣人	賜同進士出身第三甲三百七十四名
21	永樂二年甲申科	翟溥福	廣東東莞縣人	賜同進士出身第三甲三百七十四名

22	永樂二年甲申科	黃嘉	廣東海陽縣人	賜同進士出身第三甲三百七十四名
23	永樂二年甲申科	顏寶	廣東茂名縣人	賜同進士出身第三甲三百七十四名
24	永樂二年甲申科	梁瑤	廣東化州人	賜同進士出身第三甲三百七十四名
25	永樂二年甲申科	陸晉任	廣東瓊山縣人	賜同進士出身第三甲三百七十四名
26	永樂二年甲申科	林文亨	廣東海康縣人	賜同進士出身第三甲三百七十四名
27	永樂二年甲申科	伍玉	廣東茂名縣人	賜同進士出身第三甲三百七十四名
28	永樂二年甲申科	陳哲	廣東曲江縣人	賜同進士出身第三甲三百七十四名
29	永樂二年甲申科	周英	廣東合浦縣人	賜同進士出身第三甲三百七十四名
30	永樂二年甲申科	蕭九成	廣東高要縣人	賜同進士出身第三甲三百七十四名
31	永樂二年甲申科	石祐	廣東瓊山縣人	賜同進士出身第三甲三百七十四名
32	永樂二年甲申科	羅志盛	廣東茂名縣人	賜同進士出身第三甲三百七十四名
33	永樂二年甲申科	張貞	廣東茂名縣人	賜同進士出身第三甲三百七十四名
34	永樂二年甲申科	羅英	廣東高要縣人	賜同進士出身第三甲三百七十四名
35	永樂二年甲申科	翟彥榮	廣東歸善縣人	賜同進士出身第三甲三百七十四名
36	永樂二年甲申科	鄧得麟	廣東樂昌縣人	賜同進士出身第三甲三百七十四名
37	永樂四年丙戌科	王克義	廣東瓊山縣人	賜進士出身第二甲六十五名
38	永樂四年丙戌科	梁智	廣東德廣縣人	賜進士出身第二甲六十五名
39	永樂四年丙戌科	陳彬	廣東茂名縣人	賜同進士出身第三甲一百五十一名
40	永樂四年丙戌科	李昺	廣東合浦縣人	賜同進士出身第三甲一百五十一名
41	永樂四年丙戌科	周岐俊	廣東博羅縣人	賜同進士出身第三甲一百五十一名
42	永樂四年丙戌科	黃斌	廣東曲江縣人	賜同進士出身第三甲一百五十一名
43	永樂四年丙戌科	陳永昌	廣東茂名縣人	賜同進士出身第三甲一百五十一名
44	永樂四年丙戌科	黃敬	廣東瓊山縣人	賜同進士出身第三甲一百五十一名
45	永樂四年丙戌科	陳純	廣東化州人	賜同進士出身第三甲一百五十一名
46	永樂四年丙戌科	黎常	廣東新興縣人	賜同進士出身第三甲一百五十一名
47	永樂四年丙戌科	鍾墉	廣東海陽縣人	賜同進士出身第三甲一百五十一名
48	永樂四年丙戌科	陳日新	廣東高要縣人	賜同進士出身第三甲一百五十一名
49	永樂四年丙戌科	張光	廣東茂名縣人	賜同進士出身第三甲一百五十一名
50	永樂四年丙戌科	吳宗蔭	廣東茂名縣人	賜同進士出身第三甲一百五十一名
51	永樂四年丙戌科	李澤	廣東石城縣人	賜同進士出身第三甲一百五十一名
52	永樂四年丙戌科	盧榮	廣東合浦縣人	賜同進士出身第三甲一百五十一名
53	永樂九年辛卯科	鍾瑛	廣東肇慶府高要縣民籍	賜進士出身第二甲三十二名
54	永樂九年辛卯科	韓珠	廣東廉州府石康縣軍籍	賜同進士出身第三甲四十九名
55	永樂十年壬辰科	羅惟政	廣東潮州府程鄉縣民籍	賜同進士出身第三甲六十四名
56	永樂十年壬辰科	林密	廣東瓊州府文昌縣民籍	賜同進士出身第三甲六十四名
57	永樂十三年乙未科	梁能	廣東廣州府番禺縣民籍	賜進士出身第二甲九十五名

58	永樂十三年乙未科	林超	廣東廣州府番禺縣民籍	賜進士出身第二甲九十五名
59	永樂十三年乙未科	陳鼎	廣東肇慶府新興縣軍籍	賜進士出身第二甲九十五名
60	永樂十三年乙未科	譚壽海	廣東肇慶府德興州部水縣民籍	賜同進士出身第三甲二百五十三名
61	永樂十三年乙未科	林貫	廣東肇慶府四會縣民籍	賜同進士出身第三甲二百五十三名
62	永樂十三年乙未科	鄭士庶	廣東潮州府海陽縣民籍	賜同進士出身第三甲二百五十三名
63	永樂十三年乙未科	張聰	廣東肇慶府新興縣軍籍	賜同進士出身第三甲二百五十三名
64	永樂十三年乙未科	沈福	廣東廉州府石康縣民籍	賜同進士出身第三甲二百五十三名
65	永樂十三年乙未科	馬銘	廣東廣州府南海縣軍籍	賜同進士出身第三甲二百五十三名
66	永樂十三年乙未科	嚴貞	廣東肇慶府新興縣軍籍	賜同進士出身第三甲二百五十三名
67	永樂十三年乙未科	趙純	廣東廣州府番禺縣民籍	賜同進士出身第三甲二百五十三名
68	永樂十三年乙未科	王制	廣東肇慶府德興州軍籍	賜同進士出身第三甲二百五十三名
69	永樂十三年乙未科	彭森	廣東廣州府南海縣民籍	賜同進士出身第三甲二百五十三名
70	永樂十三年乙未科	朱惠	廣東廉州府石康縣民籍	賜同進士出身第三甲二百五十三名
71	永樂十三年乙未科	洪豫	廣東高州府化州民籍	賜同進士出身第三甲二百五十三名
72	永樂十三年乙未科	李冠祿	廣東高州府茂名縣民籍	賜同進士出身第三甲二百五十三名
73	永樂十三年乙未科	阮瑄	廣東潮州府海陽縣民籍	賜同進士出身第三甲二百五十三名
74	永樂十六年戊戌科	梁廣成	廣東廣州府番禺縣人	賜進士出身第二甲七十五名
75	永樂十六年戊戌科	金誠	廣東廣州右衛人	賜進士出身第二甲七十五名
76	永樂十六年戊戌科	王靖	廣東潮州府潮陽縣民籍	賜進士出身第二甲七十五名
77	永樂十六年戊戌科	薛預	廣東瓊州府瓊山縣人	賜同進士出身第三甲一百七十二名
78	永樂十六年戊戌科	郭瑛	廣東廣州府番禺縣人	賜同進士出身第三甲一百七十二名
79	永樂十六年戊戌科	陳純	廣東肇慶府四會縣人	賜同進士出身第三甲一百七十二名
80	永樂十六年戊戌科	李忠	廣東肇慶府高要縣人	賜同進士出身第三甲一百七十二名
81	永樂十六年戊戌科	徐祥	廣東瓊州府萬州萬寧縣人	賜同進士出身第三甲一百七十二名
82	永樂十六年戊戌科	洪廉	廣東潮州府揭海陽縣人	賜同進士出身第三甲一百七十二名
83	永樂十六年戊戌科	唐亮	廣東瓊州府瓊山縣人	賜同進士出身第三甲一百七十二名
84	永樂十六年戊戌科	黃烱	廣東潮州府海陽縣人	賜同進士出身第三甲一百七十二名
85	永樂十九年	劉玘	廣東潮州府海陽縣人	賜進士出身第二甲四十九名
86	永樂十九年	盧璿	廣東高州府化州人	賜進士出身第二甲四十九名
87	永樂十九年	吳瓊	廣東潮州府海陽縣人	賜進士出身第二甲四十九名
88	永樂十九年	許忠	廣東潮州府海陽縣人	賜進士出身第二甲四十九名
89	永樂十九年	X子福	廣東南雄府保昌縣人	賜同進士出身第三甲一百四十九名
90	永樂十九年	吳錡	廣東瓊州府瓊山縣人	賜同進士出身第三甲一百四十九名
91	永樂十九年	黃潤	廣東廣州府番禺縣人	賜同進士出身第三甲一百四十九名
92	永樂十九年	林厚	廣東潮州府海陽縣人	賜同進士出身第三甲一百四十九名
93	永樂十九年	龔遂	廣東廣州府番禺縣人	賜同進士出身第三甲一百四十九名

94	永樂十九年	朱輝	廣東廣州府南海縣人	賜同進士出身第三甲一百四十九名
95	永樂二十二年甲辰科	丘俊	廣東程鄉縣人	賜同進士出身第三甲九十八名
96	永樂二十二年甲辰科	林全	廣東肇慶府四會縣人	賜同進士出身第三甲九十八名
97	永樂二十二年甲辰科	黃貴	廣東潮州府海陽縣人	賜同進士出身第三甲九十八名
98	永樂二十二年甲辰科	陳佐	廣東信宜縣人	賜同進士出身第三甲九十八名
99	永樂二十二年甲辰科	林貴	廣東潮州府海陽縣人	賜同進士出身第三甲九十八名
100	永樂二十二年甲辰科	楊欽	廣東石城縣人	賜同進士出身第三甲九十八名
101	永樂二十二年甲辰科	陳玄	廣東潮州府海陽縣人	賜同進士出身第三甲九十八名
102	永樂二十二年甲辰科	陳繽	廣東肇慶府新興縣人	賜同進士出身第三甲九十八名
103	永樂二十二年甲辰科	陳子童	廣東廣州府南海縣人	賜同進士出身第三甲九十八名
104	永樂二十二年甲辰科	余宗器	廣東高州府化州人	賜同進士出身第三甲九十八名

永樂年間廣東進士人數表

次　數	永樂考期	廣東進士人數
1	永樂二年甲申科	36 名進士
2	永樂四年丙戌科	16 名進士
3	永樂九年辛卯科	2 名進士
4	永樂十年壬辰科	2 名進士
5	永樂十三年乙未科	17 名進士
6	永樂十六年戊戌科	11 名進士
7	永樂十九年	10 名進士
8	永樂二十二年甲辰科	10 名進士
		合共 104 名進士

永樂年間廣東進士排名表

名　次	名　稱	廣東進士人數
1	廣東潮州府海陽縣	12 名進士
2	廣東高州府茂名縣	10 名進士
3	廣東廣州府番禺縣	8 名進士
3	廣東肇慶府高要縣	8 名進士
4	廣東廣州府南海縣	7 名進士
4	廣東瓊州府瓊山縣	7 名進士
5	廣東肇慶府新興縣	6 名進士
6	廣東高州府化州	5 名進士
6	廣東合浦縣	5 名進士

上表可見，明朝從永樂 2 年至永樂 22 年，共有 8 次開科取士，廣東共有 15 名賜進士出身第二甲及 89 名賜同進士出身第三甲，明朝永樂時期，廣東共有 104 名進士，共有 32 個廣東府縣出現進士人才。

在 32 個廣東府縣中，首名為廣東潮州府海陽縣，共有 12 名進士、第二為廣東茂名縣共有 10 名進士、第三名共有兩個縣，包括廣東廣州府番禺縣及廣東肇慶府高要縣，各有 8 名進士。其他地方包括新會縣、東莞縣、茂名縣、曲江縣、吳川縣、瓊山縣、新興縣、徐聞縣、潮陽縣、清遠縣、香山縣、連州及德慶州，各有 1 名進士。

明朝前期即由洪武、建文及永樂三朝組成（西元 1368～1424）分析

年　份	科舉次數	廣東進士人數
洪武年份	6 次	32 名進士
建文年份	1 次	2 名進士
永樂年份	8 次	105 名進士
總數	15 次	138 名進士

明朝前期洪武、建文及永樂三朝年間廣東府縣進士排名表

名　次	名　稱	廣東進士人數
1	廣東潮州府海陽縣	14 名進士
2	廣東肇慶府高要縣	12 名進士
3	廣東高州府茂名縣	10 名進士
3	廣東廣州府番禺縣	10 名進士

本文的明朝與清朝進士人數比較表的計算方式是依據每朝的首三個府縣進士人數累積計算，上表可見，明朝前期，從洪武 4 年至永樂 22 年，共有 15 次開科取士，廣東共有 20 名賜進士出身第二甲及 118 名賜同進士出身第三甲，明朝永樂時期，共有 138 名進士，共有 32 個廣東出現進士人才。

分析可見，首名為廣東潮州府海陽縣，共有 14 名進士、第二為廣東肇慶府高要縣，共有 12 名進士、第三名共有兩個縣，包括廣東廣州府番禺縣及廣東高州府茂名縣，各有 10 名進士。其他的府縣，如新會縣、東莞縣、茂名縣、曲江縣、吳川縣、瓊山縣、新興縣、徐聞縣、潮陽縣、清遠縣、香山縣、連州及德慶州等，各有 1 名進士。

明朝中期即由洪熙、宣德及正統三朝組成（西元 1425～1499）

明朝宣德廣東進士人數表

宣德二年丁未科	蕭鑾	廣東潮州府潮陽縣人	賜同進士出身第三甲六十三名
宣德二年丁未科	陳敏政	廣東潮州府長樂縣人	賜同進士出身第三甲六十三名
宣德五年庚戌科	李若林	廣東潮州府潮陽縣民籍	賜進士出身第二甲三十五名
宣德五年庚戌科	區賢	廣東廣州府南海縣民籍	賜進士出身第二甲三十五名
宣德八年	吳高	廣東惠州府歸善縣民籍	賜進士出身第二甲三十五名
宣德八年	廖恂	廣東廣州府南海縣民籍	賜同進士出身第三甲六十一名

明朝宣德年間廣東進士人數表

次　數	宣德考期	廣東進士人數
1	宣德二年丁未科	2 名進士
2	宣德五年庚戌科	2 名進士
3	宣德八年	2 名進士
		合共 6 名進士

宣德年間廣東進士排名表

名　次	名　稱	廣東進士人數
1	廣東潮州府潮陽縣民籍	3 名進士
2	廣東廣州府南海縣	2 名進士
3	廣東惠州府歸善縣民籍	1 名進士

明朝正統廣東進士人數表

年　份	姓　名	籍　貫	等　第
正統元年丙辰科	李顯	廣東惠州府博羅縣民籍	賜進士出身第二甲三十五名
正統四年未科	王彰	廣東潮州府海陽縣民籍	賜進士出身第二甲五十名
正統七年壬戌科	盧祥	廣東廣州府東莞縣民籍	賜進士出身第二甲三十五名
正統七年壬戌科	楊政	廣東惠州府博羅縣人	賜同進士出身第三甲九十六名
正統七年壬戌科	鄧顯	廣東韶州府樂昌縣民籍	賜同進士出身第三甲九十六名
正統十年乙丑科	林義	廣東潮州府海陽縣軍籍	賜進士出身第二甲五十名
正統十年乙丑科	林廷舉	廣東潮州府海陽縣儒籍	賜同進士出身第三甲九十七名
正統十年乙丑科	周瑜	廣東廣州府南海縣軍籍	賜同進士出身第三甲九十七名

正統十三年戊辰科	邢宥	廣東瓊州府文昌縣民籍	賜進士出身第二甲五十名
正統十三年戊辰科	且樂	廣東韶州府樂昌縣民籍	賜同進士出身第三甲九十七名
正統十三年戊辰科	李璉	廣東肇慶府四會縣民籍	賜同進士出身第三甲九十七名

明朝正統年間廣東進士人數表

次　數	正統考期	廣東進士人數
1	正統元年丙辰科	1 名進士
2	正統四年未科	1 名進士
3	正統七年壬戌科	3 名進士
4	正統十年乙丑科	3 名進士
5	正統十三年戊辰科	3 名進士
		合共 11 名進士

正統年間廣東進士排名表

名　次	名　稱	廣東進士人數
1	廣東潮州府潮陽縣民籍	3 名進士
2	廣東韶州府樂昌縣民籍	2 名進士
2	廣東惠州府博羅縣民籍	2 名進士
3	東莞、南海、瓊州及肇慶府	各有 1 名進士

明朝中期洪熙、宣德及正統三朝組成（西元 1425～1499）分析

年　份	科舉次數	廣東進士人數
洪熙年份	0 次	0 名進士
宣德年份	3 次	6 名進士
正統年份	5 次	11 名進士
總數	8 次	17 名進士

明朝中期洪熙、宣德及正統三朝廣東進士排名表

名　次	名　稱	廣東進士人數
1	廣東潮州府潮陽縣	6 名進士
2	廣東廣州府南海縣	3 名進士
3	廣東韶州府樂昌縣	2 名進士
3	廣東惠州府博羅縣	2 名進士

　　上表可見，明朝中期，從洪熙至正統十三年，共有 8 次開科取士，廣東共有 8 名賜進士出身第二甲及 9 名賜同進士出身第三甲，明朝永樂時期，廣東共有 17 名進士，共有 10 個廣東縣州出現進士人才。

　　在 10 個廣東縣州中，首名為廣東潮州府潮陽縣，共有 6 名進士、第二為廣東廣州府南海縣，共有 3 名進士、第三名共有兩個縣，包括廣東韶州府樂昌縣及廣東韶州府樂昌縣，各有 2 名進士。

明朝後期即由景泰至崇禎朝組成（西元 1450～1644）

明朝景泰朝廣東進士人數表

編號	年　份	姓　名	籍　貫	等　第
1	景泰二年辛未科	李惠	廣東潮州府潮陽縣軍籍	賜進士出身第二甲七十五名
2	景泰二年辛未科	潘本愚	廣東惠州府博羅縣民籍	賜進士出身第二甲七十五名
3	景泰二年辛未科	許倫	廣東潮州府潮陽縣民籍	賜同進士出身第三甲一百二十三名
4	景泰二年辛未科	李牧	廣東肇慶府四會縣民籍	賜同進士出身第三甲一百二十三名
5	景泰五年甲戌科	丘濬	廣東瓊州府瓊山縣民籍	賜進士出身第二甲一百二十九名
6	景泰五年甲戌科	康麟	廣東廣州府順德縣民籍	賜進士出身第二甲一百二十九名
7	景泰五年甲戌科	魯能	廣東新會守禦千戶所軍籍	賜進士出身第二甲一百二十九名
8	景泰五年甲戌科	蕭青	廣東惠州衛軍籍	賜進士出身第二甲一百二十九名
9	景泰五年甲戌科	鄭文奎	廣東潮州府潮陽縣軍籍	賜進士出身第二甲一百二十九名
10	景泰五年甲戌科	陳政	廣東廣州府番禺縣軍籍	賜同進士出身第三甲二百一十三名
11	景泰五年甲戌科	梁矩	廣東廣州府番禺縣軍籍	賜同進士出身第三甲二百一十三名
12	景泰五年甲戌科	林傑	廣東瓊州府瓊山縣民籍	賜同進士出身第三甲二百一十三名
13	景泰五年甲戌科	吳讓	廣東廣州府南海縣民籍	賜同進士出身第三甲二百一十三名
14	景泰五年甲戌科	徐觀	廣東廣州府香山縣軍籍	賜同進士出身第三甲二百一十三名
15	景泰五年甲戌科	李嗣	廣東廣州府南海縣民籍	賜同進士出身第三甲二百一十三名
16	景泰五年甲戌科	裴衷	廣東廉州府石康縣民籍	賜同進士出身第三甲二百一十三名
17	景泰五年甲戌科	葉頤	廣東都司惠州衛中千戶所軍籍	賜同進士出身第三甲二百一十三名
18	景泰五年甲戌科	鄭安	廣東潮州府潮陽縣民軍籍	賜同進士出身第三甲二百一十三名
19	景泰五年甲戌科	劉蔭	廣東潮州衛程鄉守禦千戶所軍籍	賜同進士出身第三甲二百一十三名
20	景泰五年甲戌科	何經	廣東廣州府順德縣民籍	賜同進士出身第三甲二百一十三名
21	景泰五年甲戌科	韓殷	廣東廣州府番禺縣民籍	賜同進士出身第三甲二百一十三名

明朝景泰年間廣東進士人數表

次　數	景泰考期	廣東進士人數
1	景泰二年辛未科	4 名進士
2	景泰五年甲戌科	17 名進士
		合共 21 名進士

景泰年間廣東進士排名表

名　次	名　稱	廣東進士人數
1	廣東潮州府潮陽縣籍	5 名進士
2	廣東惠州府博羅縣籍	3 名進士
2	廣東廣州府番禺縣籍	3 名進士
3	廣東瓊州府瓊山縣籍	2 名進士
3	廣東廣州府順德縣籍	2 名進士
3	廣東廣州府南海縣籍	2 名進士

明朝天順朝廣東進士人數表

	年　份	姓名	籍　貫	等　　第
1	天順元年	何淡	廣東廣州府順德縣民籍	賜進士出身第二甲二百九十七名
2	天順元年	潘洪	廣東廣州右衛軍籍	賜進士出身第二甲二百九十七名
3	天順元年	葉敏	廣東廣州府南海縣民籍	賜進士出身第二甲二百九十七名
4	天順元年	張璜	廣東廣州府番禺縣軍籍	賜進士出身第二甲二百九十七名
5	天順元年	徐虔	廣東潮州府揭陽縣軍籍	賜同進士出身第三甲一百九十四名
6	天順元年	林義	廣東潮州府海陽縣軍籍	賜同進士出身第三甲一百九十四名
7	天順元年	黃筬	廣東廣州府南海縣民籍	賜同進士出身第三甲一百九十四名
8	天順元年	梁昉	廣東廣州府順德縣軍籍	賜同進士出身第三甲一百九十四名
9	天順元年	張綱	廣東潮州府程鄉縣民籍	賜同進士出身第三甲一百九十四名
10	天順元年	吳澮	廣東廣州府增城縣民籍	賜同進士出身第三甲一百九十四名
11	天順元年	陳騏	廣東廣州府南海縣民籍	賜同進士出身第三甲一百九十四名
12	天順元年	崔浩	廣東高州府茂名縣民籍	賜同進士出身第三甲一百九十四名
13	天順元年	程霓	廣東肇慶府高要縣民籍	賜同進士出身第三甲一百九十四名
14	天順元年	張卓戈	廣東廣州府南海縣民籍	賜同進士出身第三甲一百九十四名
15	天順元年	陳珍	廣東廣州府南海縣軍籍	賜同進士出身第三甲一百九十四名
16	天順元年	楊孟芳	廣東廣州府南海縣軍籍	賜同進士出身第三甲一百九十四名
17	天順四年庚辰科	祁順	廣東廣州府東莞縣軍籍	賜進士出身第二甲五十名
18	天順四年庚辰科	劉澄	廣東肇慶府四會縣民籍	賜同進士出身第三甲一百三名

19	天順四年庚辰科	馮遵	廣東廣州府南海縣民籍	賜同進士出身第三甲一百三名
20	天順八年甲申科	陳稑	廣東廣州府番禺縣民籍	賜進士出身第二甲七十五名
21	天順八年甲申科	唐盛	廣東廣州府南海縣民籍	賜進士出身第二甲七十五名
22	天順八年甲申科	陳仕寶	廣東潮州府揭陽縣民籍	賜同進士出身第三甲一百六十九名
23	天順八年甲申科	蕭鼎	廣東潮州府海陽縣民籍	賜同進士出身第三甲一百六十九名
24	天順八年甲申科	陳嘉言	廣東廣州府東莞縣民籍	賜同進士出身第三甲一百六十九名
25	天順八年甲申科	王銓	廣東潮州府潮陽縣民籍	賜同進士出身第三甲一百六十九名
26	天順八年甲申科	虞諒	廣東廣州府新會縣軍籍	賜同進士出身第三甲一百六十九名
27	天順八年甲申科	林榮	廣東廣州府番禺縣軍籍	賜同進士出身第三甲一百六十九名
28	天順八年甲申科	柳彰	廣東潮州府海陽縣民籍	賜同進士出身第三甲一百六十九名

明朝天順年間廣東進士人數表

次數	天順考期	廣東進士人數
1	天順元年	16 名進士
2	天順四年庚辰科	3 名進士
3	天順八年甲申科	9 名進士
		合共 28 名進士

天順年間廣東進士排名表

名　次	名　稱	廣東進士人數
1	廣東廣州府南海縣籍	8 名進士
2	廣東潮州府潮陽縣籍	7 名進士
3	廣東廣州府番禺縣籍	3 名進士
4	廣東廣州府東莞縣籍	2 名進士
4	廣東廣州府順德縣籍	2 名進士
4	廣東肇慶府高要縣民籍	2 名進士

明朝成化朝廣東進士人數表

編號	年　份	姓　名	籍　貫	等　第
1	成化二年丙戌科	酈文	廣東廣州府南海縣民籍	賜進士出身第二甲九十八名
2	成化二年丙戌科	戴縉	廣東廣州府南海縣民籍	賜進士出身第二甲九十八名
3	成化二年丙戌科	邵智	廣東廣州府南海縣軍籍	賜同進士出身第三甲二百五十二名
4	成化二年丙戌科	游佐	廣東廣州府南海縣民籍	賜同進士出身第三甲二百五十二名

5	成化二年丙戌科	蕭龍	廣東潮州府潮陽縣民籍	賜同進士出身第三甲二百五十二名
6	成化二年丙戌科	張泰	廣東廣州府順德縣民籍	賜同進士出身第三甲二百五十二名
7	成化二年丙戌科	余縱	廣東廣州府新會縣民籍	賜同進士出身第三甲二百五十二名
8	成化二年丙戌科	鍾晟	廣東廣州府番禺縣軍籍	賜同進士出身第三甲二百五十二名
9	成化二年丙戌科	馬駧	廣東廣州府新會縣軍籍	賜同進士出身第三甲二百五十二名
10	成化二年丙戌科	崔廷圭	廣東廣州府番禺縣軍籍	賜同進士出身第三甲二百五十二名
11	成化二年丙戌科	李聰	廣東廣州府順德縣民籍	賜同進士出身第三甲三百七十四名
12	成化二年丙戌科	柯漢	廣東潮州府潮陽縣民籍	賜同進士出身第三甲三百七十四名
13	成化二年丙戌科	何濟	廣東廣州府順德縣軍籍	賜同進士出身第三甲三百七十四名
14	成化二年丙戌科	李珊	廣東番禺縣人海南衛軍籍	賜同進士出身第三甲三百七十四名
15	成化二年丙戌科	區正	廣東廣州府番禺縣民籍	賜同進士出身第三甲三百七十四名
16	成化五年	陳斌	廣東廣州府順德縣民籍	賜進士出身第二甲七十五名
17	成化五年	林璞	廣東潮州府潮陽縣民籍	賜同進士出身第三甲一百六十九名
18	成化五年	江源	廣東廣州府番禺縣民籍	賜同進士出身第三甲一百六十九名
19	成化五年	鄭諒	廣東潮州府潮陽縣民籍	賜同進士出身第三甲一百六十九名
20	成化五年	唐絹	廣東瓊州府瓊山縣軍籍	賜同進士出身第三甲一百六十九名
21	成化五年	張翊	廣東廣州府番禺縣軍籍	賜同進士出身第三甲一百六十九名
22	成化五年	陳密	廣東廣州府南海縣民籍	賜同進士出身第三甲一百六十九名
23	成化八年壬辰科	吳裕	廣東潮州府揭陽縣軍籍	賜進士出身第二甲七十八名
24	成化八年壬辰科	梁方	廣東廣州府南海縣民籍	賜進士出身第二甲七十八名
25	成化八年壬辰科	陳軒	廣東潮州府海陽縣民籍	賜同進士出身第三甲一百七十名
26	成化八年壬辰科	張瑛	廣東廣州府新會縣民籍	賜同進士出身第三甲一百七十名
27	成化八年壬辰科	何瀞	廣東廣州府東莞縣軍籍	賜同進士出身第三甲一百七十名
28	成化八年壬辰科	林貴	廣東廣州府南海縣民籍	賜同進士出身第三甲一百七十名
29	成化八年壬辰科	鄺頤	廣東廣州府南海縣民籍	賜同進士出身第三甲一百七十名
30	成化八年壬辰科	鄭護	廣東廉州府石康縣軍籍	賜同進士出身第三甲一百七十名
31	成化八年壬辰科	馬聰	廣東廣州府順德縣民籍	賜同進士出身第三甲一百七十名
32	成化十一年乙未科	吳轍	廣東廣州府新會縣民籍	賜同進士出身第三甲二百二名
33	成化十一年乙未科	盧勖	廣東廣州府東莞縣灶籍	賜同進士出身第三甲二百二名
34	成化十一年乙未科	葉琛	廣東廣州府東莞縣軍籍	賜同進士出身第三甲二百二名
35	成化十一年乙未科	何琉	廣東廣州府順德縣軍籍	賜同進士出身第三甲二百二名
36	成化十一年乙未科	袁士鳳	廣東廣州府東莞縣民籍	賜同進士出身第三甲二百二名
37	成化十一年乙未科	王宬	廣東潮州府海陽縣民籍	賜同進士出身第三甲二百二名
38	成化十一年乙未科	倫善	廣東廣州府順德縣民籍	賜同進士出身第三甲二百二名
39	成化十一年乙未科	海澄	廣東番禺縣人海南衛軍籍	賜同進士出身第三甲二百二名
40	成化十一年乙未科	黃鑰	廣東廣州府香山縣軍籍	賜同進士出身第三甲二百二名

41	成化十一年乙未科	黎鼎	廣東廣州府南海縣軍籍	賜同進士出身第三甲二百二名
42	成化十一年乙未科	王儼	廣東海南衛軍籍	賜同進士出身第三甲二百二名
43	成化十一年乙未科	李魁	廣東肇慶府高要縣軍籍	賜同進士出身第三甲二百二名
44	成化十四年戊戌科	梁儲	廣東廣州府順德縣軍籍	賜進士出身第二甲一百十名
45	成化十四年戊戌科	姚紹	廣東潮州府潮陽縣民籍	賜進士出身第二甲一百十名
46	成化十四年戊戌科	李祥	廣東廣州府南海縣民籍	賜進士出身第二甲一百十名
47	成化十四年戊戌科	林榮	廣東廉州府合浦縣軍籍	賜進士出身第二甲一百十名
48	成化十四年戊戌科	蒲鋼	廣東廣州府南海縣民籍	賜同進士出身第三甲二百三十七名
49	成化十四年戊戌科	鍾雅	廣東惠州府歸善縣民籍	賜同進士出身第三甲二百三十七名
50	成化十四年戊戌科	何文縉	廣東廣州府南海縣軍籍	賜同進士出身第三甲二百三十七名
51	成化十四年戊戌科	葉應	廣東惠州府歸善縣民籍	賜同進士出身第三甲二百三十七名
52	成化十四年戊戌科	周敘	廣東廣州府南海縣民籍	賜同進士出身第三甲二百三十七名
53	成化十四年戊戌科	謝珪	廣東潮州府海陽縣軍籍	賜同進士出身第三甲二百三十七名
54	成化十四年戊戌科	劉芳	廣東肇慶府陽光縣民籍	賜同進士出身第三甲二百三十七名
55	成化十七年	程文	廣東肇慶府高要縣軍籍	賜進士出身第二甲九十五名
56	成化十七年	吳一貫	廣東潮州府潮陽縣民籍	賜進士出身第三甲二百名
57	成化十七年	鄧應仁	廣東廣州府南海縣軍籍	賜進士出身第三甲二百名
58	成化十七年	梁崒	廣東廣州府新會縣民籍	賜進士出身第三甲二百名
59	成化十七年	曾祿	廣東惠州府博羅縣民籍	賜進士出身第三甲二百名
60	成化十七年	姚祥	廣東惠州府歸善縣民籍	賜進士出身第三甲二百名
61	成化十七年	林世遠	廣東肇慶府四會縣民籍	賜進士出身第三甲二百名
62	成化十七年	何文英	廣東廣州府順德縣民籍	賜進士出身第三甲二百名
63	成化十七年	梁敬	廣東肇慶府高要縣民籍	賜進士出身第三甲二百五十三名
64	成化十七年	鄭寓	廣東潮州府潮陽縣民籍	賜進士出身第三甲二百五十三名
65	成化二十年甲辰科	黃鑒	廣東廣州府南海縣民籍	賜進士出身第二甲九十四名
66	成化二十年甲辰科	羅昕	廣東廣州府番禺縣軍籍	賜進士出身第二甲九十四名
67	成化二十年甲辰科	寧訦	廣東廣州府東莞縣軍籍	賜進士出身第二甲九十四名
68	成化二十年甲辰科	張詡	廣東廣州府番禺縣軍籍	賜進士出身第二甲九十四名
69	成化二十年甲辰科	吳璉	廣東廣州府南海縣民籍	賜同進士出身第三甲二百三名
70	成化二十年甲辰科	包義民	廣東廉州府合浦縣軍籍	賜同進士出身第三甲二百三名
71	成化二十年甲辰科	王昂	廣東潮州府揭陽縣民籍	賜同進士出身第三甲二百三名
72	成化二十年甲辰科	馬升	廣東惠州府河源善縣民籍	賜同進士出身第三甲二百三名
73	成化二十年甲辰科	楊季芳	廣東廣州府南海縣罕籍	賜同進士出身第三甲二百三名
74	成化二十年甲辰科	丘文瀚	廣東南雄府保昌縣籍	賜同進士出身第三甲二百三名
75	成化二十年甲辰科	鄭朔	廣東潮州府潮陽縣官籍	賜同進士出身第三甲二百三名
76	成化二十年甲辰科	姚珩	廣東廣州府增城縣民籍	賜同進士出身第三甲二百三名
77	成化二十年甲辰科	範政	廣東廣寧後屯衛軍籍	賜同進士出身第三甲二百三名
78	成化二十年甲辰科	李渭	廣東廣州府新會縣民籍	賜同進士出身第三甲二百三名

79	成化二十年甲辰科	葉世纓	廣東廣州府番禺縣民籍	賜同進士出身第三甲二百三名
80	成化二十年甲辰科	盧淵	廣東廣州府香山縣軍籍	賜同進士出身第三甲二百三名
81	成化二十三年丁未科	徐瑞	廣東廣州府番禺縣民籍	賜進士及第一甲三名（探花）
82	成化二十三年丁未科	徐瑾	廣東廣州府番禺縣民籍	賜進士出身第二甲一百一十名
83	成化二十三年丁未科	陳經綸	廣東廣州府新會縣民籍	賜進士出身第二甲一百一十名
84	成化二十三年丁未科	鄧琛	廣東廣州府東莞縣灶籍	賜進士出身第二甲一百一十名
85	成化二十三年丁未科	錢鐸	廣東廣州府東莞縣民籍	賜進士出身第二甲一百一十名
86	成化二十三年丁未科	蘇葵	廣東廣州府順德縣民籍	賜進士出身第二甲一百一十名
87	成化二十三年丁未科	張津	廣東惠州府博羅縣軍籍	賜同進士出身第三甲二百三十八名
88	成化二十三年丁未科	黃印	廣東廣州府新會縣軍籍	賜同進士出身第三甲二百三十八名
89	成化二十三年丁未科	翁哩	廣東潮州府饒平縣民籍	賜同進士出身第三甲二百三十八名
90	成化二十三年丁未科	謝湖	廣東潮州府海陽縣民籍	賜同進士出身第三甲二百三十八名
91	成化二十三年丁未科	張澗	廣東肇慶府德慶縣軍籍	賜同進士出身第三甲二百三十八名

明朝成化年間廣東進士人數表

次　數	成化考期	廣東進士人數
1	成化二年丙戌科	15 名進士
2	成化五年	7 名進士
3	成化八年壬辰科	9 名進士
4	成化十一年乙未科	11 名進士
5	成化十四年戊戌科	13 名進士
6	成化十七年	10 名進士
7	成化二十年甲辰科	16 名進士
8	成化二十三年丁未科	10 名進士
		合共 91 名進士

成化年間廣東進士排名表

名　次	名　稱	廣東進士人數
1	廣東廣州府南海縣籍	17 名進士
2	廣東潮州府潮陽縣籍	15 名進士
3	廣東廣州府番禺縣籍	12 名進士（1 名探花）
4	廣東廣州府順德縣籍	10 名進士
5	廣東廣州府新會縣籍	8 名進士
6	廣東廣州府東莞縣籍	7 名進士
6	廣東惠州府歸善縣籍	7 名進士

明朝弘治朝廣東進士人數表

編號	年　份	姓　名	籍　貫	等　第
1	弘治三年庚戌科	劉存業	廣東廣州府東莞縣灶籍	賜進士及第一甲三名（榜眼）
2	弘治三年庚戌科	陳綬	廣東廣州府順德縣軍籍	賜進士出身第二甲九十名
3	弘治三年庚戌科	林善	廣東潮州府揭陽縣軍籍	賜進士出身第二甲九十名
4	弘治三年庚戌科	羅列	廣東廣州府南海縣民籍	賜同進士出身第三甲二百五名
5	弘治三年庚戌科	鄭士忠	廣東廣州府東莞縣灶籍	賜進士出身第三甲二百五名
6	弘治三年庚戌科	陳文輔	廣東廣州府番禺縣民籍	賜同進士出身第三甲二百五名
7	弘治三年庚戌科	葉永秀	廣東廣州府東莞縣民籍	賜同進士出身第三甲二百五名
8	弘治三年庚戌科	余敬	廣東廣州府新會縣民籍	賜進士出身第三甲二百五名
9	弘治三年庚戌科	林廷瓛	廣東高州府吳川縣軍籍	賜進士出身第三甲二百五名
10	弘治三年庚戌科	夏升	廣東海南衛籍	賜同進士出身第三甲三百七十四名
11	弘治六年	鍾渤	廣東廣州府東莞縣軍籍	賜進士出身第二甲九十名
12	弘治六年	羅中	廣東廣州府東莞縣軍籍	賜進士出身第二甲九十名
13	弘治六年	曾鎰	廣東瓊州府萬州軍籍保昌縣人	賜進士出身第二甲九十名
14	弘治六年	梁辰	廣東廣州府南海縣民籍	賜進士出身第二甲九十名
15	弘治六年	胡澧	廣東韶州府英德縣民籍南海縣人	賜進士出身第二甲九十名
16	弘治六年	黃澤	廣東廣州府順德縣民籍	賜進士出身第二甲九十名
17	弘治六年	王縝	廣東廣州府東莞縣軍籍	賜同進士出身第三甲二百五名
18	弘治六年	何歆	廣東惠州府博羅縣民籍	賜同進士出身第三甲二百五名
19	弘治六年	陳繡	廣東瓊州府瓊山縣民籍	賜同進士出身第三甲二百五名
20	弘治六年	胡濂	廣東瓊州府定安縣民籍	賜同進士出身第三甲二百五名
21	弘治九年丙辰科	張紹齡	廣東廣州府番禺縣軍籍	賜進士出身第二甲九十五名
22	弘治九年丙辰科	韓俊	廣東瓊州府文昌縣民籍	賜進士出身第二甲九十五名
23	弘治九年丙辰科	黃衷	廣東廣州府南海縣軍籍	賜進士出身第二甲九十五名
24	弘治九年丙辰科	莊典	廣東潮州府揭陽縣民籍	賜同進士出身第三甲二百名
25	弘治九年丙辰科	冼光	廣東廣州府順德縣民籍	賜同進士出身第三甲二百名
26	弘治九年丙辰科	馮顥	廣東瓊州府瓊山縣民籍	賜同進士出身第三甲二百名
27	弘治十二年己未科	倫文敘	廣東廣州府南海縣民籍	賜進士及第一甲三名（狀元）
28	弘治十二年己未科	鍾秉秀	廣東廣州府番禺縣民籍	賜進士出身第二甲九十五名
29	弘治十二年己未科	盧宅仁	廣東肇慶府四會縣民籍	賜進士出身第二甲九十五名
30	弘治十二年己未科	劉裴	廣東潮州府揭陽縣民籍	賜進士出身第二甲九十五名
31	弘治十二年己未科	楊一渶	廣東廣州府南海縣軍籍	賜同進士出身第三甲二百二名
32	弘治十二年己未科	周仁	廣東廣州府南海縣民籍	賜同進士出身第三甲二百二名

33	弘治十二年己未科	鄭瓊	廣東潮州府海陽縣民籍	賜同進士出身第三甲二百二名
34	弘治十二年己未科	吳偉	廣東廣州府番禺縣軍籍	賜同進士出身第三甲二百二名
35	弘治十二年己未科	趙壁	廣東廣州府東莞縣軍籍	賜同進士出身第三甲二百二名
36	弘治十五年壬戌科	李津	廣東肇慶府四會縣民籍	賜進士出身第二甲九十五名
37	弘治十五年壬戌科	黃閱古	廣東廣州府東莞縣民籍	賜進士出身第二甲九十五名
38	弘治十五年壬戌科	唐冑	廣東瓊州府瓊山縣民籍	賜進士出身第二甲九十五名
39	弘治十五年壬戌科	楊瑋	廣東潮州府揭陽縣民籍	賜進士出身第二甲九十五名
40	弘治十五年壬戌科	陳炫	廣東廣州府南海縣軍籍	賜進士出身第二甲九十五名
41	弘治十五年壬戌科	祁敏	廣東廣州府東莞縣軍籍	賜進士出身第二甲九十五名
42	弘治十五年壬戌科	李學會	廣東高州府茂名縣民籍	賜同進士出身第三甲一百九十九名
43	弘治十五年壬戌科	鄺約	廣東廣州府南海縣民籍	賜同進士出身第三甲一百九十九名
44	弘治十五年壬戌科	鍾紹	廣東廣州府東莞縣軍籍	賜同進士出身第三甲一百九十九名
45	弘治十五年壬戌科	何淳	廣東廣州府順德縣軍籍	賜同進士出身第三甲一百九十九名
46	弘治十五年壬戌科	丘世喬	廣東潮州府饒平縣軍籍	賜同進士出身第三甲一百九十九名
47	弘治十五年壬戌科	盛端明	廣東潮州府海陽縣軍籍	賜同進士出身第三甲一百九十九名
48	弘治十五年壬戌科	區玉	廣東廣州府番禺縣民籍	賜同進士出身第三甲一百九十九名
49	弘治十五年壬戌科	吳允禎	廣東廣州府南海縣民籍	賜同進士出身第三甲一百九十九名
50	弘治十五年壬戌科	李春芳	廣東潮州府海陽縣民籍	賜同進士出身第三甲一百九十九名
51	弘治十五年壬戌科	周鑰	廣東潮州府海陽縣民籍	賜同進士出身第三甲一百九十九名
52	弘治十五年壬戌科	陳義	廣東潮州府饒平縣民籍	賜同進士出身第三甲一百九十九名
53	弘治十五年壬戌科	盧綸	廣東廣州府增城縣軍籍	賜同進士出身第三甲一百九十九名
54	弘治十五年壬戌科	蘇仲	廣東廣州府順德縣民籍	賜同進士出身第三甲一百九十九名
55	弘治十五年壬戌科	陳實	廣東瓊州府瓊山縣民籍	賜同進士出身第三甲一百九十九名
56	弘治十五年壬戌科	何沾	廣東廣州府順德縣軍籍	賜同進士出身第三甲一百九十九名
57	弘治十八年乙丑科	湛若水	廣東廣州府增城縣軍籍	賜進士出身第二甲九十五名
58	弘治十八年乙丑科	陳錫	廣東廣州府南海縣民籍	賜進士出身第二甲九十五名
59	弘治十八年乙丑科	鄭銘	廣東廣州府新會縣軍籍	賜進士出身第二甲九十五名
60	弘治十八年乙丑科	區越	廣東廣州府新會縣軍籍	賜同進士出身第三甲二百五名
61	弘治十八年乙丑科	黃著	廣東廣州府順德縣民籍	賜同進士出身第三甲二百五名
62	弘治十八年乙丑科	鄭一初	廣東潮州府揭陽縣民籍	賜同進士出身第三甲二百五名
63	弘治十八年乙丑科	區行	廣東廣州府順德縣軍籍	賜同進士出身第三甲二百五名
64	弘治十八年乙丑科	劉竑	廣東肇慶府陽江縣民籍	賜同進士出身第三甲二百五名
65	弘治十八年乙丑科	周用	廣東潮州府饒平縣灶籍	賜同進士出身第三甲二百五名
66	弘治十八年乙丑科	方獻科	廣東廣州府南海縣民籍	賜同進士出身第三甲二百五名
67	弘治十八年乙丑科	韓貴	廣東廣州府番禺縣民籍	賜同進士出身第三甲二百五名

明朝弘治年間廣東進士人數表

次　　數	弘治考期	廣東進士人數
1	弘治三年庚戌科（1 名榜眼）	10 名進士
2	弘治六年	10 名進士
3	弘治九年丙辰科	6 名進士
4	弘治十二年己未科	9 名進士
5	弘治十五年壬戌科	22 名進士
6	弘治十八年乙丑科	10 名進士
		合共 67 名進士

弘治年間廣東進士排名表

名　　次	名　　稱	廣東進士人數
1	廣東潮州府潮陽縣籍	13 名進士
2	廣東廣州府南海縣籍	11 名進士
3	廣東廣州府東莞縣籍	10 名進士（1 名榜眼）
4	廣東廣州府順德縣籍	8 名進士
5	廣東瓊州府瓊山縣籍	7 名進士
6	廣東廣州府番禺縣籍	6 名進士

明朝正德朝廣東進士人數表

編號	年　份	姓　名	籍貫	等　第
1	正德三年戊辰科	黃芳	廣東瓊州府崖州軍籍	賜進士出身第二甲一百一十五名
2	正德三年戊辰科	林紹	廣東潮州府潮陽灶籍	賜進士出身第二甲一百一十五名
3	正德三年戊辰科	鄧炳	廣東廣州府順德縣民籍	賜進士出身第二甲一百一十五名
4	正德三年戊辰科	黃重	廣東廣州府南海縣民籍	賜同進士出身第三甲二百三十一名
5	正德三年戊辰科	張世衡	廣東海南衛籍	賜同進士出身第三甲二百三十一名
6	正德三年戊辰科	何文邦	廣東廣州府南海縣軍籍	賜同進士出身第三甲二百三十一名
7	正德三年戊辰科	何鼇	廣東廣州府順德縣軍籍	賜同進士出身第三甲二百三十一名
8	正德三年戊辰科	陳昊元	廣東廣州府番禺縣軍籍	賜同進士出身第三甲二百三十一名
9	正德三年戊辰科	唐勳	廣東惠州府歸善縣民籍	賜同進士出身第三甲二百三十一名
10	正德三年戊辰科	楊琠	廣東潮州府揭陽縣民籍	賜同進士出身第三甲二百三十一名
11	正德三年戊辰科	葉廷會	廣東廣州府東莞縣軍籍	賜同進士出身第三甲二百三十一名
12	正德六年辛未科	朱亮	廣東潮州府揭陽縣民籍	賜進士出身第二甲一百一十五名
13	正德六年辛未科	梁億	廣東廣州府順德縣軍籍	賜進士出身第二甲一百一十五名
14	正德六年辛未科	畢廷拱	廣東廣州府番禺縣軍籍	賜進士出身第二甲一百一十五名
15	正德六年辛未科	劉文瑞	廣東廣州府新會縣民籍	賜同進士出身第三甲二百三十一名
16	正德六年辛未科	張濼	廣東廣州府順德縣軍籍	賜同進士出身第三甲二百三十一名

17	正德六年辛未科	鍾善經	廣東廣州府順德縣民籍	賜同進士出身第三甲二百三十一名
18	正德六年辛未科	冼尚文	廣東廣州府番禺縣民籍	賜同進士出身第三甲二百三十一名
19	正德六年辛未科	陳洸	廣東潮州府潮陽縣民籍	賜同進士出身第三甲二百三十一名
20	正德九年甲戌科	霍韜	廣東廣州府南海縣民籍	賜進士出身第二甲九十五名
21	正德九年甲戌科	何瑗	廣東廣州府順德縣民籍	賜進士出身第二甲九十五名
22	正德九年甲戌科	金山	廣東廣州府番禺縣民籍	賜進士出身第二甲九十五名
23	正德九年甲戌科	陳江	廣東潮州府潮陽縣民籍	賜同進士出身第三甲二百五十八名
24	正德九年甲戌科	駱士弘	廣東廣州府南海縣民籍	賜同進士出身第三甲二百五十八名
25	正德九年甲戌科	梁希鴻	廣東廣州府東莞縣軍籍	賜同進士出身第三甲二百五十八名
26	正德九年甲戌科	彭綱	廣東廣州府東莞縣官籍	賜同進士出身第三甲二百五十八名
27	正德九年甲戌科	周宗本	廣東瓊州府瓊山縣民籍	賜同進士出身第三甲二百五十八名
28	正德九年甲戌科	李希說	廣東廣州府東莞縣民籍	賜同進士出身第三甲二百五十八名
29	正德九年甲戌科	曾鵬	廣東瓊州府瓊山縣民籍	賜同進士出身第三甲二百五十八名
30	正德九年甲戌科	王天與	廣東惠州府興寧縣民籍	賜同進士出身第三甲二百五十八名
31	正德九年甲戌科	林士元	廣東瓊州府瓊山縣民籍	賜同進士出身第三甲二百五十八名
32	正德九年甲戌科	梁焯	廣東廣州府南海縣民籍	賜同進士出身第三甲二百五十八名
33	正德十二年	倫以訓	廣東廣州府南海縣民籍	賜進士及第一甲三名（榜眼）
34	正德十二年	張拱辰	廣東廣州府順德縣民籍	賜進士出身第二甲一百一十五名
35	正德十二年	王漸逵	廣東廣州府番禺縣民籍	賜進士出身第二甲一百一十五名
36	正德十二年	彭澤	廣東廣州府南海縣民籍	賜進士出身第二甲一百一十五名
37	正德十二年	祁敕	廣東廣州府東莞縣軍籍	賜進士出身第二甲一百一十五名
38	正德十二年	劉士奇	廣東廣州府順德縣軍籍	賜進士出身第二甲一百一十五名
39	正德十二年	蕭與成	廣東潮州府揭陽縣民籍	賜同進士出身第三甲二百三十一名
40	正德十二年	張淮	廣東廣州府順德縣軍籍	賜同進士出身第三甲二百三十一名
41	正德十二年	黎貫	廣東廣州府從化縣民籍	賜同進士出身第三甲二百三十一名
42	正德十二年	楊天祥	廣東惠州府歸善縣民籍	賜同進士出身第三甲二百三十一名
43	正德十二年	蘇信	廣東潮州府饒平縣灶籍	賜同進士出身第三甲二百三十一名
44	正德十二年	薛侃	廣東潮州府揭陽縣民籍	賜同進士出身第三甲二百三十一名
45	正德十二年	鍾雲瑞	廣東廣州府東莞縣民籍	賜同進士出身第三甲二百三十一名
46	正德十二年	熊元	廣東廣州府南海縣民籍	賜同進士出身第三甲二百三十一名
47	正德十六年辛巳科	黃佐	廣東廣州府香山縣軍籍	賜進士出身第二甲一百一十名
48	正德十六年辛巳科	黃一道	廣東潮州府揭陽縣民籍	賜進士出身第二甲一百一十名
49	正德十六年辛巳科	吳章	廣東廣州府南海縣民籍	賜進士出身第二甲一百一十名
50	正德十六年辛巳科	倫以諒	廣東廣州府南海縣民籍	賜進士出身第二甲一百一十名
51	正德十六年辛巳科	梁世驃	廣東廣州府順德縣民籍	賜同進士出身第三甲二百一十七名
52	正德十六年辛巳科	余經	廣東廣州府順德縣軍籍	賜同進士出身第三甲二百三十一名
53	正德十六年辛巳科	梁喬升	廣東廣州府順德縣民籍	賜同進士出身第三甲一百九十九名
54	正德十六年辛巳科	曾世昌	廣東廣州府南海縣民籍	賜同進士出身第三甲一百九十九名
55	正德十六年辛巳科	潘泗	廣東潮州府潮陽縣民籍	賜同進士出身第三甲一百九十九名

明朝正德年間廣東進士人數表

次　數	正德考期	廣東府縣進士人數
1	正德三年戊辰科	11 名進士
2	正德六年辛未科	8 名進士
3	正德九年甲戌科	13 名進士
4	正德十二年	14 名進士
5	正德十六年辛巳科	9 名進士
		合共 55 名進士

正德年間廣東進士排名表

名　次	名　稱	廣東進士人數
1	廣東廣州府順德縣籍	12 名進士
2	廣東廣州府南海縣籍	11 名進士
3	廣東潮州府潮陽縣籍	10 名進士
4	廣東廣州府東莞縣籍	6 名進士（1 名榜眼）
5	廣東廣州府番禺縣籍	5 名進士
6	廣東瓊州府瓊山縣籍	4 名進士

明朝嘉靖朝廣東進士人數表

編號	年　份	姓名	籍　貫	等　第
1	嘉靖二年癸未科	鍾汪	廣東廣州府南海縣軍籍	賜進士出身第二甲一百四十二名
2	嘉靖二年癸未科	吳會期	廣東瓊州府瓊山縣民籍	賜進士出身第二甲一百四十二名
3	嘉靖二年癸未科	吳允祿	廣東廣州府南海縣民籍	賜進士出身第二甲一百四十二名
4	嘉靖二年癸未科	麥春芳	廣東廣州府南海縣民籍	賜同進士出身第三甲二百六十五名
5	嘉靖二年癸未科	梁廷振	廣東廣州府南海縣民籍	賜同進士出身第三甲二百六十五名
6	嘉靖二年癸未科	李邦直	廣東高州府茂名縣民籍	賜同進士出身第三甲二百六十五名
7	嘉靖二年癸未科	李輈	廣東廣州府番禺縣民籍	賜進士出身第三甲二百六十五名
8	嘉靖二年癸未科	薛宗鎧	廣東潮州府揭陽縣民籍	賜同進士出身第三甲二百六十五名
9	嘉靖二年癸未科	楊愷	廣東瓊州府瓊山縣軍籍	賜同進士出身第三甲二百六十五名
10	嘉靖二年癸未科	羅普	廣東饒州府饒平縣軍籍	賜同進士出身第三甲二百六十五名
11	嘉靖二年癸未科	何俊	廣東廣州府南海縣民籍	賜同進士出身第三甲二百六十五名
12	嘉靖二年癸未科	顏容端	廣東惠州府長樂縣民籍	賜進士出身第三甲二百六十五名
13	嘉靖二年癸未科	薛僑	廣東潮州府揭陽縣民籍	賜同進士出身第三甲二百六十五名
14	嘉靖二年癸未科	張景獻	廣東廣州府順德縣軍籍	賜同進士出身第三甲二百六十五名

15	嘉靖二年癸未科	劉體元	廣東廣州府南海縣民籍	賜同進士出身第三甲二百六十五名
16	嘉靖二年癸未科	林鍾	廣東肇慶府高要縣民籍	賜同進士出身第三甲二百六十五名
17	嘉靖二年癸未科	梁建辰	廣東廣州府番禺縣軍籍	賜同進士出身第三甲二百六十五名
18	嘉靖二年癸未科	李義壯	廣東廣州府南海縣民籍	賜同進士出身第三甲二百六十五名
19	嘉靖二年癸未科	李翔	廣東廣州府新會縣軍籍	賜同進士出身第三甲二百六十五名
20	嘉靖五年丙戌科	翁萬達	廣東潮州府海陽縣民籍	賜進士出身第二甲九十名
21	嘉靖五年丙戌科	陳大成	廣東潮州府揭陽縣民籍	賜同進士出身第三甲二百八名
22	嘉靖五年丙戌科	謝邦信	廣東廣州府東莞縣軍籍	賜同進士出身第三甲二百八名
23	嘉靖五年丙戌科	陳思謙	廣東潮州府揭陽縣民籍	賜同進士出身第三甲二百八名
24	嘉靖五年丙戌科	俞宗梁	廣東海南衛籍	賜同進士出身第三甲二百八名
25	嘉靖五年丙戌科	何繼之	廣東廣州府順德縣軍籍	賜同進士出身第三甲二百八名
26	嘉靖五年丙戌科	錢全	廣東廣州府東莞縣民籍	賜同進士出身第三甲二百八名
27	嘉靖五年丙戌科	岑萬	廣東廣州府順德縣民籍	賜同進士出身第三甲二百八名
28	嘉靖五年丙戌科	鄧直卿	廣東廣州府南海縣軍籍	賜同進士出身第三甲二百八名
29	嘉靖八年	何裂	廣東廣州府順德縣軍籍	賜進士出身第二甲九十五名
30	嘉靖八年	戴銑	廣東廣州府東莞縣軍籍	賜進士出身第二甲九十五名
31	嘉靖八年	王希文	廣東廣州府東莞縣民籍	賜進士出身第二甲九十五名
32	嘉靖八年	鍾卿	廣東廣州府東莞縣民籍	賜進士出身第二甲九十五名
33	嘉靖八年	潘大賓	廣東潮州府潮陽縣民籍	賜進士出身第二甲九十五名
34	嘉靖八年	李實	廣東廣州府南海縣軍籍	賜同進士出身第甲二百二十五名
35	嘉靖八年	彭端遇	廣東廣州府順德縣軍籍	賜同進士出身第甲二百二十五名
36	嘉靖八年	馮彬	廣東雷州衛籍	賜同進士出身第甲二百二十五名
37	嘉靖八年	曾守約	廣東惠州府歸善縣軍籍	賜同進士出身第甲二百二十五名
38	嘉靖八年	黃允謙	廣東瓊州府崖州軍籍	賜同進士出身第甲二百二十五名
39	嘉靖八年	羅虞臣	廣東廣州府順德縣軍籍	賜同進士出身第三甲一百五十一名
40	嘉靖十一年壬辰科	林大欽	廣東潮州府海陽縣軍民籍	賜進士及第一甲三名（狀元）
41	嘉靖十一年壬辰科	衛元確	廣東廣州府東莞縣民籍	賜進士出身第二甲八十名
42	嘉靖十一年壬辰科	翟鎬	廣東鎮南衛旗籍廣東東莞人	賜同進士出身第三甲二百三十三名
43	嘉靖十一年壬辰科	徐進	廣東廣州府順德縣軍籍	賜同進士出身第三甲二百三十三名
44	嘉靖十一年壬辰科	黃鵬	廣東潮州府潮陽縣民籍	賜同進士出身第三甲二百三十三名
45	嘉靖十一年壬辰科	何中行	廣東廣州府順德縣民籍	賜同進士出身第三甲二百三十三名
46	嘉靖十一年壬辰科	勞紹科	廣東廣州府番禺縣軍籍	賜同進士出身第三甲二百三十三名
47	嘉靖十一年壬辰科	朱廷臣	廣東潮州府海陽縣軍民籍	賜同進士出身第三甲二百三十三名
48	嘉靖十一年壬辰科	陳諫	廣東廣州府番禺縣軍籍	賜同進士出身第三甲二百三十三名
49	嘉靖十一年壬辰科	潘恕	廣東潮州府海陽縣軍軍籍	賜同進士出身第三甲二百三十三名
50	嘉靖十一年壬辰科	王玉汝	廣東廣州府東莞縣軍籍	賜同進士出身第三甲一百五十一名

51	嘉靖十一年壬辰科	畢烜	廣東廣州府番禺縣軍籍	賜同進士出身第三甲一百五十一名
52	嘉靖十四年乙未科	鄭統	廣東潮州府揭陽縣民籍	賜進士出身第二甲九十五名
53	嘉靖十四年乙未科	陳天然	廣東瓊州府瓊山縣民籍	賜進士出身第二甲九十五名
54	嘉靖十四年乙未科	陳天資	廣東潮州府饒平縣灶籍	賜進士出身第二甲九十五名
55	嘉靖十四年乙未科	趙崇信	廣東廣州府順德縣民籍	賜同進士出身第三甲二百二十七名
56	嘉靖十四年乙未科	何彥	廣東廣州府順德縣民籍	賜同進士出身第三甲二百二十七名
57	嘉靖十四年乙未科	何允魁	廣東廣州府順德縣軍籍	賜同進士出身第三甲二百二十七名
58	嘉靖十四年乙未科	李槃	廣東肇慶府四會縣民籍	賜同進士出身第三甲二百二十七名
59	嘉靖十四年乙未科	饒相	廣東潮州大埔縣民籍	賜同進士出身第三甲二百二十七名
60	嘉靖十四年乙未科	蔡大用	廣東潮州大埔縣民籍	賜同進士出身第三甲二百五十三名
61	嘉靖十四年乙未科	蘇應旻	廣東廣州府順德縣軍籍	賜同進士出身第三甲二百五十三名
62	嘉靖十四年乙未科	鄭有周	廣東潮州府揭陽縣民籍	賜同進士出身第三甲二百五十三名
63	嘉靖十四年乙未科	何維柏	廣東廣州府南海縣民籍	賜同進士出身第三甲二百五十三名
64	嘉靖十四年乙未科	車XX	廣東惠州府博羅縣軍籍	賜同進士出身第三甲二百五十三名
65	嘉靖十四年乙未科	李兆龍	廣東廣州府南海縣民籍	賜同進士出身第三甲二百五十三名
66	嘉靖十四年乙未科	冼桂奇	廣東廣州府南海縣民籍	賜同進士出身第三甲二百五十三名
67	嘉靖十七年戊戌科	倫以詵	廣東廣州府南海縣民籍	賜進士出身第二甲九十五名
68	嘉靖十七年戊戌科	馬拯	廣東廣州府南海縣軍籍	賜進士出身第二甲九十五名
69	嘉靖十七年戊戌科	唐穆	廣東瓊州府瓊山縣民籍	賜進士出身第二甲九十五名
70	嘉靖十七年戊戌科	鄭廷鵠	廣東海南衛籍	賜進士出身第二甲九十五名
71	嘉靖十七年戊戌科	盛若林	廣東潮州府海陽縣軍籍	賜進士出身第二甲九十五名
72	嘉靖十七年戊戌科	陳紹儒	廣東廣州府南海縣民籍	賜進士出身第二甲九十五名
73	嘉靖十七年戊戌科	盧夢陽	廣東廣州府南海縣軍籍	賜進士出身第二甲九十五名
74	嘉靖十七年戊戌科	馮炫	廣東廣州府南海縣民籍	賜同進士出身第三甲二百二十二名
75	嘉靖十七年戊戌科	林冕	廣東廣州府番禺縣民籍	賜同進士出身第三甲二百二十二名
76	嘉靖十七年戊戌科	歐陽建	廣東廣州府新會縣民籍	賜同進士出身第三甲二百二十二名
77	嘉靖十七年戊戌科	譚大初	廣東南雄府始興縣民籍	賜同進士出身第三甲二百二十二名
78	嘉靖十七年戊戌科	林大有	廣東潮州府潮陽縣民籍	賜同進士出身第三甲二百二十二名
79	嘉靖二十年	黎才	廣東廣州府順德縣民籍	賜進士出身第二甲九十名
80	嘉靖二十年	黃顯	廣東瓊州府瓊山縣軍籍	賜進士出身第二甲九十名
81	嘉靖二十年	梁津	廣東廣州府番禺縣民籍	賜進士出身第二甲九十名
82	嘉靖二十年	陳善	廣東廣州府南海縣民籍	賜進士出身第二甲九十名
83	嘉靖二十年	崔一濂	廣東廣州府南海縣軍籍	賜同進士出身第三甲二百五名
84	嘉靖二十年	馬鍾英	廣東廣州府順德縣民籍	賜同進士出身第三甲二百二十二名
85	嘉靖二十年	李時行	廣東廣州府番禺縣民籍	賜同進士出身第三甲二百二十二名
86	嘉靖二十年	蕭端蒙	廣東潮州府潮陽縣民籍	賜同進士出身第三甲二百二十二名
87	嘉靖二十年	馮元	廣東廣州府番禺縣民籍	賜同進士出身第三甲二百二十二名
88	嘉靖二十年	何孟倫	廣東廣州府新會縣民籍	賜進士出身第二甲四十九名

89	嘉靖二十年	郭大鯤	廣東潮州府海陽縣民籍	賜同進士出身第三甲一百四十九名
90	嘉靖二十年	林松	廣東潮州府揭陽縣民籍	賜同進士出身第三甲一百四十九名
91	嘉靖二十年	何派行	廣東廣州府香山縣民籍	賜同進士出身第三甲一百四十九名
92	嘉靖二十年	劉子興	廣東廣州府海陽縣民籍	賜同進士出身第三甲一百四十九名
93	嘉靖二十年	李鷟	廣東廣州府番禺縣民籍	賜同進士出身第三甲一百四十九名
94	嘉靖二十年	吳守貞	廣東高廣州電白縣民籍	賜同進士出身第三甲一百四十九名
95	嘉靖二十三年甲辰科	曾楚	廣東廣州府南海縣民籍	賜進士出身第二甲九十三名
96	嘉靖二十三年甲辰科	林光祖	廣東潮州府揭陽縣民籍	賜進士出身第二甲九十三名
97	嘉靖二十三年甲辰科	章熙	廣東潮州府海陽縣民籍	賜同進士出身第三甲二百二十六名
98	嘉靖二十三年甲辰科	黃國卿	廣東潮州府揭陽縣民籍	賜同進士出身第三甲二百二十六名
99	嘉靖二十三年甲辰科	唐守勳	廣東廣州府番禺縣民籍	賜同進士出身第三甲二百二十六名
100	嘉靖二十三年甲辰科	郭維藩	廣東潮州府揭陽縣民籍	賜同進士出身第三甲二百二十六名
101	嘉靖二十三年甲辰科	陳昌言	廣東潮州府揭陽縣民籍	賜同進士出身第三甲二百二十六名
102	嘉靖二十三年甲辰科	蘇志仁	廣東潮州府海陽縣軍籍	賜同進士出身第三甲二百二十六名
103	嘉靖二十三年甲辰科	盧寧	廣東廣州府南海縣軍籍	賜同進士出身第三甲二百二十六名
104	嘉靖二十六年丁未科	陳一松	廣東潮州府海陽縣軍籍	賜同進士出身第三甲三百八名
105	嘉靖二十六年丁未科	李價	廣東廣州府番禺縣軍籍	賜同進士出身第三甲三百八名
106	嘉靖二十六年丁未科	羅鴻	廣東廣州府南海縣民籍	賜同進士出身第三甲三百八名
107	嘉靖二十六年丁未科	蔡亨嘉	廣東潮州府潮陽縣民籍	賜同進士出身第三甲三百八名
108	嘉靖二十九年庚戌科	羅一道	廣東廣州府東莞縣軍籍	賜進士出身第二甲九十五名
109	嘉靖二十九年庚戌科	李光宸	廣東廣州府南海縣民籍	賜進士出身第二甲九十五名
110	嘉靖二十九年庚戌科	何思贊	廣東廣州府順德縣軍籍	賜進士出身第二甲九十五名
111	嘉靖二十九年庚戌科	梁有譽	廣東廣州府南海縣民籍	賜進士出身第二甲九十五名
112	嘉靖二十九年庚戌科	胡庭蘭	廣東廣州府堵城縣民籍	賜進士出身第二甲九十五名
113	嘉靖二十九年庚戌科	陳瑞龍	廣東潮州府潮陽縣民籍	賜進士出身第二甲九十五名
114	嘉靖二十九年庚戌科	黃朝聘	廣東廣州府順德縣民籍	賜同進士出身第三甲二百二十二名
115	嘉靖二十九年庚戌科	張傑夫	廣東廣州府新會縣軍籍	賜同進士出身第三甲二百二十二名
116	嘉靖二十九年庚戌科	岑遠	廣東廣州府南海縣軍籍	賜同進士出身第三甲二百二十二名
117	嘉靖二十九年庚戌科	王守充	廣東惠州府歸善縣軍籍	賜同進士出身第三甲二百二十二名
118	嘉靖二十九年庚戌科	趙時舉	廣東潮州府饒平縣民籍	賜同進士出身第三甲二百二十二名
119	嘉靖二十九年庚戌科	林大春	廣東潮州府潮陽縣軍籍	賜同進士出身第三甲二百二十二名
120	嘉靖二十九年庚戌科	林養高	廣東瓊州府瓊山縣民籍	賜同進士出身第三甲二百二十二名
121	嘉靖三十二年	郭敬賢	廣東潮州府海陽縣軍籍	賜進士出身第二甲一百五名
122	嘉靖三十二年	曾一經	廣東惠州府博羅縣軍籍	賜進士出身第二甲一百五名
123	嘉靖三十二年	周望	廣東廣州府東莞縣軍籍	賜進士出身第二甲一百五名
124	嘉靖三十二年	張於達	廣東廣州府番禺縣軍籍	賜同進士出身第三甲二百九十五名
125	嘉靖三十二年	李鳳	廣東廣州府番禺縣民籍	賜同進士出身第三甲二百九十五名
126	嘉靖三十二年	劉以節	廣東潮州府海陽縣民籍	賜同進士出身第三甲二百九十五名

127	嘉靖三十二年	龐尚鵬	廣東廣州府南海縣民籍	賜同進士出身第三甲二百九十五名
128	嘉靖三十二年	古文炳	廣東廣州府番禺縣民籍	賜同進士出身第三甲二百九十五名
129	嘉靖三十二年	霍超	廣東廣州府南海縣民籍	賜同進士出身第三甲二百九十五名
130	嘉靖三十五年丙辰科	郭大鯤	廣東潮州府海陽縣民籍	賜進士出身第二甲九十名
131	嘉靖三十五年丙辰科	林松	廣東潮州府揭陽縣民籍	賜同進士出身第三甲一百四十九名
132	嘉靖三十五年丙辰科	何派行	廣東廣州府香山縣民籍	賜同進士出身第三甲一百四十九名
133	嘉靖三十五年丙辰科	劉子興	廣東潮州府海陽縣民籍	賜同進士出身第三甲一百四十九名
134	嘉靖三十五年丙辰科	李鷟	廣東廣州府番禺縣民籍	賜同進士出身第三甲一百四十九名
135	嘉靖三十五年丙辰科	吳守貞	廣東高廣州府電白縣民籍	賜同進士出身第三甲一百四十九名
136	嘉靖三十五年丙辰科	崔吉	廣東廣州府南海縣軍籍	賜進士出身第二甲九十名
137	嘉靖三十五年丙辰科	張大猷	廣東廣州府番禺縣軍籍	賜進士出身第二甲九十名
138	嘉靖三十五年丙辰科	黃可大	廣東廣州府番禺縣軍籍	賜進士出身第二甲九十名
139	嘉靖三十五年丙辰科	薛守經	廣東潮州府揭陽縣民籍	賜進士出身第二甲九十名
140	嘉靖三十五年丙辰科	鄭旻	廣東潮州府揭陽縣灶籍	賜進士出身第二甲九十名
141	嘉靖三十五年丙辰科	黎復性	廣東廣州府南海縣民籍	賜同進士出身第三甲二百三名
142	嘉靖三十五年丙辰科	何維復	廣東廣州府番禺縣軍籍	賜同進士出身第三甲二百三名
143	嘉靖三十五年丙辰科	陳萬言	廣東廣州府南海縣民籍	賜同進士出身第三甲二百三名
144	嘉靖三十五年丙辰科	李邦義	廣東廣州府連州軍籍	賜同進士出身第三甲二百三名
145	嘉靖三十五年丙辰科	李思悅	廣東潮州府海陽縣軍籍	賜同進士出身第三甲二百三名
146	嘉靖三十五年丙辰科	黃誥	廣東廣州府東莞縣民籍	賜同進士出身第三甲二百三名
147	嘉靖三十八年己未科	岑用賓	廣東廣州府順德縣民籍	賜同進士出身第三甲二百十五名
148	嘉靖三十八年己未科	霍與瑕	廣東廣州府南海縣民籍	賜同進士出身第三甲二百十五名
149	嘉靖三十八年己未科	羅黃裳	廣東肇慶府高明縣民籍	賜同進士出身第三甲二百十五名
150	嘉靖三十八年己未科	劉介齡	廣東廣州府南海縣民籍	賜同進士出身第三甲二百十五名
151	嘉靖三十八年己未科	黃儀	廣東廣州府東莞縣民籍	賜同進士出身第三甲二百十五名
152	嘉靖三十八年己未科	吳逢春	廣東潮州府海陽縣民籍	賜同進士出身第三甲二百十五名
153	嘉靖四十一年壬戌科	張廷臣	廣東廣州府番禺縣民籍	賜進士出身第二甲八十五名
154	嘉靖四十一年壬戌科	鍾振	廣東廉州府合浦縣民籍	賜進士出身第二甲八十五名
155	嘉靖四十一年壬戌科	郭棐	廣東廣州府南海縣軍籍	賜進士出身第二甲八十五名
156	嘉靖四十一年壬戌科	陳俊	廣東廣州府南海縣軍籍	賜進士出身第二甲八十五名
157	嘉靖四十一年壬戌科	蒙詔	廣東廣州府番禺縣民籍	賜同進士出身第三甲二百十一名
158	嘉靖四十一年壬戌科	袁三接	廣東廣州府香山縣軍籍	賜同進士出身第三甲二百十一名
159	嘉靖四十一年壬戌科	王原相	廣東廣州府番禺縣民籍	賜同進士出身第三甲二百十一名
160	嘉靖四十一年壬戌科	莫天賦	廣東雷州府海康縣軍籍	賜同進士出身第三甲二百十一名
161	嘉靖四十一年壬戌科	倫文	廣東廣州府順德縣民籍	賜同進士出身第三甲二百十一名
162	嘉靖四十四年乙丑科	李一迪	廣東雷州府海康縣軍籍	賜進士出身第二甲七十七名

163	嘉靖四十四年乙丑科	林休	廣東惠州府博羅縣民籍	賜進士出身第二甲七十七名
164	嘉靖四十四年乙丑科	林有源	廣東潮州府潮陽縣民籍	賜進士出身第二甲七十七名
165	嘉靖四十四年乙丑科	姚光泮	廣東廣州府南海縣民籍	賜同進士出身第三甲三百十一四名
166	嘉靖四十四年乙丑科	鍾繼英	廣東廣州府東莞縣軍籍	賜同進士出身第三甲三百十一四名
167	嘉靖四十四年乙丑科	余嘉詔	廣東廣州府順德縣民籍	賜同進士出身第三甲三百十一四名
168	嘉靖四十四年乙丑科	陳法	廣東廣州府南海縣民籍	賜同進士出身第三甲三百十一四名
169	嘉靖四十四年乙丑科	王弘誨	廣東瓊州府定安縣民籍	賜同進士出身第三甲三百十一四名
170	嘉靖四十四年乙丑科	葉夢熊	廣東惠州府博羅縣民籍	賜同進士出身第三甲三百十一四名
171	嘉靖四十四年乙丑科	張學顏	廣東瓊州府瓊山縣民籍	賜同進士出身第三甲三百十一四名
172	嘉靖四十四年乙丑科	吳與言	廣東潮州府大埔縣民籍	賜同進士出身第三甲三百十一四名
173	嘉靖四十四年乙丑科	李應蘭	廣東廣州府東莞縣民籍	賜同進士出身第三甲三百十一四名
174	嘉靖四十四年乙丑科	鄭昊	廣東廣州府順德縣民籍	賜同進士出身第三甲三百十一四名
175	嘉靖四十四年乙丑科	陳吾德	廣東廣州府新會縣民籍	賜同進士出身第三甲三百十一四名
176	嘉靖四十四年乙丑科	蒲凝重	廣東廣州府南海縣民籍	賜同進士出身第三甲三百十一四名
177	嘉靖四十四年乙丑科	陳一龍	廣東肇慶府高明縣民籍	賜同進士出身第三甲三百十一四名
178	嘉靖四十四年乙丑科	李思寅	廣東潮州府海陽縣民籍	賜同進士出身第三甲三百十一四名
179	嘉靖四十四年乙丑科	戴記	廣東廣州府東莞縣軍籍	賜同進士出身第三甲三百十一四名

明朝嘉靖年間廣東進士人數表

次　數	嘉靖考期	廣東進士人數
1	嘉靖二年癸未科	19 名進士
2	嘉靖五年丙戌科	9 名進士
3	嘉靖八年	11 名進士
4	嘉靖十一年壬辰科	12 名進士（包括 1 名狀元）
5	嘉靖十四年乙未科	15 名進士
6	嘉靖十七年戊戌科	12 名進士
7	嘉靖二十年	16 名進士
8	嘉靖二十三年甲辰科	9 名進士
9	嘉靖二十六年丁未科	4 名進士
10	嘉靖二十九年庚戌科	13 名進士
11	嘉靖三十二年	9 名進士
12	嘉靖三十五年丙辰科	17 名進士
13	嘉靖三十八年己未科	6 名進士
14	嘉靖四十一年壬戌科	9 名進士
15	嘉靖四十四年乙丑科	18 名進士
		合共 179 名進士

嘉靖年間廣東進士排名表

名　次	名　稱	廣東進士人數
1	廣東廣州府南海縣	39 名進士
2	廣東廣州府番禺縣	22 名進士
3	廣東廣州府順德縣	19 名進士

明朝隆慶朝廣東進士人數表

編號	年　份	姓　名	籍　貫	等　第
1	隆慶二年戊辰科	李伯芳	廣東韶州府英德縣民籍	賜進士出身第二甲七十七名
2	隆慶二年戊辰科	王懋德	廣東瓊州府文昌縣籍	賜進士出身第二甲七十七名
3	隆慶二年戊辰科	陳堂	廣東廣州府南海縣民籍	賜同進士出身第三甲三百二十三名
4	隆慶二年戊辰科	陳大猷	廣東廣州府南海縣民籍	賜同進士出身第三甲三百二十三名
5	隆慶二年戊辰科	李燾	廣東惠州府河源縣民籍	賜同進士出身第三甲三百二十三名
6	隆慶二年戊辰科	李學一	廣東惠州府歸善縣民籍	賜同進士出身第三甲三百二十三名
7	隆慶二年戊辰科	黃卷	廣東廣州府新會縣民籍	賜同進士出身第三甲三百二十三名
8	隆慶二年戊辰科	劉維嵩	廣東廣州府增城縣民籍	賜同進士出身第三甲三百二十三名
9	隆慶二年戊辰科	張弘毅	廣東廣州府東莞縣軍籍	賜同進士出身第三甲三百二十三名
10	隆慶二年戊辰科	周裔登	廣東廣州府南海縣民籍	賜同進士出身第三甲三百二十三名
11	隆慶二年戊辰科	林華	廣東瓊州府文昌縣民籍	賜同進士出身第三甲三百二十三名
12	隆慶二年戊辰科	何維椅	廣東廣州府南海縣民籍	賜同進士出身第三甲三百二十三名
13	隆慶五年辛未科	袁昌祚	廣東廣州府東莞縣民籍	賜進士出身第二甲七十七名
14	隆慶五年辛未科	霍鎮東	廣東廣州府南海縣民籍	賜進士出身第二甲七十七名
15	隆慶五年辛未科	張鳴鶴	廣東廣州府東莞縣軍籍	賜進士出身第二甲七十七名
16	隆慶五年辛未科	周光鎬	廣東潮州府潮陽縣民籍	賜同進士出身第三甲三百十六名
17	隆慶五年辛未科	黎邦琰	廣東廣州府從化縣軍籍	賜同進士出身第三甲三百十六名
18	隆慶五年辛未科	曾士楚	廣東廣州府從化縣軍籍	賜同進士出身第三甲三百十六名
19	隆慶五年辛未科	劉克正	廣東廣州府從化縣民籍	賜同進士出身第三甲三百十六名
20	隆慶五年辛未科	周裔先	廣東廣州府南海縣民籍	賜同進士出身第三甲三百十六名
21	隆慶五年辛未科	鍾昌	廣東廣州府東莞縣灶籍	賜同進士出身第三甲三百十六名
22	隆慶五年辛未科	劉惠喬	廣東潮州府潮陽縣民籍	賜同進士出身第三甲三百十六名
23	隆慶五年辛未科	方亮工	廣東廣州府南海縣民籍	賜同進士出身第三甲三百十六名
24	隆慶五年辛未科	酈彭齡	廣東廣州府南海縣民籍	賜同進士出身第三甲三百十六名
25	隆慶五年辛未科	尹瑾	廣東廣州府東莞縣軍籍	賜同進士出身第三甲三百十六名
26	隆慶五年辛未科	方肯堂	廣東廣州府南海縣民籍	賜同進士出身第三甲三百十六名
27	隆慶五年辛未科	張會宗	廣東潮州府澄海縣民籍	賜同進士出身第三甲三百十六名
28	隆慶五年辛未科	陳履	廣東廣州府東莞縣灶籍	賜同進士出身第三甲三百十六名

明朝隆慶年間廣東進士人數表

次　數	隆慶考期	廣東府縣進士人數
1	隆慶二年戊辰科	12 名進士
2	隆慶五年辛未科	16 名進士
		合共 28 名進士

隆慶年間廣東進士排名表

名　次	名　稱	廣東進士人數
1	廣東廣州府南海縣	9 名進士
2	廣東廣州府東莞縣	6 名進士
3	廣東廣州府從化縣	3 名進士

明朝萬曆朝廣東進士人數表

編號	年　份	姓名	籍　貫	等　第
1	萬曆二年甲戌科	周宗禮	廣東潮州府澄海縣民籍	賜進士出身第二甲七十名
2	萬曆二年甲戌科	吳中謙	廣東廣州府南海縣民籍	賜進士出身第二甲七十名
3	萬曆二年甲戌科	李良柱	廣東廣州府番禺縣民籍	賜進士出身第二甲七十名
4	萬曆二年甲戌科	朱讓	廣東廣州府南海縣軍籍	賜同進士出身第三甲二百二十六名
5	萬曆二年甲戌科	唐伯元	廣東潮州府澄海縣民籍	賜同進士出身第三甲二百二十六名
6	萬曆二年甲戌科	楊瑞雲	廣東廣州府南海縣民籍	賜同進士出身第三甲二百二十六名
7	萬曆二年甲戌科	梁鵬	廣東廣州府順德縣民籍	賜同進士出身第三甲二百二十六名
8	萬曆二年甲戌科	梁必強	廣東瓊州府瓊山縣民籍	賜同進士出身第三甲二百二十六名
9	萬曆五年	楊起元	廣東惠州府歸善縣民籍	賜進士出身第二甲五十七名
10	萬曆五年	姚嶽祥	廣東高州府化州縣民籍	賜同進士出身第三甲二百四十一名
11	萬曆五年	黃學會	廣東廣州府南海縣民籍	賜同進士出身第三甲二百四十一名
12	萬曆五年	金節	廣東廣州府南海縣官籍	賜同進士出身第三甲二百四十一名
13	萬曆五年	譚耀	廣東廣州府東莞縣民籍	賜同進士出身第三甲二百四十一名
14	萬曆八年庚辰科	謝與恩	廣東廣州府番禺縣軍籍	賜同進士出身第三甲二百四十二名
15	萬曆八年庚辰科	黃淳	廣東廣州府新會縣軍籍	賜同進士出身第三甲二百四十一名
16	萬曆八年庚辰科	李上馨	廣東廣州府番禺縣軍籍	賜同進士出身第三甲二百四十一名
17	萬曆八年庚辰科	黃守謙	廣東惠州府海豐縣民籍	賜同進士出身第三甲二百六十五名
18	萬曆十一年癸未科	林朝鑰	廣東廣州府南海縣民籍	賜同進士出身第三甲二百七十一名
19	萬曆十一年癸未科	林熙春	廣東潮州府海陽縣民籍	賜同進士出身第三甲二百七十一名
20	萬曆十一年癸未科	盧龍雲	廣東廣州府南海縣軍籍	賜同進士出身第三甲二百七十一名
21	萬曆十一年癸未科	鍾若休	廣東廣州府南海縣軍籍	賜同進士出身第三甲二百七十一名

22	萬曆十一年癸未科	鄧宗齡	廣東雷州府徐聞縣民籍	賜同進士出身第三甲二百七十一名
23	萬曆十一年癸未科	梁雲龍	廣東瓊州府瓊山縣民籍	賜同進士出身第三甲二百七十一名
24	萬曆十四年丙戌科	林承芳	廣東廣州府三水縣民籍	賜進士出身第二甲六十七名
25	萬曆十四年丙戌科	陳果	廣東廣州府新安縣灶籍	賜進士出身第二甲六十七名
26	萬曆十四年丙戌科	鍾萬祿	廣東廣州府清遠縣軍籍	賜同進士出身第三甲二百七十五名
27	萬曆十四年丙戌科	陳惇臨	廣東潮州府潮陽縣民籍	賜同進士出身第三甲二百七十五名
28	萬曆十四年丙戌科	徐兆魁	廣東廣州府東莞縣軍籍	賜同進士出身第三甲二百七十五名
29	萬曆十四年丙戌科	何太庾	廣東廣州府番禺縣軍籍	賜同進士出身第三甲二百七十五名
30	萬曆十四年丙戌科	歐陽勁	廣東廣州府從化縣民籍	賜同進士出身第三甲二百七十五名
31	萬曆十四年丙戌科	許子偉	廣東瓊州府瓊山縣民籍	賜同進士出身第三甲二百七十五名
32	萬曆十四年丙戌科	黃鐀	廣東惠州府博羅縣民籍	賜同進士出身第三甲二百七十五名
33	萬曆十四年丙戌科	韓擢	廣東惠州府博羅縣民籍	賜同進士出身第三甲二百七十五名
34	萬曆十四年丙戌科	林震	廣東瓊州府瓊山縣民籍	賜同進士出身第三甲二百七十五名
35	萬曆十七年	黃流芳	廣東惠州府博羅縣民籍	賜同進士出身第三甲二百七十七名
36	萬曆十七年	陳宗愈	廣東廣州府新會縣民籍	賜同進士出身第三甲二百七十七名
37	萬曆十七年	聶桂芳	廣東廣州府南海縣民籍	賜同進士出身第三甲二百七十七名
38	萬曆十七年	劉景辰	廣東廣州府南海縣軍籍	賜同進士出身第三甲二百七十七名
39	萬曆十七年	彭晢有	廣東廣州府南海縣民籍	賜同進士出身第三甲二百七十七名
40	萬曆十七年	區大倫	廣東肇慶府高明縣民籍	賜同進士出身第三甲二百七十七名
41	萬曆十七年	區大相	廣東肇慶府高明縣軍籍	賜同進士出身第三甲二百七十七名
42	萬曆十七年	葉惟蓁	廣東廣州府南海縣軍籍	賜同進士出身第三甲二百七十七名
43	萬曆十七年	李思振	廣東潮州府海陽縣民籍	賜同進士出身第三甲二百七十七名
44	萬曆十七年	梁炫	廣東廣州府南海縣軍籍	賜同進士出身第三甲二百七十七名
45	萬曆十七年	王玠	廣東廣州府清遠縣軍籍	賜同進士出身第三甲二百七十七名
46	萬曆十七年	鄧光祚	廣東韶州府曲江縣民籍	賜同進士出身第三甲二百七十七名
47	萬曆十七年	薛藩	廣東廣州府順德縣民籍	賜同進士出身第三甲二百七十七名
48	萬曆十七年	何豸	廣東廣州府番禺縣軍籍	賜同進士出身第三甲二百七十七名
49	萬曆十七年	饒與齡	廣東潮州府大埔縣民籍	賜同進士出身第三甲二百七十七名
50	萬曆二十年壬辰科	何熊祥	廣東廣州府新會縣民籍	賜同進士出身第三甲二百四十四名
51	萬曆二十年壬辰科	陳元勳	廣東潮州府澄海縣民籍	賜同進士出身第三甲二百四十四名
52	萬曆二十年壬辰科	梁民相	廣東廣州府南海縣民籍	賜同進士出身第三甲二百四十四名
53	萬曆二十年壬辰科	張初旦	廣東廣州府新會縣民籍	賜同進士出身第三甲二百四十四名
54	萬曆二十年壬辰科	李延大	廣東韶州府樂昌縣民籍	賜同進士出身第三甲二百四十四名
55	萬曆二十三年乙未科	梁有年	廣東廣州府順德縣民籍	賜進士出身第二甲五十七名
56	萬曆二十三年乙未科	袁崇友	廣東廣州府東莞縣軍籍	賜同進士出身第三甲二百四十四名
57	萬曆二十三年乙未科	趙應元	廣東廣州府新會縣軍籍	賜同進士出身第三甲二百四十四名
58	萬曆二十三年乙未科	翟廷策	廣東廣州府東莞縣民籍	賜同進士出身第三甲二百四十四名
59	萬曆二十六年戊戌科	曾舜漁	廣東惠州府博羅縣民籍	賜同進士出身第三甲二百三十二名

60	萬曆二十六年戊戌科	鄧雲霄	廣東廣州府東莞縣民籍	賜同進士出身第三甲二百三十二名
61	萬曆二十六年戊戌科	曾陳易	廣東廣州府番禺縣民籍	賜同進士出身第三甲二百三十二名
62	萬曆二十六年戊戌科	余士奇	廣東廣州府東莞縣民籍	賜同進士出身第三甲二百三十二名
63	萬曆二十六年戊戌科	陳向廷	廣東廣州府新安縣灶籍	賜同進士出身第三甲二百三十二名
64	萬曆二十六年戊戌科	黃琮	廣東潮州府饒平縣灶籍	賜同進士出身第三甲二百三十二名
65	萬曆二十九年	譚煒	廣東廣州府從化縣民籍	賜同進士出身第三甲二百四十一名
66	萬曆二十九年	潘濬	廣東廣州府南海縣軍籍	賜同進士出身第三甲二百四十一名
67	萬曆二十九年	梁從興	廣東廣州府南海縣軍籍	賜同進士出身第三甲二百四十一名
68	萬曆二十九年	陳鎮	廣東廣州府東莞縣灶籍	賜同進士出身第三甲二百四十一名
69	萬曆二十九年	何其義	廣東瓊州府瓊山縣民籍	賜同進士出身第三甲二百四十一名
70	萬曆二十九年	馮奕垣	廣東廣州府南海縣民籍	賜同進士出身第三甲二百四十一名
71	萬曆二十九年	潘琪	廣東廣州府南海縣軍籍	賜同進士出身第三甲二百四十一名
72	萬曆二十九年	曾用升	廣東潮州府澄海縣民籍	賜同進士出身第三甲二百四十一名
73	萬曆二十九年	尹遂祈	廣東廣州府東莞縣軍籍	賜同進士出身第三甲二百四十一名
74	萬曆三十二年甲辰科	黃儒炳	廣東潮州府潮陽縣民籍	賜進士出身第二甲五十七名
75	萬曆三十二年甲辰科	李天培	廣東肇慶府陽光縣民籍	賜同進士出身第三甲二百四十八名
76	萬曆三十二年甲辰科	劉觀光	廣東廣州府南海縣軍籍	賜同進士出身第三甲二百四十八名
77	萬曆三十二年甲辰科	吳光龍	廣東廣州府南海縣民籍	賜同進士出身第三甲二百四十八名
78	萬曆三十二年甲辰科	邢祚昌	廣東瓊州府文昌縣民籍	賜同進士出身第三甲二百四十八名
79	萬曆三十二年甲辰科	潘禹謨	廣東廣州府增城縣民籍	賜同進士出身第三甲二百四十八名
80	萬曆三十二年甲辰科	李待問	廣東廣州府南海縣民籍	賜同進士出身第三甲二百四十八名
81	萬曆三十二年甲辰科	汪桴	廣東南雄府保昌縣軍籍	賜同進士出身第三甲二百四十八名
82	萬曆三十二年甲辰科	高鳴雁	廣東廣州府順德縣民籍	賜同進士出身第三甲二百四十八名
83	萬曆三十二年甲辰科	關驥	廣東廣州府南海縣民籍	賜同進士出身第三甲二百四十八名
84	萬曆三十二年甲辰科	郭尚賓	廣東廣州府南海縣民籍	賜同進士出身第三甲二百四十八名
85	萬曆三十二年甲辰科	黃應舉	廣東廣州府南海縣民籍	賜同進士出身第三甲二百四十八名
86	萬曆三十二年甲辰科	楊弦	廣東肇慶府高要縣民籍	賜同進士出身第三甲二百四十八名
87	萬曆三十五年丁未科	黃士俊	廣東廣州府順德縣軍籍	賜進士及第一甲三名（狀元）
88	萬曆三十五年丁未科	林養棟	廣東廣州府番禺縣軍籍	賜進士出身第二甲五十七名
89	萬曆三十五年丁未科	李同芳	廣東廣州府東莞縣灶籍	賜同進士出身第三甲二百三十八名
90	萬曆三十五年丁未科	樊王家	廣東廣州府東莞縣民籍	賜同進士出身第三甲二百三十八名
91	萬曆三十五年丁未科	韓日纘	廣東惠州府博羅縣民籍	賜同進士出身第三甲二百三十八名
92	萬曆三十五年丁未科	彭際遇	廣東廣州府東莞縣軍籍	賜同進士出身第三甲二百三十八名
93	萬曆三十五年丁未科	倫肇修	廣東廣州府新會縣軍籍	賜同進士出身第三甲二百三十八名
94	萬曆三十八年庚戌科	黃聖期	廣東廣州府番禺縣民籍	賜進士出身第二甲五十七名
95	萬曆三十八年庚戌科	盧瑛田	廣東廣州府東莞縣民籍	賜進士出身第二甲五十七名
96	萬曆三十八年庚戌科	梁鈜	廣東廣州府南海縣軍籍	賜進士出身第二甲五十七名
97	萬曆三十八年庚戌科	曾道唯	廣東廣州府南海縣軍籍	賜進士出身第二甲五十七名

98	萬曆三十八年庚戌科	葉天啓	廣東廣州府南海縣民籍	賜同進士出身第三甲二百四十二名
99	萬曆三十八年庚戌科	吳其貴	廣東韶州府英德縣民籍	賜同進士出身第三甲二百四十二名
100	萬曆三十八年庚戌科	蕭定	廣東潮州府澄海縣民籍	賜同進士出身第三甲二百四十二名
101	萬曆三十八年庚戌科	王安舜	廣東廣州後衛官籍	賜同進士出身第三甲二百四十二名
102	萬曆三十八年庚戌科	杜熙陽	廣東廣州府南海縣民籍	賜同進士出身第三甲二百四十二名
103	萬曆三十八年庚戌科	鄭戀緯	廣東廣州府南海縣民籍	賜同進士出身第三甲二百四十二名
104	萬曆三十八年庚戌科	李希孔	廣東廣州府三水縣民籍	賜同進士出身第三甲二百四十二名
105	萬曆三十八年庚戌科	許大成	廣東廣州府順德縣軍籍	賜同進士出身第三甲二百四十二名
106	萬曆三十八年庚戌科	簡麟	廣東廣州府南海縣民籍	賜同進士出身第三甲二百四十二名
107	萬曆三十八年庚戌科	區龍禎	廣東廣州府順德縣民籍	賜同進士出身第三甲二百四十二名
108	萬曆三十八年庚戌科	冼憲祖	廣東廣州府順德縣民籍	賜同進士出身第三甲二百四十二名
109	萬曆四十一年	李孫宸	廣東廣州府香山縣軍籍	賜進士出身第二甲六十七名
110	萬曆四十一年	崔奇觀	廣東廣州府番禺縣軍籍	賜同進士出身第三甲二百七十四名
111	萬曆四十一年	林聯綬	廣東廣州府新會縣民籍	賜同進士出身第三甲二百七十四名
112	萬曆四十一年	吳殿邦	廣東潮州府海陽縣民籍	賜同進士出身第三甲二百七十四名
113	萬曆四十一年	溫皋謨	廣東廣州府東莞縣軍籍	賜同進士出身第三甲二百七十四名
114	萬曆四十一年	陳國樟	廣東廣州府番禺縣民籍	賜同進士出身第三甲二百七十四名
115	萬曆四十一年	梁夢環	廣東廣州府順德縣民籍	賜同進士出身第三甲二百七十四名
116	萬曆四十一年	何龍禎	廣東廣州府新會縣民籍	賜同進士出身第三甲二百七十四名
117	萬曆四十一年	李廷才	廣東肇慶府高要縣民籍	賜同進士出身第三甲二百七十四名
118	萬曆四十一年	霍化鵬	廣東廣州府南海縣軍籍	賜同進士出身第三甲二百七十四名
119	萬曆四十一年	王命卿	廣東廣州府番禺縣民籍	賜同進士出身第三甲二百七十四名
120	萬曆四十一年	俞士瑛	廣東廣州府新會縣民籍	賜同進士出身第三甲二百七十四名
121	萬曆四十一年	郭敬賢	廣東潮州府海陽縣軍籍	賜同進士出身第三甲二百七十四名
122	萬曆四十四年丙辰科	陳熙昌	廣東廣州府番禺縣民籍	賜同進士出身第三甲二百七十四名
123	萬曆四十四年丙辰科	嚴兆璜	廣東廣州府番禺縣民籍	賜同進士出身第三甲二百七十四名
124	萬曆四十四年丙辰科	林枝橋	廣東廣州府新會縣民籍	賜同進士出身第三甲二百七十四名
125	萬曆四十四年丙辰科	蘇升	廣東廣州府南海縣民籍	賜同進士出身第三甲二百七十四名
126	萬曆四十四年丙辰科	陳正蒙	廣東惠州府歸善縣民籍	賜同進士出身第三甲二百七十四名
127	萬曆四十四年丙辰科	黃公輔	廣東廣州府新會縣民籍	賜同進士出身第三甲二百七十四名
128	萬曆四十四年丙辰科	王猷	廣東廣州府東莞縣民籍	賜同進士出身第三甲二百七十四名
129	萬曆四十四年丙辰科	袁玉佩	廣東廣州府東莞縣軍籍	賜同進士出身第三甲二百七十四名
130	萬曆四十七年己未科	陳子壯	廣東廣州府南海縣民籍	賜進士及第一甲三名（探花）
131	萬曆四十七年己未科	何吾騶	廣東廣州府香山縣軍籍	賜進士出身第二甲六十七名
132	萬曆四十七年己未科	黃應秀	廣東廣州府南海縣民籍	賜進士出身第二甲六十七名
133	萬曆四十七年己未科	夏懋學	廣東潮州府海陽縣民籍	賜同進士出身第三甲二百七十五名
134	萬曆四十七年己未科	劉大霖	廣東瓊州府臨高縣民籍	賜同進士出身第三甲二百七十五名

135	萬曆四十七年己未科	關季益	廣東廣州府南海縣軍籍	賜同進士出身第三甲二百七十五名
136	萬曆四十七年己未科	朱祚昌	廣東廣州府東莞縣民籍	賜同進士出身第三甲二百七十五名
137	萬曆四十七年己未科	謝雲虬	廣東廣州府南海縣民籍	賜同進士出身第三甲二百七十五名
138	萬曆四十七年己未科	姚鈿	廣東廣州府東莞縣軍籍	賜同進士出身第三甲二百七十五名
139	萬曆四十七年己未科	吳羽侯	廣東廣州府南海縣軍籍	賜同進士出身第三甲二百七十五名
140	萬曆四十七年己未科	趙恂如	廣東廣州府番禺縣民籍	賜同進士出身第三甲二百七十五名

明朝萬曆年間廣東進士人數表

次　　數	萬曆考期	廣東進士人數
1	萬曆二年甲戌科	8 名進士
2	萬曆五年	5 名進士
3	萬曆八年庚辰科	4 名進士
4	萬曆十一年癸未科	6 名進士
5	萬曆十四年丙戌科	11 名進士
6	萬曆十七年	15 名進士
7	萬曆二十年壬辰科	5 名進士
8	萬曆二十三年乙未科	4 名進士
9	萬曆二十六年戊戌科	6 名進士
10	萬曆二十九年	9 名進士
11	萬曆三十二年甲辰科	13 名進士
12	萬曆三十五年丁未科	7 名進士 （包括 1 名狀元）
13	萬曆三十八年庚戌科	15 名進士
14	萬曆四十一年	13 名進士
15	萬曆四十四年丙辰科	8 名進士
16	萬曆四十七年己未科	11 名進士 （包括 1 名探花）
		合共 140 名進士

明朝萬曆年間廣東進士排名表

名　　次	名　　稱	廣東進士人數
1	廣東廣州府南海縣	37 名進士 （包括 1 名探花）
2	廣東廣州府東莞縣	18 名進士
3	廣東廣州府番禺縣籍	14 名進士

明朝天啟年間廣東進士人數表

編號	年　份	姓　名	籍　貫	等　第
1	天啓二年壬戌科	林萃芳	廣東潮州府潮陽縣民籍	賜同進士出身第三甲三百二十九名
2	天啓二年壬戌科	梁鳳翔	廣東廣州府新會縣軍籍	賜同進士出身第三甲三百二十九名
3	天啓二年壬戌科	姚恭	廣東惠州府海豐縣民籍	賜同進士出身第三甲三百二十九名
4	天啓二年壬戌科	高齋明	廣東廣州府新會縣民籍	賜同進士出身第三甲三百二十九名
5	天啓二年壬戌科	盧兆龍	廣東廣州府香山縣軍籍	賜同進士出身第三甲三百二十九名
6	天啓二年壬戌科	蕭奕輔	廣東廣州府南海東莞二縣民籍	賜同進士出身第三甲三百二十九名
7	天啓二年壬戌科	賴萬耀	廣東韶州府英德縣民籍	賜同進士出身第三甲三百二十九名
8	天啓二年壬戌科	梁子璠	廣東廣州府南海縣民籍	賜同進士出身第三甲三百二十九名
9	天啓二年壬戌科	李廷龍	廣東廣州府順德縣軍籍	賜同進士出身第三甲三百二十九名
10	天啓二年壬戌科	梁元柱	廣東廣州府順德縣軍籍	賜同進士出身第三甲三百二十九名
11	天啓二年壬戌科	梁應才	廣東肇慶府陽春縣民籍	賜同進士出身第三甲三百二十九名
12	天啓二年壬戌科	莫與齊	廣東廣州府連州官籍	賜同進士出身第三甲三百二十九名
13	天啓二年壬戌科	黃錦	廣東潮州府饒平灶籍	賜同進士出身第三甲三百二十九名
14	天啓五年乙丑科	岑之豹	廣東羅定州西寧縣民籍	賜同進士出身第三甲二百四十名
15	天啓五年乙丑科	尹明翼	廣東廣州府東莞縣民籍	賜同進士出身第三甲二百四十名
16	天啓五年乙丑科	吳元翰	廣東廣州府順德縣軍籍	賜同進士出身第三甲二百四十名
17	天啓五年乙丑科	李覺斯	廣東廣州府東莞縣軍籍	賜同進士出身第三甲二百四十名
18	天啓五年乙丑科	高魁	廣東高州府化州石城縣軍籍	賜同進士出身第三甲二百四十名
19	天啓五年乙丑科	羅奕儒	廣東廣州府番禺縣民籍	賜同進士出身第三甲二百四十名
20	天啓五年乙丑科	梁士濟	廣東廣州府南海縣民籍	賜同進士出身第三甲二百四十名

明朝天啟年間廣東進士人數表

次　數	天啓考期	廣東進士人數
1	天啓二年壬戌科	13 名進士
2	天啓五年乙丑科	7 名進士
		合共 20 名進士

明朝天啟年間廣東進士排名表

名　次	名　稱	廣東進士人數
1	廣東廣州府順德縣	3 名進士
1	廣東廣州府南海縣	3 名進士
1	廣東廣州府東莞縣	3 名進士
2	廣東廣州府新會縣	2 名進士
3	共有 10 縣各有 1 名進士	1 名進士

明朝崇禎年間廣東進士人數表

編號	年份	姓名	籍貫	等第
1	崇禎元年戊辰科	陳象明	廣東廣州府東莞縣軍籍	賜進士出身第二甲六十七名
2	崇禎元年戊辰科	郭九鼎	廣東廣州府東莞縣民籍	賜同進士出身第三甲二百八十二名
3	崇禎元年戊辰科	葉高標	廣東惠州府海豐縣民籍	賜同進士出身第三甲二百八十二名
4	崇禎元年戊辰科	嚴鑒	廣東廣州府順德縣軍籍	賜同進士出身第三甲二百八十二名
5	崇禎元年戊辰科	黃鼎臣	廣東惠州府永安縣民籍	賜同進士出身第三甲二百八十二名
6	崇禎元年戊辰科	吳鼎泰	廣東高州府吳川縣民籍	賜同進士出身第三甲二百八十二名
7	崇禎元年戊辰科	巫三祝	廣東惠州府龍川縣民籍	賜同進士出身第三甲二百八十二名
8	崇禎元年戊辰科	鄭洪猷	廣東惠州府海豐縣民籍	賜同進士出身第三甲二百八十二名
9	崇禎元年戊辰科	梁衍泗	廣東廣州府順德縣軍籍	賜同進士出身第三甲二百八十二名
10	崇禎元年戊辰科	郭之奇	廣東潮州府海揭二縣民籍	賜同進士出身第三甲二百八十二名
11	崇禎元年戊辰科	宋兆禴	廣東潮州府揭陽縣民籍	賜同進士出身第三甲二百八十二名
12	崇禎元年戊辰科	楊任斯	廣東潮州府饒平縣民籍	賜同進士出身第三甲二百八十二名
13	崇禎元年戊辰科	梁兆陽	廣東廣州府番禺縣民籍	賜同進士出身第三甲二百八十二名
14	崇禎元年戊辰科	林銘球	廣東惠州府海豐縣民籍	賜同進士出身第三甲二百六十五名
15	崇禎元年戊辰科	辜朝薦	廣東潮州府揭陽縣民籍	賜同進士出身第三甲二百六十五名
16	崇禎元年戊辰科	謝龍文	廣東瓊州府瓊山縣民籍	賜同進士出身第三甲二百六十五名
17	崇禎元年戊辰科	黃奇遇	廣東潮州府揭陽縣民籍	賜同進士出身第三甲二百六十五名
18	崇禎元年戊辰科	梁應龍	廣東潮州府饒平縣民籍	賜同進士出身第三甲二百六十五名
19	崇禎元年戊辰科	李士淳	廣東潮州府程鄉縣民籍	賜同進士出身第三甲二百六十五名
20	崇禎元年戊辰科	王應華	廣東廣州府東莞縣軍籍	賜同進士出身第三甲二百六十五名
21	崇禎元年戊辰科	陳所獻	廣東潮州府普寧縣民籍	賜同進士出身第三甲二百六十五名
22	崇禎四年辛未科	黎崇宣	廣東廣州府番禺縣民籍	賜進士出身第二甲六十七名
23	崇禎四年辛未科	劉士斗	廣東廣州府南海縣民籍	賜進士出身第二甲六十七名
24	崇禎四年辛未科	鄒鎏	廣東潮州府海陽縣民籍	賜進士出身第二甲六十七名
25	崇禎四年辛未科	鄭瑜	廣東廣州府番禺縣民籍	賜同進士出身第三甲二百七十九名
26	崇禎四年辛未科	區聯芳	廣東廣州府新會縣民籍	賜同進士出身第三甲二百七十九名
27	崇禎四年辛未科	史洪謨	廣東廣寧中衛籍	賜同進士出身第三甲二百七十九名
28	崇禎四年辛未科	趙龍	廣東廣州府番禺縣民籍	賜同進士出身第三甲二百七十九名
29	崇禎四年辛未科	許國佐	廣東潮州府揭陽縣民籍	賜同進士出身第三甲二百七十九名
30	崇禎四年辛未科	胡平運	廣東廣州府番禺縣民籍	賜同進士出身第三甲二百七十九名
31	崇禎四年辛未科	麥而炫	廣東肇慶府高明縣民籍	賜同進士出身第三甲二百七十九名
32	崇禎四年辛未科	楊邦翰	廣東廣州府南海縣民籍	賜同進士出身第三甲二百七十九名
33	崇禎四年辛未科	胡一魁	廣東廣州府新會縣民籍	賜同進士出身第三甲二百七十九名
34	崇禎四年辛未科	羅起鳳	廣東廣州府番禺縣民籍	賜同進士出身第三甲二百七十九名
35	崇禎四年辛未科	龍大維	廣東石城縣民籍	賜同進士出身第三甲二百七十九名

36	崇禎四年辛未科	嚴培思	廣東肇慶府高明縣民籍	賜同進士出身第三甲二百七十九名
37	崇禎四年辛未科	陳是集	廣東瓊州府文昌縣民籍	賜同進士出身第三甲二百七十九名
38	崇禎四年辛未科	鄧務忠	廣東廣州府南海縣民籍	賜同進士出身第三甲二百七十九名
39	崇禎七年甲戌科	陳慧業	廣東廣州府順德縣民籍	賜同進士出身第三甲二百四十二名
40	崇禎七年甲戌科	陳子達	廣東廣州府順德縣民籍	賜同進士出身第三甲二百四十二名
41	崇禎七年甲戌科	鄭同玄	廣東潮州府潮陽縣民籍	賜同進士出身第三甲二百四十二名
42	崇禎七年甲戌科	關捷先	廣東廣州府南海縣民籍	賜同進士出身第三甲二百四十二名
43	崇禎七年甲戌科	羅萬傑	廣東潮州府潮陽縣民籍	賜同進士出身第三甲二百四十二名
44	崇禎十年	陳良弼	廣東潮州府澄海縣民籍	賜同進士出身第三甲二百四十一名
45	崇禎十年	林逢春	廣東廣州府南海縣民籍	賜同進士出身第三甲二百四十一名
46	崇禎十年	鄭一嶽	廣東廣州府香山縣民籍	賜同進士出身第三甲二百四十一名
47	崇禎十年	廖負暄	廣東廣州府順德縣民籍	賜同進士出身第三甲二百四十一名
48	崇禎十年	蕭時豐	廣東潮州府澄海縣民籍	賜同進士出身第三甲二百四十一名
49	崇禎十年	譚正國	廣東廣州府新會縣民籍	賜同進士出身第三甲二百四十一名
50	崇禎十年	酈日廣	廣東廣州府南海縣民籍	賜同進士出身第三甲二百四十一名
51	崇禎十年	廖攀龍	廣東南雄府保昌縣民籍	賜同進士出身第三甲二百四十一名
52	崇禎十年	吳以連	廣東廣州府南海縣民籍	賜同進士出身第三甲二百四十一名
53	崇禎十年	韓元勳	廣東潮州府平遠縣民籍	賜同進士出身第三甲二百四十一名
54	崇禎十三年庚辰科	陳世傑	廣東廣州府新會縣民籍	賜同進士出身第三甲二百三十六名
55	崇禎十三年庚辰科	蔡承瑚	廣東潮州府海陽縣民籍	賜同進士出身第三甲二百三十六名
56	崇禎十三年庚辰科	洪夢棟	廣東潮州府海陽縣民籍	賜同進士出身第三甲二百三十六名
57	崇禎十三年庚辰科	李際明	廣東廣州府順德縣民籍	賜同進士出身第三甲二百三十六名
58	崇禎十三年庚辰科	劉大啓	廣東廣州府新會縣民籍	賜同進士出身第三甲二百三十六名
59	崇禎十三年庚辰科	黃鶴仙	廣東廣州府番禺縣民籍	賜同進士出身第三甲二百三十六名
60	崇禎十三年庚辰科	黃葵日	廣東廣州府南海縣民籍	賜同進士出身第三甲二百三十六名
61	崇禎十五年壬午科	陳禮	廣東高廣州府電白縣民籍	賜特用出身二百六十三名
62	崇禎十五年壬午科	鍾鑌	廣東廣州府順德縣民籍	賜特用出身二百六十三名
63	崇禎十五年壬午科	馮毓舜	廣東廣州府南海縣民籍	賜特用出身二百六十三名
64	崇禎十五年壬午科	關家炳	廣東廣州府南海縣民籍	賜特用出身二百六十三名
65	崇禎十五年壬午科	李懋修	廣東廣州府順德縣民籍	賜特用出身二百六十三名
66	崇禎十五年壬午科	黎春曦	廣東廣州府番禺縣民籍	賜特用出身二百六十三名
67	崇禎十五年壬午科	何景雲	廣東廣州府順德縣民籍	賜特用出身二百六十三名
68	崇禎十五年壬午科	黃天經	廣東廣州府番禺縣民籍	賜特用出身二百六十三名
69	崇禎十五年壬午科	羅如綺	廣東廣州府南海縣民籍	賜特用出身二百六十三名
70	崇禎十五年壬午科	黃玄經	廣東廣州府南海縣民籍	賜特用出身二百六十三名
71	崇禎十五年壬午科	何喬松	廣東廣州府東莞縣民籍	賜特用出身二百六十三名

72	崇禎十五年壬午科	霍藻	廣東廣州府南海縣民籍	賜特用出身二百六十三名
73	崇禎十五年壬午科	陳際泰	廣東廣州府番禺縣民籍	賜特用出身二百六十三名
74	崇禎十五年壬午科	嚴而舒	廣東廣州府順德縣民籍	賜特用出身二百六十三名
75	崇禎十五年壬午科	梁若衡	廣東廣州府番禺縣民籍	賜特用出身二百六十三名
76	崇禎十五年壬午科	黃虞龍	廣東肇慶府高要縣民籍	賜特用出身二百六十三名
77	崇禎十五年壬午科	彭耀	廣東廣州府順德縣民籍	賜特用出身二百六十三名
78	崇禎十五年壬午科	尹建泰	廣東廣州府東莞縣民籍	賜特用出身二百六十三名
79	崇禎十五年壬午科	周鉉	廣東廣州府南海縣民籍	賜特用出身二百六十三名
80	崇禎十五年壬午科	陳光胤	廣東廣州府東莞縣民籍	賜特用出身二百六十三名
81	崇禎十五年壬午科	王駿聲	廣東廣州府南海縣民籍	賜特用出身二百六十三名
82	崇禎十五年壬午科	陳迪純	廣東廣州府順德縣民籍	賜特用出身二百六十三名
83	崇禎十五年壬午科	吳江鯨	廣東廣州府東莞縣民籍	賜特用出身二百六十三名
84	崇禎十五年壬午科	蔡一德	廣東瓊州府定安縣民籍	賜特用出身二百六十三名
85	崇禎十五年壬午科	趙向宸	廣東廣州府東莞縣民籍	賜特用出身二百六十三名
86	崇禎十五年壬午科	林士科	廣東潮州府普寧縣民籍	賜特用出身二百六十三名
87	崇禎十五年壬午科	張仲友	廣東惠州府歸善縣民籍	賜特用出身二百六十三名
88	崇禎十五年壬午科	姚之虁	廣東廣州府連州民籍	賜特用出身二百六十三名
89	崇禎十五年壬午科	何廷煒	廣東廣州府香山縣民籍	賜特用出身二百六十三名
90	崇禎十五年壬午科	葉沛	廣東高州府信宜縣民籍	賜特用出身二百六十三名
91	崇禎十六年癸未科	劉廷琮	廣東廣州府番禺縣民籍	賜進士出身第二甲七十八名
92	崇禎十六年癸未科	唐元楫	廣東廣州府番禺縣民籍	賜進士出身第二甲七十八名
93	崇禎十六年癸未科	張家玉	廣東廣州府東莞縣民籍	賜同進士出身第三甲二百一十四名
94	崇禎十六年癸未科	於翰	廣東雷州府海康縣民籍	賜同進士出身第三甲二百一十四名
95	崇禎十六年癸未科	黃毅中	廣東潮州府揭陽縣民籍	賜同進士出身第三甲二百一十四名
96	崇禎十六年癸未科	謝元汴	廣東雷州府澄海縣民籍	賜同進士出身第三甲二百一十四名

明朝崇禎年間廣東進士人數表

次　數	崇禎考期	廣東進士人數
1	崇禎元年戊辰科	21 名進士
2	崇禎四年辛未科	17 名進士
3	崇禎十年	5 名進士
4	崇禎十三年庚辰科	10 名進士
5	崇禎十五年壬午科	30 名進士
6	崇禎十六年癸未科	6 名進士
		合共 96 名進士

明朝崇禎年間廣東進士排名表

名　次	名　稱	廣東進士人數
1	廣東廣州府南海縣	15 名進士
2	廣東廣州府番禺縣	13 名進士
3	廣東廣州府順德縣	12 名進士

明朝後期即由景泰至崇禎朝分析

年　份	科舉次數	廣東進士人數
景泰年份	2 次	21 名進士
天順年份	3 次	28 名進士
成化年份	8 次	91 名進士
弘治年份	6 次	67 名進士
正德年份	5 次	55 名進士
嘉靖年份	15 次	179 名進士
隆慶年份	2 次	28 名進士
萬曆年份	16 次	140 名進士
天啓年份	2 次	20 名進士
崇禎年份	6 次	96 名進士
總數	65 次	725 名進士

明朝前中後進士研究總數

分　期	科舉次數	研究進士人數
前期	15 次	138 名進士
中期	8 次	17 名進士
後期	65 次	725 名進士
	88 次	880 名進士

明朝後期景泰至崇禎廣東進士排名表

名　次	名　稱	廣東進士人數
1	廣東廣州府南海縣	150 名進士（包括 1 名狀元、1 名榜眼及 1 名探花）
2	廣東廣州府番禺縣	79 名進士（包括 1 名狀元）
3	廣東廣州府順德縣	78 名進士（包括 1 名探花）

上表可見，明朝後期，從景泰至崇禎時期，共有 65 次開科取士，廣東共有 150 名賜進士出身第二甲及 575 名賜同進士出身第三甲，明朝取士最多的是嘉靖時期，廣東共有 179 名進士，共有 28 個廣東個地區出現進士人才。

在 28 個廣東地區中，首名為廣東廣州府南海縣，共有 150 名進士、第二為廣東廣州府番禺縣，共有 79 名進士、第三名為廣東府順德縣，共有 78 名進士。

應該特別指出，第一是明朝後期，廣東潮州府潮陽縣在嘉靖時期開始，潮陽縣便失去三甲的名次，停留在 50 名進士（包括 1 名狀元）。第二是廣東共有 4 個地區（包括瓊山、新會、博羅及從化）只有一次出現在三甲的名次，第三是明朝後期，廣東廣州府南海縣共有 152 名進士，經過十個明朝後期皇帝統治下，南海縣都在廣東府縣進士排名表位列三甲的名次。第四是廣州府順德縣和廣州府東莞縣，分別共有 48 名進士（包括 1 名狀元）與 37 名進士（包括 1 名榜眼），在明朝後期，排名第四及第五。第五是最重要的是，本文明朝三個時期的分析，只能提供 880 名明代進士進行研究，未能全面反映明朝廣東共 1,377 名進士的分佈情況，亦是本文在研究上的一個限制。相對而言，清朝廣東共有 1,029 名進士作為研究，則可較全國反映廣東進士的地域分佈實況。

明朝廣東進士總排名表

名 次	名 稱	廣東進士人數
1	廣東廣州府南海縣	165 名進士（包括 1 名狀元、1 名榜眼及 1 名探花）
2	廣東廣州府番禺縣	88 名進士（包括 1 名探花）
3	廣東廣州府東莞縣	79 名進士（包括 1 名榜眼）
4	廣東廣州府順德縣	78 名進士（包括 1 名狀元）
5	廣東潮州府海陽縣	55 名進士（包括 1 名狀元）
6	廣東潮州府潮陽縣	38 名進士
7	廣東潮州府揭陽縣	35 名進士
8	廣東瓊州府	32 名進士
9	廣東肇慶府高要縣	20 名進士
10	廣東惠州府博羅縣	16 名進士
11	廣東惠州府歸善縣	12 名進士

明朝廣東進士人數

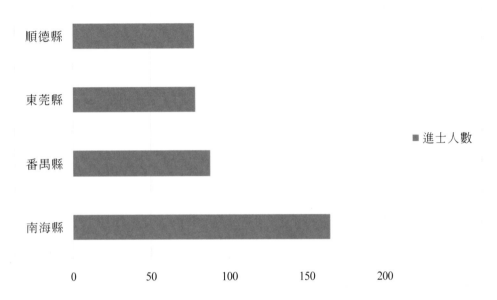

從明朝廣東進士總排名表，應該注意明朝廣東進士分佈的規律，第一是明朝廣東進士的排名，依次如下：廣東廣州府南海縣共有 165 名進士，廣東廣州府番禺縣共有 88 名進士，東莞縣有 79 名進士，順德縣有 78 名進士，廣東潮州府海陽縣共有 55 名進士。廣東潮州府潮陽，縣揭陽縣及海陽縣，在明朝均有出色的表現，廣東潮州府潮陽縣更持續在明朝前中期均在三甲之內，惟在明朝後期卻被順德縣及東莞縣漸被接近。

第二是廣東共有 4 個縣（包括瓊州、高要、歸善及博羅）只在在進士人數較少的情況下，才可進入三甲的名次，第三是廣東廣州府南海縣共有 165 名進士，在明朝中後期，廣東廣州府南海縣都在廣東府縣開始晉級三甲的名次。第四是廣東廣州府番禺縣，在明朝前後期，分別佔有三甲的名次。第五是最重要的是，本文明朝三個時期的分析，只能提供 880 名明代進士進行研究，未能全面反映明朝廣東進士的分佈情況，亦是本文的一個研究上的限制。

本文是以明清期間，廣東 1,909 名狀元與進士進行研究。此外，本文的清朝廣東的狀元與進士是以下列的分期作比較與分析如下：

清朝前期即由順治、康熙、雍正及乾隆四朝組成（西元 1644～1795）

清朝中期即由嘉慶、道光及咸豐三朝組成（西元 1796 ～1861）

清朝後期即由同治至光緒朝組成（西元 1862～1904）

清朝廣東的研究範圍是根據清朝嘉慶時期（1820）廣東省下設 9 個府和 4 個直隸州，合共 89 個府、州及縣。廣東省下設 9 個府包括有廣州府、肇慶府、韶州府、惠州府、潮州府、高州府、廉州府、雷州府、瓊州府； 廣東省下設 4 個直隸州分別是羅定州、南雄州、連州及嘉應州。

廣州府共有 14 個縣。包括南海縣、番禺縣、順德縣、東莞縣、從龍縣、龍門縣、新寧縣、增城縣、香山縣、新會縣、三水縣、清遠縣、新安縣、花縣。

肇慶府共有 12 個縣和 1 個州。包括高要縣、四會縣、新興縣、高明縣、廣寧縣、開平縣、鶴山縣、封川縣、開建縣、恩平縣、陽江縣、陽春縣、德慶州。

韶州府共有 6 個縣。包括曲江縣、樂昌縣、仁化縣、乳源縣、翁源縣、英德縣。

潮州府共有 8 個縣和 1 個廳。包括海陽縣、豐順縣、潮陽縣、揭陽縣、饒平縣、大埔縣、澄海縣、普寧縣、南澳廳。

惠州府共有 9 個縣和 1 個州。包括歸善縣、博羅縣、長寧縣、永安縣、海豐縣、陸豐縣、龍川縣、河源縣、和平縣、連平州。

高州府共有 5 個縣和 1 個州。包括茂名縣、電白縣、信宜縣、吳川縣、石城縣、化州。

雷州府共有 3 個縣。包括海康縣、遂溪縣、徐聞縣。

廉州府共有 3 個縣和 1 個州。包括合浦縣、靈山縣、防城縣、欽州。

瓊州府共有 10 個縣和 2 個州。包括瓊山縣、澄邁縣、定安縣、會同縣、樂會縣、臨高縣、感恩縣、昌化縣、陵水縣、萬縣、儋州、崖州。

廣東省下設 4 個直隸州分別是羅定州、南雄州、連州及嘉應州。

羅定直隸州共有 2 個縣和 1 個州。包括羅定州、東安縣、西寧縣。

南雄直隸州共有 1 個縣和 1 個州。包括南雄州、始興縣。

連州直隸州共有 1 個縣和 1 個州。包括連州、陽山縣。

嘉應州直隸州共有 4 個縣和 1 個州。包括嘉應州、長樂縣、興寧縣、平遠縣、鎮平縣。

表 9　清朝廣東進士分析表

清朝順治年間廣東進士人數表

編號	年　份	姓　名	籍　貫	等　第
1	順治九年壬辰科	陳彩	廣東廣州府順德縣人	賜進士出身第二甲七十七名（57）
2	順治九年壬辰科	鄺奕垣	廣東惠州府河源縣人	賜同進士出身第三甲三百一十七名（259）
3	順治九年壬辰科	胡景曾	廣東廣州府順德縣人	賜進士出身第三甲（2）
4	順治九年壬辰科	何雲扶	廣東廣州府香山縣人	賜進士出身第三甲（228）
5	順治十二年乙未科	尹源進	廣東廣州府東莞縣人	賜進士出身第二甲七十七名（21）
6	順治十二年乙未科	耿效忠	廣東廣州府廣州人	賜同進士出身第三甲三百一十七名（290）
7	順治十五年戊戌科	羅孫耀	廣東廣州府順德縣人	賜進士出身第二甲八十名（38）
8	順治十五年戊戌科	余玉成	廣東廣州府新會縣人	賜同進士出身第三甲二百六十名（36）
9	順治十五年戊戌科	祁文友	廣東廣州府東莞縣人	賜同進士出身第三甲二百六十名（47）
10	順治十五年戊戌科	何際泰	廣東廣州府番禺縣人	賜同進士出身第三甲二百六十名（49）
11	順治十五年戊戌科	陳顯忠	廣東廣州府南海縣人	賜同進士出身第三甲二百六十名（96）
12	順治十五年戊戌科	黃士貴	廣東廣州府南海縣人	賜同進士出身第三甲二百六十名（103）
13	順治十五年戊戌科	翁如麟	廣東潮州府澄海縣人	賜同進士出身第三甲二百六十名（126）
14	順治十五年戊戌科	洪泮洙	廣東雷州府遂溪縣人	賜同進士出身第三甲二百六十名（187）
15	順治十五年戊戌科	謝元瀛	廣東潮州府饒平縣人	賜同進士出身第三甲二百六十名（207）
16	順治十五年戊戌科	蕭翱材	廣東潮州府大埔縣人	賜同進士出身第三甲二百六十名（219）
17	順治十五年戊戌科	陳應幹	廣東廣州府東莞縣人	賜同進士出身第三甲二百六十名（230）
18	順治十六年己亥科	黃易	廣東惠州府陸豐縣人	賜進士出身第三甲二百七十七名（180）
19	順治十六年己亥科	蕭以逢	廣東廣州府順德縣人	賜同進士出身第三甲二百七十七名（189）
20	順治十八年辛丑科	李作楫	廣東廣州府東莞縣人	賜同進士出身第三甲三百三名（8）
21	順治十八年辛丑科	胡光瑗	廣東廣州府順德縣人	賜同進士出身第三甲三百三名（16）
22	順治十八年辛丑科	張日星	廣東韶州府樂昌縣人	賜同進士出身第三甲三百三名（40）
23	順治十八年辛丑科	黃楫汝	廣東廣州府新會縣人	賜同進士出身第三甲三百三名（49）
24	順治十八年辛丑科	莫夢呂	廣東廣州府東莞縣人	賜同進士出身第三甲三百三名（135）
25	順治十八年辛丑科	湛縉	廣東直隸連州人	賜同進士出身第三甲三百三名（160）
26	順治十八年辛丑科	廖觀	廣東廣州府龍門縣人	賜同進士出身第三甲三百三名（184）
27	順治十八年辛丑科	余象斗	廣東廣州府順德縣人	賜同進士出身第三甲三百三名（187）
28	順治十八年辛丑科	崔夢吉	廣東廣州府南海縣人	賜同進士出身第三甲三百三名（194）
29	順治十八年辛丑科	余鴻升	廣東廣州府順德縣人	賜同進士出身第三甲三百三名（208）
30	順治十八年辛丑科	陳雋蕙	廣東廣州府新安縣人	賜同進士出身第三甲三百三名（226）
31	順治十八年辛丑科	區簡臣	廣東肇慶府高明縣人	賜同進士出身第三甲三百三名（253）
32	順治十八年辛丑科	趙鳴玉	廣東廣州府順德縣人	賜同進士出身第三甲三百三名（279）
33	順治十八年辛丑科	李士璞	廣東潮州府揭陽縣人	賜同進士出身第三甲三百三名（288）
34	順治十八年辛丑科	黎翼之	廣東廣州府新會縣人	賜同進士出身第三甲三百三名（299）

　　清朝從順治3年至順治18年，共有八次開科取士，廣東共有3名賜進士出身第二甲及31名賜同進士出身第三甲，清朝順治時期，廣東共有34名進士，共有19個廣東縣州出現進士人才。

　　在19個廣東地區中，首名為順德縣，共有8名進士、第二為東莞縣，共有5名進士、第三名為南海縣和新會縣，各有3名進士，其他15個縣，各有1名進士。

次　　數	天啟考期	廣東進士人數
1	天啟二年壬戌科	13名進士
2	天啟五年乙丑科	7名進士
		合共20名進士

清朝順治廣東進士首三甲名次表

名　　次	名　稱	廣東進士人數
1	廣東廣州府順德縣	8名進士
2	廣東廣州府東莞縣	5名進士
3	廣東廣州府南海縣	3名進士
3	廣東廣州府新會縣	3名進士

廣東進士人數表

次　　數	順治考期	廣東進士人數
1	順治三年丙戌科	0名進士
2	順治四年丁亥科	0名進士
3	順治六年	0名進士
4	順治九年壬辰科	4名進士
5	順治十二年乙未科	2名進士
6	順治十五年戊戌科	11名進士
7	順治十六年己亥科	2名進士
8	順治十八年	15名進士
		合共34名進士

清朝康熙年間廣東進士人數表

編號	年　份	姓　名	籍　貫	等　第
1	康熙三年甲辰科	方殿元	廣東廣州府番禺縣人	賜進士出身第二甲四十名（1）
2	康熙三年甲辰科	楊鍾嶽	廣東潮州府揭陽縣人	賜同進士出身第三甲一百五十七名（2）
3	康熙三年甲辰科	李應甲	廣東潮州府潮陽縣人	賜同進士出身第三甲一百五十七名（63）
4	康熙三年甲辰科	曾光龍	廣東廣州府順德縣人	賜同進士出身第三甲一百五十七名（123）
5	康熙三年甲辰科	張朝紳	廣東廣州府東莞縣人	賜同進士出身第三甲一百五十七名（149）
6	康熙六年丁未科	曾榮科	廣東嘉應州興寧縣人	賜同進士出身第三甲一百十二名（105）
7	康熙九年庚戌科	黎日升	廣東高州府電白縣人	賜進士出身第二甲五十七名（33）
8	康熙九年庚戌科	曾華蓋	廣東潮州府揭陽縣人	賜同進士出身第三甲二三十九名（25）
9	康熙九年庚戌科	祁／錢光普	廣東惠州府永安縣人	賜同進士出身第三甲二百三十九名（33）
10	康熙九年庚戌科	侯殿禎	廣東潮州府海陽縣人	賜同進士出身第三甲二百三十九名（35）
11	康熙九年庚戌科	張經	廣東嘉應州惠來縣人	賜同進士出身第三甲二百三十九名（88）
12	康熙九年庚戌科	黃承箕	廣東潮州府海陽縣人	賜同進士出身第三甲二百三十九名（97）
13	康熙九年庚戌科	勞溫良	廣東廣州府順德縣人	賜同進士出身第三甲二百三十九名（121）
14	康熙九年庚戌科	梁猶龍	廣東潮州府海陽縣人	賜同進士出身第三甲二百三十九名（140）
15	康熙九年庚戌科	蘇萬楚	廣東廣州府順德縣人	賜同進士出身第三甲二百三十九名（149）
16	康熙九年庚戌科	余雲祚	廣東廣州府順德縣人	賜同進士出身第三甲二百三十九名（203）
17	康熙十二年癸丑科	徐上	廣東潮州府潮陽縣人	賜進士出身第二甲四十名（18）
18	康熙十二年癸丑科	陳芳冑	廣東惠州府海豐縣人	賜進士出身第二甲四十名（24）
19	康熙十二年癸丑科	謝簡捷	廣東潮州府揭陽縣人	賜同進士出身第三甲一百二十三名（29）
20	康熙十二年癸丑科	陸應瑄	廣東潮州府饒平縣人	賜同進士出身第三甲一百二十三名（45）
21	康熙十二年癸丑科	殷章	廣東廣州府番禺縣人	賜同進士出身第三甲一百二十三名57）
22	康熙十二年癸丑科	龔章	廣東惠州府歸善縣人	賜同進士出身第三甲一百二十三名（74）
23	康熙十二年癸丑科	任清漣	廣東潮州府澄海縣人	賜同進士出身第三甲一百二十三名（96）
24	康熙十五年丙辰科	鄭際泰	廣東廣州府番禺縣人	賜同進士出身第三甲一百五十六名（6）
25	康熙十五年丙辰科	文超靈	廣東廣州府東莞縣人	賜同進士出身第三甲一百五十六名（56）
26	康熙十八年己未科	余豔雪	廣東潮州府澄海縣人	賜進士出身第二甲四十名（39）
27	康熙二十一年壬戌科	孫有倫	廣東潮州府海陽縣人	賜同進士出身第三甲一百三十六名（9）
28	康熙二十一年壬戌科	冼國幹	廣東廣州府南海縣人	賜同進士出身第三甲一百三十六名（27）
29	康熙二十一年壬戌科	彭／謝士樻	廣東潮州府普寧縣人	賜同進士出身第三甲一百三十六名（117）
30	康熙二十四年乙丑科	李朝鼎	廣東羅定州東安縣人	賜同進士出身第三甲一百二十一名（32）
31	康熙二十四年乙丑科	鄧文蔚	廣東廣州府新安縣人	賜同進士出身第三甲一百二十一名（119）
32	康熙二十七年戊辰科	梁佩蘭	廣東廣州府南海縣人	賜進士出身第二甲四十名（37）
33	康熙二十七年戊辰科	楊之徐	廣東潮州府大埔縣人	賜同進士出身第三甲一百三名（99）

34	康熙三十年辛未科	胡一麟	廣東廣州府新會縣人	賜同進士出身第三甲一百十四名（27）
35	康熙三十年辛未科	李象元	廣東潮州府澄海縣人	賜同進士出身第三甲一百十四名（52）
36	康熙三十年辛未科	蘇成俊	廣東肇慶府高要縣人	賜同進士出身第三甲一百十四名（62）
37	康熙三十年辛未科	梁貽燾	廣東廣州府新會縣人	賜同進士出身第三甲一百十四名（108）
38	康熙三十三年甲戌科	張德桂	廣東廣州府從龍縣人	賜同進士出身第三甲一百二十五名（13）
39	康熙三十三年甲戌科	謝藩	廣東潮州府海陽縣人	賜同進士出身第三甲一百二十五名（30）
40	康熙三十三年甲戌科	陳璸	廣東雷州府海康縣人	賜同進士出身第三甲一百二十五名（31）
41	康熙三十三年甲戌科	李文高	廣東廣州府東莞縣人	賜同進士出身第三甲一百二十五名（66）
42	康熙三十三年甲戌科	毛殿揚	廣東惠州府博羅縣人	賜同進士出身第三甲一百二十五名（75）
43	康熙三十三年甲戌科	趙起蛟	廣東廣州府南海縣人	賜同進士出身第三甲一百二十五名（104）
44	康熙三十六年丁丑科	何斌臨	廣東廣州府番禺縣人	賜進士出身第二甲（18）
45	康熙三十六年丁丑科	李林	廣東韶州府翁源縣人	賜同進士出身第三甲一百七名（17）
46	康熙三十六年丁丑科	梁學源	廣東廣州府清遠縣人	賜同進士出身第三甲一百七名（44）
47	康熙三十六年丁丑科	陳一蜚	廣東廣州府新會縣人	賜同進士出身第三甲一百七名（48）
48	康熙三十六年丁丑科	劉雲漢	廣東廣州府順德縣人	賜同進士出身第三甲一百七名（49）
49	康熙三十六年丁丑科	錢士峰	廣東潮州府饒平縣人	賜同進士出身第三甲一百七名（71）
50	康熙三十六年丁丑科	梁壺州	廣東廣州府順德縣人	賜同進士出身第三甲一百七名
51	康熙三十九年庚辰科	張成遇	廣東廣州府番禺縣人	賜進士出身第二甲六十名（1）
52	康熙三十九年庚辰科	辜文麟	廣東潮州府海陽縣人	賜進士出身第二甲六十名（14）
53	康熙三十九年庚辰科	賴輝	廣東廣州府三水縣人	賜同進士出身第三甲二百四十二名（104）
54	康熙三十九年庚辰科	陳鶚薦	廣東嘉應州程鄉縣人	賜同進士出身第三甲二百四十二名（128）
55	康熙三十九年庚辰科	何肇宗	廣東廣州府東莞縣人	賜同進士出身第三甲二百四十二名（214）
56	康熙三十九年庚辰科	何成波	廣東肇慶府開平州縣人	賜同進士出身第三甲二百四十二名（224）
57	康熙四十五年丙戌科	何深	廣東直隸連州人	賜同進士出身第三甲二百三十七名（6）
58	康熙四十五年丙戌科	陸逢龍	廣東肇慶府高要縣人	賜同進士出身第三甲二百三十七名（57）
59	康熙四十五年丙戌科	洪晨孚	廣東惠州府海豐縣人	賜同進士出身第三甲二百三十七名（163）
60	康熙四十五年丙戌科	羅潏	廣東潮州府大埔縣人	賜同進士出身第三甲二百三十七名（206）
61	康熙四十八年己丑科	陳似源	廣東廣州府順德縣人	賜進士出身第二甲五十名（30）
62	康熙四十八年己丑科	張作舟	廣東潮州府大埔縣人	賜同進士出身第三甲二百三十九名（111）
63	康熙四十八年己丑科	黎益進	廣東廣州府三水縣人	賜同進士出身第三甲二百三十九名（152）
64	康熙四十八年己丑科	周鳳來	廣東潮州府海陽縣人	賜同進士出身第三甲二百三十九名（157）
65	康熙四十八年己丑科	翁廷資	廣東潮州府澄海縣人	賜同進士出身第三甲二百三十九名（165）
66	康熙四十八年己丑科	何士達	廣東肇慶府德慶州人	賜同進士出身第三甲二百三十九名（189）
67	康熙四十八年己丑科	梁廸	廣東廉州府合浦縣人	賜同進士出身第三甲二百三十九名（196）
68	康熙五十一年王世琛榜	林景拔	廣東潮州府揭陽縣人	康熙五十一年王世琛榜三甲第一名（1）
69	康熙五十二年癸巳科	陳春英	廣東潮州府澄海縣人	賜同進士出身第三甲一百四十三名（22）

70	康熙五十二年癸巳科	蘇彤紹	廣東潮州府潮陽縣人	賜同進士出身第三甲一百四十三名（44）
71	康熙五十二年癸巳科	莊諭	廣東潮州府海陽縣人	賜同進士出身第二甲一百四十三名（83）
72	康熙五十二年癸巳科	羅翼	廣東嘉應州興寧縣人	賜同進士出身第三甲一百四十三名（126）
73	康熙五十二年癸巳科	楊瓊	廣東嘉應州程鄉縣人	賜同進士出身第三甲一百四十三名（127）
74	康熙五十四年乙未科	莊汝揚	廣東惠州府陸豐縣人	賜同進士出身第三甲一百四十七名（8）
75	康熙五十四年乙未科	關陳	廣東廣州府東莞縣人	賜同進士出身第三甲一百四十九名（25）
76	康熙五十四年乙未科	許日熾	廣東嘉應州程鄉縣人	賜同進士出身第三甲一百四十九名（32）
77	康熙五十四年乙未科	吳傳覲	廣東廣州府南海縣人	賜同進士出身第三甲一百四十九名（39）
78	康熙五十四年乙未科	許登庸	廣東潮州府澄海縣人	賜同進士出身第三甲一百四十九名（83）
79	康熙五十四年乙未科	譚／麥璉	廣東廣州府新安縣人	賜同進士出身第三甲一百四十九名（98）
80	康熙五十七年戊戌科	蕭宸捷	廣東潮州府大埔縣人	賜進士出身第二甲四十名（24）
81	康熙五十七年戊戌科	蔡名載	廣東廣州府番禺縣人	賜同進士出身第三甲一百二十二名（37）
82	康熙五十七年戊戌科	萬上達	廣東廣州府番禺縣人	賜同進士出身第三甲一百二十二名（49）
83	康熙五十七年戊戌科	翟張極	廣東廣州府新會縣人	賜同進士出身第三甲一百二十二名（57）
84	康熙五十七年戊戌科	鄭堃／坤	廣東潮州府海陽縣人	賜同進士出身第三甲一百二十二名（88）
85	康熙五十七年戊戌科	徐元黿	廣東廣州府東莞縣人	賜同進士出身第三甲一百二十二名（98）
86	康熙五十七年戊戌科	陳之遇	廣東廣州府新安縣人	賜同進士出身第三甲一百二十二名（115）
87	康熙六十年辛丑科	楊纘緒	廣東潮州府大埔縣人	賜同進士出身第三甲一百二十名（46）
88	康熙六十年辛丑科	林聞譽	廣東肇慶府陽春縣人	賜同進士出身第三甲一百二十名（50）
89	康熙六十年辛丑科	鍾／伍元輔	廣東廣州府新會縣人	賜同進士出身第三甲一百二十名（70）
90	康熙六十年辛丑科	關士／上進	廣東廣州府新寧縣人	賜同進士出身第三甲一百二十名（87）
91	康熙六十年辛丑科	莫魁文	廣東瓊州府定安縣人	賜同進士出身第三甲一百二十名（88）
92	康熙六十年辛丑科	歐鍾諧	廣東韶州府樂昌縣人	賜同進士出身第三甲一百二十名（110）

康熙廣東進士首四甲名次表

名　次	名　稱	廣東進士人數
1	廣東潮州府海陽縣	9 名進士
2	廣東廣州府順德縣	7 名進士
2	廣東廣州府番禺縣	7 名進士
3	廣東潮州府澄海縣	6 名進士
3	廣東廣州府東莞縣	6 名進士

廣東進士人數表

次　數	康熙考期	廣東進士人數
1	康熙三年甲辰科	5 名進士
2	康熙六年丁未科	1 名進士
3	康熙九年庚戌科	10 名進士
4	康熙十二年	7 名進士
5	康熙十五年丙辰科	2 名進士
6	康熙十八年己未科	1 名進士
7	康熙二十一年壬戌科	3 名進士
8	康熙二十四年乙丑科	2 名進士
9	康熙二十七年戊辰科	2 名進士
10	康熙三十年辛未科	4 名進士
11	康熙三十三年甲戌科	6 名進士
12	康熙三十六年	7 名進士
13	康熙三十九年庚辰科	6 名進士
14	康熙四十二年癸未科	0 名進士
15	康熙四十五年丙戌科	4 名進士
16	康熙四十八年	7 名進士
17	康熙五十一年壬辰科	1 名進士
18	康熙五十二年癸巳科	5 名進士
19	康熙五十四年乙未科	6 名進士
20	康熙五十七年戊戌科	7 名進士
21	康熙六十年	6 名進士
		合共 92 名進士

清朝雍正年間廣東進士人數表

編號	年　份	姓　名	籍　貫	等　第
1	雍正元年癸卯科	李端	廣東嘉應州程鄉縣人	賜進士出身第二甲六十三名（27）
2	雍正元年癸卯科	吳象寬	廣東惠州府海豐縣人	賜同進士出身第三甲一百八十名
3	雍正元年癸卯科	顏希聖	廣東惠州府連平州人	賜進士出身第二甲六十三名（55）
4	雍正元年癸卯科	衛廷璞	廣東廣州府番禺縣人	賜進士出身第二甲六十三名（62）
5	雍正元年癸卯科	林天木	廣東潮州府潮陽縣人	賜同進士出身第三甲一百八十名（29）
6	雍正元年癸卯科	梁萬里	廣東廣州府三水縣人	賜同進士出身第三甲一百八十名（83）

7	雍正元年癸卯科	盧傑	廣東廣州府番禺縣人	賜同進士出身第三甲一百八十名（127）
8	雍正元年癸卯科	蕭系尹	廣東嘉應州程鄉縣人	賜同進士出身第三甲一百八十名（133）
9	雍正二年甲辰科	陳世翰	廣東嘉應州興寧縣人	賜同進士出身第三甲二百一十五名（54）
10	雍正二年甲辰科	邱軒昂	廣東潮州府海陽縣人	同進士出身第三甲二百一十五名（55）
11	雍正二年甲辰科	黎楨／正	廣東高州府石城縣人	賜同進士出身第三甲二百一十五名（86）
12	雍正二年甲辰科	葉／黃潔齊	廣東惠州府海豐縣人	賜同進士出身第三甲二百一十五名（89）
13	雍正二年甲辰科	姚夢鯉	廣東廣州府東莞縣人	賜同進士出身第三甲二百一十五名（127）
14	雍正二年甲辰科	謝寶	廣東瓊州府瓊山縣人	賜同進士出身第三甲二百一十五名（143）
15	雍正二年甲辰科	梁漢鼎	廣東瓊州府定安縣人	賜同進士出身第三甲二百一十五名（162）
16	雍正二年甲辰科	林叢光	廣東廣州府南海縣人	賜同進士出身第三甲二百一十五名（165）
17	雍正二年甲辰科	余聖言	廣東惠州府陸豐縣人	賜同進士出身第三甲二百一十五名（168）
18	雍正二年甲辰科	謝志遠	廣東潮州府揭陽縣人	賜同進士出身第三甲二百一十五名（190）
19	雍正五年丁未科	莫陶	廣東瓊州府定安縣人	賜進士出身第二甲五十名（14）
20	雍正五年丁未科	許蓮峰	廣東潮州府海陽縣人	賜進士出身第二甲五十名（37）
21	雍正五年丁未科	梁聯德	廣東高州府茂名縣人	賜進士出身第二甲五十名（39）
22	雍正五年丁未科	李直	廣東嘉應州程鄉縣人	賜同進士出身第三甲一百七十三名（29）
23	雍正五年丁未科	詹良弼／宣亭	廣東潮州府饒平縣人	賜同進士出身第三甲一百七十三名（38）
24	雍正五年丁未科	方崇德	廣東嘉應州惠來縣人	賜同進士出身第三甲一百七十三名（46）
25	雍正五年丁未科	吳廣譽	廣東潮州府海陽縣人	賜同進士出身第三甲一百七十三名（66）
26	雍正五年丁未科	嚴蔚	廣東廣州府龍門縣人	賜同進士出身第三甲一百七十三名（79）
27	雍正五年丁未科	譚會海	廣東廣州府南海縣人	賜同進士出身第三甲一百七十三名（109）
28	雍正五年丁未科	陳先聲	廣東潮州府澄海縣人	賜同進士出身第三甲一百七十三名（137）
29	雍正五年丁未科	趙奇芳	廣東潮州府潮陽縣人	賜同進士出身第三甲一百七十三名（80）
30	雍正八年庚戌科	林蒲封	廣東廣州府東莞縣人	賜進士出身第二甲一百名（18）
31	雍正八年庚戌科	林鵬飛	廣東惠州府陸豐縣人	賜進士出身第二甲一百名（20）
32	雍正八年庚戌科	楊中興	廣東嘉應州程鄉縣人	賜進士出身第二甲一百名（56）
33	雍正八年庚戌科	李瑜鶴	廣東嘉應州惠來縣人	賜同進士出身第三甲二百九十六名（28）
34	雍正八年庚戌科	李元皐	廣東嘉應州程鄉縣人	賜同進士出身第三甲二百九十六名（82）
35	雍正八年庚戌科	盧伯蕃	廣東直隸連州人	賜同進士出身第三甲二百九十六名（100）
36	雍正八年庚戌科	黃士鑑	廣東南雄直隸州保昌縣人	賜同進士出身第三甲二百九十六名（116）
37	雍正八年庚戌科	何夢瑤	廣東潮州府海陽縣人	賜同進士出身第三甲二百九十六名（117）
38	雍正八年庚戌科	陳振桂	廣東瓊州府會同縣人	賜同進士出身第三甲二百九十六名（138）

39	雍正八年庚戌科	謝國史	廣東潮州府海陽縣人	賜同進士出身第三甲二百九十六名（143）
40	雍正八年庚戌科	李／蘇大忠	廣東廣州府東莞縣人	賜同進士出身第三甲二百九十六名（146）
41	雍正八年庚戌科	廖貞	廣東惠州府歸善縣人	賜同進士出身第三甲二百九十六名（150）
42	雍正八年庚戌科	徐夢鳳	廣東嘉應州惠來縣人	賜同進士出身第三甲二百九十六名（154）
43	雍正八年庚戌科	張南麟	廣東潮州府揭陽縣人	賜同進士出身第三甲二百九十六名（189）
44	雍正八年庚戌科	張月甫	廣東廣州府新會縣人	賜同進士出身第三甲二百九十六名（226）
45	雍正八年庚戌科	葉志寬	廣東潮州府澄海縣人	賜同進士出身第三甲二百九十六名（230）
46	雍正八年庚戌科	簡天章	廣東廣州府順德縣人	賜同進士出身第三甲二百九十六名（237）
47	雍正八年庚戌科	侯如樹	廣東嘉應州程鄉縣人	賜同進士出身第三甲二百九十六名（240）
48	雍正八年庚戌科	梁學新	廣東肇慶府高要縣人	賜同進士出身第三甲二百九十六名（256）
49	雍正八年庚戌科	戴連元	廣東廣州府順德縣人	賜同進士出身第三甲一百九十六名（260）
50	雍正八年庚戌科	許騰鶴	廣東嘉應州惠來縣人	賜同進士出身第三甲二百九十六名（57）
51	雍正十一年癸丑科	藍欽全	廣東嘉應州程鄉縣人	賜同進士出身第三甲二百三十三名（3）
52	雍正十一年癸丑科	邱玖華	廣東潮州府海陽縣人	賜同進士出身第三甲二百三十三名（6）
53	雍正十一年癸丑科	何如瀅	廣東廣州府順德縣人	賜同進士出身第三甲二百三十三名（26）
54	雍正十一年癸丑科	梁景程	廣東廣州府香山縣人	賜同進士出身第三甲二百三十三名（69）
55	雍正十一年癸丑科	陳易	廣東嘉應宜隸州興寧縣人	賜同進士出身第三甲二百三十三名（71）
56	雍正十一年癸丑科	胡定	廣東南雄直隸州保昌縣人	賜同進士出身第三甲二百三十三名（102）
57	雍正十一年癸丑科	曾粵龍	廣東惠州府博羅縣人	賜同進士出身第三甲二百三十三名（103）
58	雍正十一年癸丑科	梁達才	廣東肇慶府恩平縣人	賜同進士出身第三甲二百三十三名（108）
59	雍正十一年癸丑科	霍作明	廣東廣州府三水縣人	賜同進士出身第三甲二百三十三名（121）
60	雍正十一年癸丑科	黃顯祖	廣東廣州府番禺縣人	賜同進士出身第三甲二百三十三名（136）
61	雍正十一年癸丑科	黃澧	廣東惠州府龍川縣人	賜同進士出身第三甲二百三十三名（145）
62	雍正十一年癸丑科	蘇文	廣東廣州府三水縣人	賜同進士出身第三甲二百三十三名（158）
63	雍正十一年癸丑科	饒鳴鎬	廣東潮州府大埔縣人	賜同進士出身第三甲二百三十三名（166）
64	雍正十一年癸丑科	劉昌五	廣東廣州府順德縣人	賜同進士出身第三甲二百三十三名（181）
65	雍正十一年癸丑科	金茂和	廣東潮州府饒平縣人	賜同進士出身第三甲二百三十三名（184）
66	雍正十一年癸丑科	譚肇基	廣東廣州府新會縣人	賜同進士出身第三甲二百三十三名（188）
67	雍正十一年癸丑科	林連如	廣東潮州府普寧縣人	賜同進士出身第三甲二百三十三名（193）
68	雍正十一年癸丑科	巫榮	廣東惠州府龍川縣人	賜同進士出身第三甲二百三十三名（213）
69	雍正十一年癸丑科	郭曰槐	廣東廣州府三水縣人	賜同進士出身第三甲二百三十三名（214）
70	雍正十一年癸丑科	韓海	廣東廣州府番禺縣人	賜同進士出身第三甲二百三十三名（233）

雍正廣東進士首三甲名次表

名　次	名　稱	廣東進士人數
1	廣東嘉應直隸州程鄉縣	7 名進士
2	廣東潮州府海陽縣	6 名進士
3	廣東廣州府三水縣	4 名進士
3	廣東廣州府番禺縣	4 名進士
3	廣東廣州府順德縣	4 名進士

廣東進士人數表

次　數	雍正考期	廣東進士人數
1	雍正元年癸卯科	8 名進士
2	雍正二年甲辰科	10 名進士
3	雍正五年丁未科	11 名進士
4	雍正八年庚戌科	21 名進士
5	雍正十一年	20 名進士
		合共 70 名進士

清朝乾隆年間廣東進士人數表

編號	年　份	姓　名	籍　貫	等　第
1	乾隆元年丙辰科	詹豹略	廣東潮州府饒平縣人	賜進士出身第二甲九十名（52）
2	乾隆元年丙辰科	楊黼時	廣東潮州府大埔縣人	賜進士出身第二甲九十名（63）
3	乾隆元年丙辰科	黃弘	廣東惠州府龍川縣人	賜進士出身第二甲九十名（81）
4	乾隆元年丙辰科	蘇兆龍	廣東廣州府番禺縣人	賜同進士出身第三甲二百五十一名（71）
5	乾隆元年丙辰科	胡傑	廣東廣州府南海縣人	賜同進士出身第三甲二百五十一名（76）
6	乾隆元年丙辰科	陳紹學	廣東廣州府東莞縣人	賜同進士出身第三甲二百五十一名（78）
7	乾隆元年丙辰科	姚錦川	廣東潮州府潮陽縣人	賜同進士出身第三甲二百五十一名（91）
8	乾隆元年丙辰科	張日旼	廣東瓊州府文昌縣人	賜同進士出身第三甲二百五十一名（95）
9	乾隆元年丙辰科	邱元遂	廣東潮州府大埔縣人	賜同進士出身第三甲二百五十一名（97）
10	乾隆元年丙辰科	孔傳大	廣東廣州府南海縣人	賜同進士出身第三甲二百五十一名（106）
11	乾隆元年丙辰科	蔡蕃	廣東潮州府澄海縣人	賜同進士出身第三甲二百五十一名（138）
12	乾隆元年丙辰科	姚／何序美	廣東潮州府潮陽縣人	賜同進士出身第三甲二百五十一名（141）
13	乾隆元年丙辰科	李精基	廣東嘉應州興寧縣人	賜同進士出身第三甲二百五十一名（162）
14	乾隆元年丙辰科	梁爲經	廣東嘉應直隸州人	賜同進士出身第三甲二百五十一名（201）
15	乾隆元年丙辰科	鄭大進	廣東潮州府揭陽縣人	賜同進士出身第三甲二百五十一名（209）

16	乾隆元年丙辰科	李方榕	廣東南雄直隸州保昌縣人	賜同進士出身第三甲二百五十一名（211）
17	乾隆元年丙辰科	沙如珣	廣東惠州龍川縣人	賜同進士出身第三甲二百五十一名（237）
18	乾隆元年丙辰科	方／劉嘉發	廣東潮州府普寧縣人	賜同進士出身第三甲二百五十一名（240）
19	乾隆元年丙辰科	劉起振	廣東潮州府海陽縣人	賜同進士出身第三甲二百五十一名（250）
20	乾隆二年丁巳科	楊思恭	廣東嘉應直隸州人	賜進士出身第二甲八十名（45）
21	乾隆二年丁巳科	歐湛善	廣東韶州府樂昌縣人	賜進士出身第二甲八十名（69）
22	乾隆二年丁巳科	鄭之僑	廣東潮州府潮陽縣人	賜同進士出身第三甲二百四十一名（28）
23	乾隆二年丁巳科	鄭肇奎	廣東潮州府潮陽縣人	賜同進士出身第三甲二百四十一名（39）
24	乾隆二年丁巳科	李肯文	廣東廣州府番禺縣人	賜同進士出身第三甲二百四十一名（79）
25	乾隆二年丁巳科	陳舟	廣東嘉應州興寧縣人	賜同進士出身第三甲二百四十一名（94）
26	乾隆二年丁巳科	譚玉	廣東廣州府順德縣人	賜同進士出身第三甲二百四十一名（98）
27	乾隆二年丁巳科	莫世忠	廣東肇慶府高明縣人	賜同進士出身第三甲二百四十一名（101）
28	乾隆二年丁巳科	陳天玉	廣東嘉應直隸州人	賜同進士出身第三甲二百四十一名（119）
29	乾隆二年丁巳科	鍾獅	廣東廣州府番禺縣人	賜同進士出身第三甲二百四十一名（124）
30	乾隆二年丁巳科	林／孫良	廣東潮州府海陽縣人	賜同進士出身第三甲二百四十一名（141）
31	乾隆二年丁巳科	徐逢舉	廣東羅定州東安定縣人	賜同進士出身第三甲二百四十一名（162）
32	乾隆二年丁巳科	衛德應	廣東廣州府番禺縣人	賜同進士出身第三甲二百四十一名（180）
33	乾隆二年丁巳科	遊法珠	廣東廣州府順德縣人	賜同進士出身第三甲二百四十一名（185）
34	乾隆二年丁巳科	謝堈	廣東潮州府潮陽縣人	賜同進士出身第三甲二百四十一名（198）
35	乾隆二年丁巳科	黃有德	廣東潮州府海陽縣人	賜同進士出身第三甲二百四十一名（217）
36	乾隆二年丁巳科	吳昌瑞	廣東嘉應直隸州人	賜同進士出身第三甲二百四十一名（234）
37	乾隆四年己未科	莊有恭	廣東廣州府番禺縣人	賜進士及第一甲三名（狀元）
38	乾隆四年己未科	馮修成	廣東廣州府南海縣人	賜進士出身第二甲九十名（53）
39	乾隆四年己未科	楊勳	廣東嘉應直隸州人	賜進士出身第二甲九十名（75）
40	乾隆四年己未科	詹肯構	廣東潮州府饒平縣人	賜進士出身第二甲九十名（89）
41	乾隆四年己未科	邱性善	廣東潮州府饒平縣人	賜同進士出身第三甲二百三十五名（4）
42	乾隆四年己未科	陳僴	廣東嘉應州興寧縣人	賜同進士出身第三甲二百三十五名（31）
43	乾隆四年己未科	謝弘恩	廣東潮州府海陽縣人	賜同進士出身第三甲二百三十五名（50）
44	乾隆四年己未科	胡建偉	廣東廣州府三水縣人	賜同進士出身第三甲二百三十五名（53）
45	乾隆四年己未科	魯／詹春光	廣東潮州府饒平縣人	賜同進士出身第三甲二百三十五名（62）
46	乾隆四年己未科	孔傳正	廣東南雄直隸州保昌縣人	賜同進士出身第三甲二百三十五名（70）
47	乾隆四年己未科	梁善長／燮庵	廣東廣州府順德縣人	賜同進士出身第三甲二百三十五名（108）
48	乾隆四年己未科	吳文正	廣東廣州府順德縣人	賜同進士出身第三甲二百三十五名（109）
49	乾隆四年己未科	梁德隆	廣東嘉應直隸州人	賜同進士出身第三甲二百三十五名（188）
50	乾隆四年己未科	陳材／陳子杏	廣東廣州府新興縣人	賜同進士出身第三甲二百三十五名（139）

51	乾隆四年己未科	龐遙	廣東廣州府	賜同進士出身第三甲二百三十五名（60）
52	乾隆四年己未科	胡斯盛	廣東廣州府順德縣人	賜同進士出身第三甲二百三十五名（136）
53	乾隆四年己未科	張雲翮	廣東嘉應直隸州人	賜同進士出身第三甲二百三十五名（154）
54	乾隆四年己未科	黎上選	廣東嘉州興寧縣人	賜同進士出身第三甲二百三十五名（157）
55	乾隆七年壬戌科	莊有信	廣東肇慶府鶴山縣人	賜進士出身第二甲八十名（29）
56	乾隆七年壬戌科	何廷楠	廣東惠州府連平州人	賜進士出身第二甲八十名（66）
57	乾隆七年壬戌科	楊必蕃	廣東潮州府大埔縣人	賜進士出身第二甲八十名（76）
58	乾隆七年壬戌科	邱清聯	廣東潮州府饒平縣人	賜同進士出身第三甲二百三十二名（46）
59	乾隆七年壬戌科	林孔煥	廣東嘉應州鎮平縣人	賜同進士出身第三甲二百三十二名（63）
60	乾隆七年壬戌科	李棟	廣東嘉應直隸州人	賜同進士出身第三甲二百三十二名（111）
61	乾隆七年壬戌科	余西鄰	廣東潮州府饒平縣人	賜同進士出身第三甲二百三十二名（64）
62	乾隆七年壬戌科	何映柳	廣東嘉應州興寧縣人	賜同進士出身第三甲二百三十二名（72）
63	乾隆七年壬戌科	陳思齊	廣東潮州府潮陽縣人	賜同進士出身第三甲二百三十二名（82）
64	乾隆七年壬戌科	趙林臨	廣東廣州府順德縣人	賜同進士出身第三甲二百三十二名（123）
65	乾隆七年壬戌科	梁作則	廣東潮州府海陽縣人	賜同進士出身第三甲二百三十二名（132）
66	乾隆七年壬戌科	詹德螢	廣東潮州府饒平縣人	賜同進士出身第三甲二百三十二名（139）
67	乾隆七年壬戌科	黃世傑	廣東潮州府揭陽縣人	賜同進士出身第三甲二百三十二名（153）
68	乾隆七年壬戌科	黃觀清	廣東嘉應州鎮平縣人	賜同進士出身第三甲二百三十二名（165）
69	乾隆七年壬戌科	勞通	廣東廣州府順德縣人	賜同進士出身第三甲二百三十二名（170）
70	乾隆七年壬戌科	葉會時	廣東肇慶府封川縣人	賜同進士出身第三甲二百三十二名（173）
71	乾隆七年壬戌科	黃壯	廣東廣州府番禺縣人	賜同進士出身第三甲二百三十二名（175）
72	乾隆七年壬戌科	衛崇升	廣東廣州府番禺縣人	賜同進士出身第三甲二百三十二名（192）
73	乾隆七年壬戌科	徐廷芳	廣東惠州府和平縣人	賜同進士出身第三甲二百三十二名（202）
74	乾隆七年壬戌科	李學	廣東潮州府海陽縣人	賜同進士出身第三甲二百三十二名
75	乾隆十年乙丑科	楊演時	廣東潮州府大埔縣人	賜進士出身第二甲九十名（37）
76	乾隆十年乙丑科	楊文振	廣東潮州府大埔縣人	賜進士出身第二甲九十名（53）
77	乾隆十年乙丑科	葉承立	廣東嘉應直隸州人	賜進士出身第二甲九十名（56）
78	乾隆十年乙丑科	黃叔顯	廣東惠州府連平州人	賜進士出身第二甲九十名（73）
79	乾隆十年乙丑科	梁景璋	廣東廣州府順德縣人	賜同進士出身第三甲二百二十名（25）
80	乾隆十年乙丑科	袁鍊	廣東潮州府揭陽縣人	賜同進士出身第三甲二百二十名（28）
81	乾隆十年乙丑科	劉述元	廣東嘉應州平遠縣人	賜同進士出身第三甲二百二十名（38）
82	乾隆十年乙丑科	陳可奇	廣東潮州府大埔縣人	賜同進士出身第三甲二百二十名（39）
83	乾隆十年乙丑科	何毅夫	廣東廣州府順德縣人	賜同進士出身第三甲二百二十名（45）
84	乾隆十年乙丑科	劉大河	廣東潮州府海陽縣人	賜同進士出身第三甲二百二十名（56）
85	乾隆十年乙丑科	黃國寶	廣東潮州府澄海縣人	賜同進士出身第三甲二百二十名（86）
86	乾隆十年乙丑科	梁喬泉／壃	廣東廣州府三水縣人	賜同進士出身第三甲二百二十名（102）

87	乾隆十年乙丑科	謝升庸	廣東嘉應州平遠縣人	賜同進士出身第三甲二百二十名（103）
88	乾隆十年乙丑科	方天寶	廣東嘉應州惠來縣人	賜同進士出身第三甲二百二十名（104）
89	乾隆十年乙丑科	彭禮	廣東惠州府海豐縣人	賜同進士出身第三甲二百二十名（111）
90	乾隆十年乙丑科	王銓衡	廣東嘉應州惠來縣人	賜同進士出身第三甲二百二十名（116）
91	乾隆十年乙丑科	梁仁壽	廣東嘉應直隸州人	賜同進士出身第三甲二百二十名（121）
92	乾隆十年乙丑科	楊成悟	廣東潮州府大埔縣人	賜同進士出身第三甲二百二十名（139）
93	乾隆十年乙丑科	陸日升	廣東潮州府海陽縣人	賜同進士出身第三甲二百二十名
94	乾隆十年乙丑科	林世忠	廣東潮州府澄海縣人	賜同進士出身第三甲二百二十名（170）
95	乾隆十年乙丑科	林其籠	廣東瓊州府文昌縣人	賜同進士出身第三甲二百二十名（214）
96	乾隆十三年戊辰科	林明倫	廣東南雄直隸州始興縣人	賜進士出身第二甲七十二名（61）
97	乾隆十三年戊辰科	陳子檜	廣東肇慶府新興縣人	賜進士出身第二甲七十二名（67）
98	乾隆十三年戊辰科	凌魚	廣東廣州府番禺縣人	賜同進士出身第三甲一百八十九名（13）
99	乾隆十三年戊辰科	李凌雲	廣東肇慶府四會縣人	賜同進士出身第三甲二百二十名（22）
100	乾隆十三年戊辰科	何弦	廣東廣州府番禺縣人	賜同進士出身第三甲二百二十名（28）
101	乾隆十三年戊辰科	陳萬元	廣東潮州府潮陽縣人	賜同進士出身第三甲二百二十名（37）
102	乾隆十三年戊辰科	陳炎宗	廣東廣州府南海縣人	賜同進士出身第三甲二百二十名（45）
103	乾隆十三年戊辰科	梁翰	廣東廣州府順德縣人	賜同進士出身第三甲二百二十名（77）
104	乾隆十三年戊辰科	饒謙	廣東嘉應直隸州人	賜同進士出身第三甲二百二十名（90）
105	乾隆十三年戊辰科	楊天培	廣東潮州府大埔縣人	賜同進士出身第三甲二百二十名（108）
106	乾隆十三年戊辰科	李永錫	廣東潮州府澄海縣人	賜同進士出身第三甲二百二十名（115）
107	乾隆十三年戊辰科	盧文起	廣東廣州府香水縣人	賜同進士出身第三甲二百二十名（123）
108	乾隆十三年戊辰科	蕭重光	廣東潮州府潮陽縣人	賜同進士出身第三甲二百二十名（147））
109	乾隆十三年戊辰科	陳景芳	廣東廣州府新安縣人	賜同進士出身第三甲二百二十名（159）
110	乾隆十三年戊辰科	黃如栻	廣東高州府茂名縣人	賜同進士出身第三甲二百二十名（161）
111	乾隆十三年戊辰科	韓超群	廣東廣州府番禺縣人	賜同進士出身第三甲二百二十名（174）
112	乾隆十六年辛未科	李逢亨	廣東嘉應直隸州人	賜進士出身第二甲七十名（22）
113	乾隆十六年辛未科	梁兆榜	廣東肇慶府鶴山縣人	賜同進士出身第三甲二百二十名（8）
114	乾隆十六年辛未科	張雲蒸	廣東嘉應直隸州人	賜同進士出身第三甲一百七十名（15）
115	乾隆十六年辛未科	王家憲	廣東廉州府靈山縣人	賜同進士出身第三甲一百七十名（27）
116	乾隆十六年辛未科	黃瓚	廣東韶州府仁化縣人	賜同進士出身第三甲一百七十名（45）
117	乾隆十六年辛未科	龍應時	廣東廣州府順德縣人	賜同進士出身第三甲一百七十名（63）
118	乾隆十六年辛未科	馮慈	廣東廣州府南海縣人	賜同進士出身第三甲一百七十名（68）
119	乾隆十六年辛未科	李連／聯登	廣東潮州府海陽縣人	賜同進士出身第三甲一百七十名（71）
120	乾隆十六年辛未科	劉上臺	廣東廣州府香山縣人	賜同進士出身第三甲一百七十名（86）
121	乾隆十六年辛未科	劉璜	廣東潮州府饒平縣人	賜同進士出身第三甲一百七十名（105）
122	乾隆十六年辛未科	何桐華	廣東嘉應州興寧縣人	賜同進士出身第三甲一百七十名（122）
123	乾隆十六年辛未科	詹學海	廣東嘉應州長樂縣人	賜同進士出身第三甲一百七十名（127）

124	乾隆十六年辛未科	李華鍾	廣東嘉應州新興縣人	賜同進士出身第三甲一百七十名（138）
125	乾隆十六年辛未科	李應孫	廣東高州府茂名縣人	賜同進士出身第三甲一百七十名（144）
126	乾隆十六年辛未科	潘宗岐	廣東嘉應州新興縣人	賜同進士出身第三甲一百七十名（155）
127	乾隆十七年壬申恩科	陳應聯	廣東潮州府大埔縣人	賜進士出身第二甲七十名（22）
128	乾隆十七年壬申恩科	歐相箴	廣東韶州府樂昌縣人	賜進士出身第二甲七十名（58）
129	乾隆十七年壬申恩科	林紹唐	廣東廣州府南海縣人	賜進士出身第二甲七十名（68）
130	乾隆十七年壬申恩科	曾鳳翔	廣東嘉應直隸州人	賜同進士出身第三甲一百五十八名（2）
131	乾隆十七年壬申恩科	李江	廣東嘉應直隸州人	賜同進士出身第三甲一百五十八名（17）
132	乾隆十七年壬申恩科	溫伯魁	廣東嘉應直隸州人	賜同進士出身第三甲一百五十八名（32）
133	乾隆十七年壬申恩科	王拱	廣東潮州府澄海縣人	賜同進士出身第三甲一百五十八名（54）
134	乾隆十七年壬申恩科	簡瑞	廣東廣州府順德縣人	賜同進士出身第三甲一百五十八名（58）
135	乾隆十七年壬申恩科	黃元榜	廣東潮州府海陽縣人	賜同進士出身第三甲一百五十八名（88）
136	乾隆十七年壬申恩科	陳頤璧	廣東潮州府海陽縣人	賜同進士出身第三甲一百五十八名（103）
137	乾隆十七年壬申恩科	張孔紹	廣東廣州府順德縣人	賜同進士出身第三甲一百五十八名（105）
138	乾隆十七年壬申恩科	蔡璜	廣東潮州府澄海縣人	賜同進士出身第三甲一百五十八名（125）
139	乾隆十七年壬申恩科	曾殿川	廣東嘉應直隸州人	賜同進士出身第三甲一百九十九名（136）
140	乾隆十七年壬申恩科	李逢雍	廣東嘉應直隸州人	賜同進士出身第三甲一百九十九名（145）
141	乾隆十九年甲戌科	林誕禹	廣東廣州府番禺縣人	賜進士出身第二甲七十名（33）
142	乾隆十九年甲戌科	汪士元	廣東廣州府新安縣人	賜進士出身第二甲七十名（38）
143	乾隆十九年甲戌科	李宜突／相	廣東高州府信宜縣人	賜進士出身第二甲七十名（62）
144	乾隆十九年甲戌科	李夔班	廣東廣州府新會縣人	賜同進士出身第三甲一百六十八名（15）
145	乾隆十九年甲戌科	楊方岳	廣東嘉應州鎮平縣人	賜同進士出身第三甲一百六十八名（22）
146	乾隆十九年甲戌科	鄧林梅	廣東嘉應州惠來縣人	賜同進士出身第三甲一百六十八名（23）
147	乾隆十九年甲戌科	楊德仁	廣東嘉應直隸州人	賜同進士出身第三甲一百六十八名（26）
148	乾隆十九年甲戌科	鄭修	廣東廣州府東莞縣人	賜同進士出身第三甲一百六十八名（36）
149	乾隆十九年甲戌科	洪僑	廣東惠州府陸豐縣人	賜同進士出身第三甲一百六十八名（37）
150	乾隆十九年甲戌科	嚴天召	廣東廣州府香山縣人	賜同進士出身第三甲一百六十八名（43）
151	乾隆十九年甲戌科	岑紹參	廣東惠州府連平州河源縣	賜同進士出身第三甲一百六十八名（98）
152	乾隆十九年甲戌科	張大綱	廣東潮州府饒平縣人	賜同進士出身第三甲一百六十八名（114）
153	乾隆十九年甲戌科	黃哲	廣東廣州府番禺縣人	賜同進士出身第三甲一百六十八名（140）
154	乾隆十九年甲戌科	賴堂	廣東南雄直隸州保昌縣人	賜同進士出身第三甲一百六十八名（141）
155	乾隆十九年甲戌科	陳化觀	廣東惠州府歸善縣人	賜同進士出身第三甲一百六十八名（158）
156	乾隆二十二年丁丑科	梁英佐	廣東嘉應直隸州人	賜進士出身第二甲七十名（11）

157	乾隆二十二年丁丑科	何日佩	廣東肇慶府德慶州人	賜同進士出身第三甲一百六十九名（9）
158	乾隆二十二年丁丑科	倫顯聖	廣東廣州府南海縣人	賜同進士出身第三甲二百三十一名（49）
159	乾隆二十二年丁丑科	楊長髮	廣東潮州府海陽縣人	賜同進士出身第三甲二百三十一名（51）
160	乾隆二十二年丁丑科	郭紹宗	廣東潮州府澄海縣人	賜同進士出身第三甲二百三十一名（53）
161	乾隆二十二年丁丑科	張大鯤	廣東廣州府南海縣人	賜同進士出身第三甲二百三十一名（58）
162	乾隆二十二年丁丑科	溫頤	廣東肇慶府德慶州人	賜同進士出身第三甲二百三十一名（59）
163	乾隆二十二年丁丑科	張成賓	廣東廣州府南海縣人	賜同進士出身第三甲二百三十一名（79）
164	乾隆二十二年丁丑科	林闉階	廣東高州府吳川縣人	賜同進士出身第三甲二百三十一名（85）
165	乾隆二十二年丁丑科	符漢理	廣東惠州府會同縣人	賜同進士出身第三甲二百三十一名（89）
166	乾隆二十二年丁丑科	梁尙秉	廣東廣州府順德縣人	賜同進士出身第三甲二百三十一名（104）
167	乾隆二十二年丁丑科	何謙泰	廣東廣州府順德縣人	賜同進士出身第三甲二百三十一名（120）
168	乾隆二十二年丁丑科	梁作文	廣東肇慶府陽春縣人	賜同進士出身第三甲二百三十一名（122）
169	乾隆二十二年丁丑科	蘇箕斗	廣東潮州府普寧縣人	賜同進士出身第三甲二百三十一名（127）
170	乾隆二十二年丁丑科	莫普濟	廣東廣州府東莞縣人	賜同進士出身第三甲二百三十一名（154）
171	乾隆二十五年庚辰科	吳纘姬	廣東瓊州府澄邁州人	賜進士出身第二甲五十名（43）
172	乾隆二十五年庚辰科	王文冕	廣東廣州府東莞縣人	賜同進士出身第三甲一百十一名（5）
173	乾隆二十五年庚辰科	譚紘	廣東廣州府東莞縣人	賜同進士出身第三甲二百三十一名（7）
174	乾隆二十五年庚辰科	李文起	廣東惠州府歸善縣人	賜同進士出身第三甲一百十一名（51）
175	乾隆二十五年庚辰科	謝敦源	廣東廣州府番禺縣人	賜同進士出身第三甲二百三十一名（53）
176	乾隆二十五年庚辰科	張道幟	廣東韶州府乳源縣人	賜同進士出身第三甲一百十一名（75）
177	乾隆二十五年庚辰科	翁張憲	廣東廣州府順德縣人	賜同進士出身第三甲二百三十一名（79）
178	乾隆二十六年辛巳恩科	梁昌聖	廣東廣州府南海縣人	賜進士出身第二甲六十六名（10）
179	乾隆二十六年辛巳恩科	羅清英	廣東嘉應州興寧縣人	賜進士出身第二甲六十六名（59）
180	乾隆二十六年辛巳恩科	謝天衢	廣東嘉應直隸州人	賜同進士出身第三甲一百四十八名（18）
181	乾隆二十六年辛巳恩科	楊紹雲	廣東潮州府大埔縣人	賜同進士出身第三甲二百四十八名（23）
182	乾隆二十六年辛巳恩科	黃河清	廣東瓊州府儋州民籍	賜同進士出身第三甲一百四十八名（34）
183	乾隆二十六年辛巳恩科	鄒朝陽	廣東潮州府海陽縣民籍	賜同進士出身第三甲二百四十八名（41）
184	乾隆二十六年辛巳恩科	鄧大林	廣東廣州府東莞縣人	賜同進士出身第三甲一百四十八名（61）
185	乾隆二十六年辛巳恩科	袁秀巒	廣東廣州府東莞縣民籍	賜同進士出身第三甲二百四十八名（79）
186	乾隆二十六年辛巳恩科	吳履和	廣東潮州府大埔縣民籍	賜同進士出身第三甲一百四十八名（110）
187	乾隆二十六年辛巳恩科	陳高飛	廣東潮州府澄海縣人	賜同進士出身第三甲二百四十八名（131）
188	乾隆二十八年癸未科	陳其煜	廣東廣州府新會縣民籍	賜進士出身第二甲五十五名（54）

189	乾隆二十八年癸未科	楊景山	廣東瓊州府萬州民籍	賜同進士出身第三甲一百三十名（41）
190	乾隆二十八年癸未科	詹斌	廣東潮州府饒平縣民籍	賜同進士出身第三甲一百三十名（48）
191	乾隆二十八年癸未科	龔駿文	廣東肇慶府高要縣民籍	賜同進士出身第三甲一百三十名（51）
192	乾隆二十八年癸未科	馮麟	廣東廣州府東莞縣民籍	賜同進士出身第三甲一百三十名（59）
193	乾隆二十八年癸未科	林愛霖	廣東潮州府潮陽縣民籍	賜同進士出身第三甲一百三十名（94）
194	乾隆二十八年癸未科	陳廷牧	廣東廣州府南海縣民籍	賜同進士出身第三甲一百三十名（111）
195	乾隆二十八年癸未科	盧聖存	廣東廣州府東莞縣民籍	賜同進士出身第三甲一百三十名（115）
196	乾隆二十八年癸未科	鄧大經	廣東廣州府東莞縣民籍	賜同進士出身第三甲一百三十名（128）
197	乾隆三十一年丙戌科	蔡連輝	廣東潮州府澄海縣民籍	賜進士出身第二甲六十九名（49）
198	乾隆三十一年丙戌科	徐延泰	廣東惠州府和平縣民籍	賜進士出身第二甲六十九名（60）
199	乾隆三十一年丙戌科	彭如干	廣東惠州府陸豐縣民籍	賜進士出身第二甲六十九名（67）
200	乾隆三十一年丙戌科	盧應	廣東廣州府東莞縣民籍	賜同進士出身第三甲一百四十一名（10）
201	乾隆三十一年丙戌科	李薲	廣東嘉應直隸州人	賜同進士出身第三甲一百四十一名（32）
202	乾隆三十一年丙戌科	賴鵬翀	廣東嘉應州長樂縣人	賜同進士出身第三甲一百四十一名（38）
203	乾隆三十一年丙戌科	盧鑒	廣東廣州府東莞縣民籍	賜同進士出身第三甲一百四十一名（73）
204	乾隆三十一年丙戌科	李鏡	廣東廣州府東莞縣民籍	賜同進士出身第三甲一百四十一名（76）
205	乾隆三十一年丙戌科	吳濂	廣東廣州府東莞縣民籍	賜同進士出身第三甲一百四十一名（93）
206	乾隆三十四年己丑科	吳碘	廣東瓊州府瓊山縣人	賜進士出身第二甲五十名（47）
207	乾隆三十四年己丑科	麥祐	廣東廣州府香山縣人	賜同進士出身第三甲九十八名（26）
208	乾隆三十四年己丑科	王應遇	廣東廣州府東莞縣人	賜同進士出身第三甲九十八名（57）
209	乾隆三十六年辛卯科	饒崇魁	廣東潮州府大埔縣人	賜進士出身第二甲五十五名（21）
210	乾隆三十六年辛卯科	鄭安道	廣東潮州府潮陽縣人	賜進士出身第二甲五十五名（44）
211	乾隆三十六年辛卯科	陳昌齊	廣東雷州府海康縣人	賜進士出身第二甲五十五名（48）
212	乾隆三十六年辛卯科	王斗文	廣東瓊州府瓊山縣人	賜同進士出身第三甲一百三名（6）
213	乾隆三十六年辛卯科	吳對	廣東廣州府	賜同進士出身第三甲一百三名（46）
214	乾隆三十六年辛卯科	陸蒼霖	廣東廣州府三水縣人	賜同進士出身第三甲一百三名
215	乾隆三十七年壬辰科	蘇青鼇	廣東廣州府南海縣人	賜進士出身第二甲五十四名（32）
216	乾隆三十七年壬辰科	黃永祺	廣東廣州府番禺縣人	賜同進士出身第三甲一百五名（17）
217	乾隆三十七年壬辰科	黎溢海	廣東廣州府東莞縣人	賜同進士出身第三甲一百五名（44）
218	乾隆三十七年壬辰科	趙驤	廣東廣州府增城縣人	賜同進士出身第三甲一百五名（49）
219	乾隆三十七年壬辰科	姚玉麟	廣東廣州府增城縣人	賜同進士出身第三甲一百五名（69）
220	乾隆四十年乙未科	饒慶捷	廣東潮州府大埔縣人	賜同進士出身第三甲一百三名（8）
221	乾隆四十年乙未科	區洪湘	廣東廣州府番禺縣人	賜同進士出身第三甲一百五名（76）

222	乾隆四十年乙未科	譚大經	廣東廣州府新會縣人	賜同進士出身第三甲一百五名（92）
223	乾隆四十三年戊戌科	馮敏昌	廣東廉州府欽州人	賜進士出身第二甲五十一名（42）
224	乾隆四十三年戊戌科	黃賢	廣東廣州府南海縣人	賜同進士出身第三甲一百三名（7）
225	乾隆四十三年戊戌科	許日章	廣東潮州府澄海縣人	賜同進士出身第三甲一百三名（34）
226	乾隆四十三年戊戌科	梁鈞池	廣東廣州府順德縣人	賜同進士出身第三甲一百三名（91）
227	乾隆四十三年戊戌科	梁雕龍	廣東廣州府新會縣人	賜同進士出身第三甲一百三名（92）
228	乾隆四十三年戊戌科	潘有爲	廣東廣州府番禺縣人	賜同進士出身第三甲一百三名
229	乾隆四十五年庚子科	王之藩	廣東廣州府增城縣人	賜同進士出身第三甲一百三名（25）
230	乾隆四十五年庚子科	溫聞源	廣東廣州府順德縣人	賜同進士出身第三甲一百三名（77）
231	乾隆四十五年庚子科	陳聖宗	廣東高州府吳川縣人	賜同進士出身第三甲一百三名（101）
232	乾隆四十六年辛丑科	謝斯熊	廣東廣州府東莞縣人	賜進士出身第二甲五十六名（40）
233	乾隆四十六年辛丑科	鄭應元	廣東廣州府香山縣人	賜同進士出身第三甲一百十名（38）
234	乾隆四十六年辛丑科	陳錫熙	廣東廣州府順德縣人	賜同進士出身第三甲一百十名（51）
235	乾隆四十六年辛丑科	楊統	廣東廣州府順德縣人	賜同進士出身第三甲一百十名（65）
236	乾隆四十六年辛丑科	湛祖貴	廣東廣州府增城縣人	賜同進士出身第三甲一百十名（100）
237	乾隆四十九年甲辰科	溫汝適	廣東廣州府順德縣人	賜進士出身第二甲四十名（21）
238	乾隆四十九年甲辰科	李琦	廣東瓊州府瓊山縣人	賜同進士出身第三甲六十九名（6）
239	乾隆四十九年甲辰科	劉連魁	廣東廣州府東莞縣人	賜同進士出身第三甲六十九名（27）
240	乾隆五十二年丁未科	龍廷槐	廣東廣州府順德縣人	賜進士出身第二甲四十五名（16）
241	乾隆五十二年丁未科	邱先德	廣東廣州府番禺縣人	賜進士出身第二甲四十五名（28）
242	乾隆五十二年丁未科	伍有庸	廣東廣州府新會縣人	賜進士出身第二甲四十五名（31）
243	乾隆五十二年丁未科	陳琮	廣東瓊州府瓊山縣人	賜同進士出身第甲八十九名（86）
244	乾隆五十四年己酉科	張錦芳	廣東廣州府順德縣人	賜進士出身第二甲三十三名（5）
245	乾隆五十四年己酉科	甄松年	廣東廣州府新寧縣人	賜同進士出身第甲六十三名（52）
246	乾隆五十五年庚戌科	顏惇恪	廣東廣州府南海縣民籍	賜進士出身第甲六十一名（33）
247	乾隆五十五年庚戌科	蕭廷發	廣東嘉應州人	賜進士出身第甲六十一名（43）
248	乾隆五十五年庚戌科	陳鴻賓	廣東廣州府南海縣人	賜進士出身第甲六十一名（59）
249	乾隆五十八年癸丑科	羅龍光	廣東潮州府豐順縣人	賜同進士出身第甲四十九名（43）
250	乾隆六十年乙卯科	鄭士超	廣東連州陽山縣人	賜進士出身第二甲十八名（3）
251	乾隆六十年乙卯科	楊汝任	廣東廣州府香山縣人	賜進士出身第二甲十八名（17）
252	乾隆六十年乙卯科	何會祥	廣東廣州府番禺縣人	賜同進士出身第三甲九十名（13）
253	乾隆六十年乙卯科	傅玉林	廣東潮州府海陽縣人	賜同進士出身第三甲九十名（15）
254	乾隆六十年乙卯科	姚璋	廣東廣州府新會縣人	賜同進士出身第三甲九十名（32）
255	乾隆六十年乙卯科	李實	廣東廣州府新會縣人	賜同進士出身第三甲九十名（75）
256	乾隆十年乙丑科	胡瀾一	廣州府學商籍	原爲浙江會稽人
257	乾隆十九年甲戌科	李敦和	廣州府學商籍	原爲浙江會稽人

廣東進士首四甲名次表

名　次	名　　稱	廣東進士人數
1	廣東廣州府順德縣	23 名進士
1	廣東嘉應直隸州	23 名進士
2	廣東廣州府東莞縣	18 名進士
2	廣東廣州府番禺縣	18 名進士（包括 1 名狀元）
3	廣東廣州府南海縣	15 名進士
4	廣東潮州府大埔縣	13 名進士

廣東進士人數表

次　數	乾隆考期	廣東進士人數
1	乾隆元年丙辰科	19 名進士
2	乾隆二年丁巳科	17 名進士
3	乾隆四年己未科	18 名進士（包括 1 名狀元）
4	乾隆七年壬戌科	20 名進士
5	乾隆十年乙丑科	22 名進士
6	乾隆十三年戊辰科	16 名進士
7	乾隆十六年辛未科	15 名進士
8	乾隆十七年壬申恩科	14 名進士
9	乾隆十九年甲戌科	16 名進士
10	乾隆二十二年	15 名進士
11	乾隆二十五年庚辰科	7 名進士
12	乾隆二十六年辛巳恩科	10 名進士
13	乾隆二十八年癸未科	9 名進士
14	乾隆三十一年丙戌科	9 名進士
15	乾隆三十四年	3 名進士
16	乾隆三十六年辛卯科	6 名進士
17	乾隆三十七年壬辰科	5 名進士
18	乾隆四十年乙未科	3 名進士
19	乾隆四十三年戊戌科	6 名進士
20	乾隆四十五年庚子科	3 名進士
21	乾隆四十六年	5 名進士
22	乾隆四十九年甲辰科	3 名進士

23	乾隆五十二年丁未科	4 名進士
24	乾隆五十四年己酉科	2 名進士
25	乾隆五十五年庚戌科	3 名進士
26	乾隆五十八年	1 名進士
27	乾隆六十年乙卯科	6 名進士
		合共 257 名進士

清朝嘉慶年間廣東進士人數表

編號	年　份	姓　名	籍　貫	等　第
1	嘉慶元年丙辰科	林紹光	廣東廣州府南海縣人	賜進士出身第二甲四十名（25）
2	嘉慶元年丙辰科	劉名戴	廣東惠州府永安縣人	賜同進士出身第三甲一百三名（11）
3	嘉慶元年丙辰科	楊中／仲龍	廣東潮州大埔縣人	賜同進士出身第三甲一百三名（30）
4	嘉慶元年丙辰科	李可端	廣東廣州府南海縣人	賜同進士出身第三甲一百三名（33）
5	嘉慶元年丙辰科	李麟徵	廣東廣州府順德縣人	賜同進士出身第三甲一百三名（36）
6	嘉慶元年丙辰科	譚兆燕／熊	廣東韶州府仁化縣人	賜同進士出身第三甲一百三名（60）
7	嘉慶元年丙辰科	黃顯章	廣東廣州府新會縣人	賜同進士出身第三甲一百三名（79）
8	嘉慶四年己未科	宋湘	廣東嘉應直隸州人	賜進士出身第二甲七十四名（11）
9	嘉慶四年己未科	吳燎／榮光	廣東廣州府南海縣人	賜進士出身第二甲七十四名（20）
10	嘉慶四年己未科	何朝彥／快	廣東廣州府新會縣人	賜進士出身第二甲七十四名（39）
11	嘉慶四年己未科	何南鈺	廣東惠州府博羅縣人	賜進士出身第二甲七十四名（68）
12	嘉慶四年己未科	張業南	廣東廣州府南海縣人	賜同進士出身第三甲一百四十三名（15）
13	嘉慶四年己未科	彭繩祖／鳳儀	廣東惠州府龍川縣人	賜同進士出身第三甲一百四十三名（39）
14	嘉慶四年己未科	伍士超	廣東肇慶府新興縣人	賜同進士出身第三甲一百四十三名（45）
15	嘉慶四年己未科	翁有儀	廣東嘉應州惠來縣人	賜同進士出身第三甲一百四十三名（67）
16	嘉慶四年己未科	林揚華	廣東嘉應州鎮平縣人	賜同進士出身第三甲一百四十三名（107）
17	嘉慶四年己未科	徐旭曾	廣東惠州府和平縣人	賜同進士出身第三甲一百四十三名（119）
18	嘉慶六年辛酉科	王利亨	廣東嘉應直隸州人	賜進士出身第二甲九十八名（15）
19	嘉慶六年辛酉科	莫凌	廣東廣州府東莞縣人	賜進士出身第二甲九十八名
20	嘉慶六年辛酉科	謝夢春	廣東廣州府南海縣人	賜進士出身第二甲九十八名（56）
21	嘉慶六年辛酉科	馮輔	廣東廣州府新會縣人	賜進士出身第二甲九十八名（57）
22	嘉慶六年辛酉科	劉彬華	廣東廣州府番禺縣人	賜進士出身第二甲九十八名（68）
23	嘉慶六年辛酉科	楊捷	廣東潮州府海陽縣人	賜進士出身第二甲九十八名（86）
24	嘉慶六年辛酉科	黎德符	廣東廣州府新會縣人	賜進士出身第二甲九十八名（87）

25	嘉慶六年辛酉科	凌旭升	廣東廣州府番禺縣人	賜同進士出身第三甲一百七十四名（16）
26	嘉慶六年辛酉科	胡鳴鸞	廣東廣州府順德縣人	賜同進士出身第三甲一百七十四名（64）
27	嘉慶六年辛酉科	莫紹惠／直	廣東瓊州府定安縣人	賜同進士出身第三甲一百七十四名（84）
28	嘉慶六年辛酉科	關仕龍	廣東廣州府南海縣人	賜同進士出身第三甲一百七十四名（116）
29	嘉慶六年辛酉科	林健學	廣東嘉應州鎮平縣人	賜同進士出身第三甲一百七十四名（121）
30	嘉慶六年辛酉科	伍彭年	廣東廣州府香山縣人	賜同進士出身第三甲一百七十四名（133）
31	嘉慶六年辛酉科	倪孟華	廣東廣州府番禺縣人	賜同進士出身第三甲一百七十四名（141）
32	嘉慶六年辛酉科	蔡超群	廣東廣州府順德縣人	賜同進士出身第三甲一百七十四名（142）
33	嘉慶七年壬辰科	李仲昭	廣東嘉應直隸州人	賜進士出身第二甲八十四名（1）
34	嘉慶七年壬辰科	鄧士憲	廣東廣州府南海縣人	賜進士出身第二甲八十四名（23）
35	嘉慶七年壬辰科	謝蘭生	廣東廣州府南海縣人	賜進士出身第二甲八十四名（28）
36	嘉慶七年壬辰科	楊芝	廣東潮州府揭陽縣人	賜進士出身第二甲八十四名（31）
37	嘉慶七年壬辰科	李可蕃	廣東廣州府南海縣人	賜進士出身第二甲八十四名（42）
38	嘉慶七年壬辰科	林紹龍	廣東廣州府	賜同進士出身第三甲五十二名（1）
39	嘉慶七年壬辰科	李炳文	廣東廣州府	賜同進士出身第三甲五十二名（24）
40	嘉慶七年壬辰科	鄧彬	廣東廣州府	賜同進士出身第三甲五十二名（30）
41	嘉慶七年壬辰科	陳司爚	廣東廣州府新寧縣人	賜同進士出身第三甲五十二名（86）
42	嘉慶七年壬辰科	葉銘熙／銘齡	廣東惠州府龍川縣人	賜同進士出身第三甲五十二名（100）
43	嘉慶七年壬辰科	金菁莪	廣東廣州府番禺縣人	賜同進士出身第三甲五十二名（140）
44	嘉慶十年壬辰科	李可瓊	廣東廣州府南海縣人	賜進士出身第二甲九十六名（29）
45	嘉慶十年壬辰科	鄧應熊	廣東廣州府東莞縣人	賜進士出身第二甲九十六名（65）
46	嘉慶十年壬辰科	吳淞	廣東潮州府潮陽縣人	賜進士出身第二甲九十六名（84）
47	嘉慶十年壬辰科	李黼平	廣東嘉應直隸州人	賜進士出身第二甲九十六名（85）
48	嘉慶十年壬辰科	蕭漢申	廣東廣州府	賜進士出身第二甲九十六名（96）
49	嘉慶十年乙丑科	張汝樹	廣東潮州大埔縣人	賜同進士出身第三甲一百五十二名（124）
50	嘉慶十年乙丑科	馮本泰	廣東廣州府南海縣人	賜同進士出身第三甲一百五十二名（127）
51	嘉慶十三年戊辰科	區玉麟	廣東廣州府南海縣人	賜進士出身第二甲一百一十五名（37）
52	嘉慶十三年戊辰科	鄭家蘭	廣東潮州府豐順縣人	賜進士出身第二甲一百一十五名（39）
53	嘉慶十三年戊辰科	蘇獻琛	廣東廣州府順德縣人	賜進士出身第二甲一百一十五名（80）
54	嘉慶十三年戊辰科	曾冠英	廣東惠州府和平縣人	賜進士出身第二甲一百一十五名（108）
55	嘉慶十三年戊辰科	張衍基	廣東廣州府新會縣人	賜同進士出身第三甲一百四十三名（68）
56	嘉慶十三年戊辰科	蔡學元	廣東廣州府新安縣人	賜同進士出身第三甲一百四十三名（70）
57	嘉慶十三年戊辰科	張仲陽	廣東潮州府海陽縣人	賜同進士出身第三甲一百四十三名（78）
58	嘉慶十三年戊辰科	梁傑	廣東嘉應直隸州人	賜同進士出身第三甲一百四十三名（115）
59	嘉慶十四年己巳恩科	張岳崧	廣東瓊州府定安縣人	賜進士及第一甲三名（探花）
60	嘉慶十四年己巳恩科	宋廷楨	廣東廣州府花縣人	賜進士出身第二甲一百名（33）
61	嘉慶十四年己巳恩科	潘正常	廣東廣州府番禺縣人	賜進士出身第二甲一百名（39）

62	嘉慶十四年己巳恩科	顏爾樞	廣東惠州府連平州人	賜進士出身第二甲一百名（57）
63	嘉慶十四年己巳恩科	何惠群	廣東廣州府順德縣人	賜進士出身第二甲一百名（79）
64	嘉慶十四年己巳恩科	何太青	廣東廣州府順德縣人	賜同進士出身第三甲一百三十八名（32）
65	嘉慶十四年己巳恩科	黃瀾安	廣東廣州府番禺縣人	賜同進士出身第三甲一百三十八名（37）
66	嘉慶十四年己巳恩科	崔槐	廣東廣州府南海縣人	賜同進士出身第三甲一百三十八名（39）
67	嘉慶十四年己巳恩科	張京泰	廣東廣州府	賜同進士出身第三甲一百三十八名（43）
68	嘉慶十四年己巳恩科	黃迪光	廣東廣州府順德縣人	賜同進士出身第三甲一百三十八名（60）
69	嘉慶十六年辛未科	黃玉衡	廣東廣州府順德縣人	賜進士出身第二甲九十二名（12）
70	嘉慶十六年辛未科	梁慎猷	廣東嘉應州程鄉縣人	賜進士出身第二甲九十二名（32）
71	嘉慶十六年辛未科	江鳴謙	廣東廣州府番禺縣人	賜進士出身第二甲九十二名（40）
72	嘉慶十六年辛未科	劉榮玠	廣東廣州府陽春縣人	賜進士出身第二甲九十二名（64）
73	嘉慶十六年辛未科	陳燮元	廣東廣州府新會縣人	賜同進士出身第三甲一百四十二名（18）
74	嘉慶十六年辛未科	蕭斯	廣東嘉應州程鄉縣人	賜同進士出身第三甲一百四十二名（79）
75	嘉慶十九年甲戌科	顏伯燾	廣東惠州府連平州人	賜進士出身第二甲一百名（46）
76	嘉慶十九年甲戌科	張翱	廣東潮州大埔縣人	賜進士出身第二甲一百名（57）
77	嘉慶十九年甲戌科	梁藹如	廣東廣州府順德縣人	賜進士出身第二甲一百名（86）
78	嘉慶十九年甲戌科	李璋	廣東廣州府三水縣人	賜同進士出身第三甲一百二十三名（41）
79	嘉慶十九年甲戌科	陳鳳池	廣東廣州府東莞縣人	賜同進士出身第三甲一百二十三名（63）
80	嘉慶十九年甲戌科	馮奉初	廣東廣州府順德縣人	賜同進士出身第三甲一百二十三名（110）
81	嘉慶二十二年丁丑科	龍元任	廣東廣州府順德縣人	賜進士出身第二甲一百名（21）
82	嘉慶二十二年丁丑科	潘光嶽	廣東廣州府南海縣人	賜進士出身第二甲一百名（34）
83	嘉慶二十二年丁丑科	葉夢芝	廣東廣州府東莞縣人	賜進士出身第二甲一百名（56）
84	嘉慶二十二年丁丑科	譚敬昭	廣東肇慶府陽春縣人	賜進士出身第二甲一百名（61）
85	嘉慶二十二年丁丑科	倪濟遠	廣東廣州府南海縣人	賜同進士出身第三甲一百五十二名（22）
86	嘉慶二十二年丁丑科	馮賡揚	廣東廣州府南海縣人	賜同進士出身第三甲一百五十二名（37）
87	嘉慶二十二年丁丑科	廖牲	廣東廣州府南海縣人	賜同進士出身第三甲一百五十二名（49）
88	嘉慶二十二年丁丑科	林飛鶴	廣東惠州府陸豐縣民籍	賜同進士出身第三甲一百五十二名（83）
89	嘉慶二十二年丁丑科	梁序鏞	廣東廣州府南海縣人	賜同進士出身第三甲一百五十二名（94）
90	嘉慶二十二年丁丑科	周植	廣東廣州府	賜同進士出身第三甲一百五十二名（99）
91	嘉慶二十二年丁丑科	何有書	廣東廣州府番禺縣人	賜同進士出身第三甲一百五十二名（139）
92	嘉慶二十四年己卯科	林崢嶸	廣東潮州府饒平縣人	賜進士出身第二甲九十九名（58）
93	嘉慶二十四年己卯科	羅升梧	廣東肇慶府陽春縣人	賜進士出身第二甲九十九名（78）
94	嘉慶二十四年己卯科	饒芝	廣東潮州府大埔縣人	賜同進士出身第三甲一百二十二名（34）

95	嘉慶二十四年己卯科	趙光蕙	廣東廣州府增城縣人	賜同進士出身第三甲一百二十二名（101）
96	嘉慶二十四年己卯科	劉霈	廣東廣州府番禺縣人	賜同進士出身第三甲一百二十二名（105）
97	嘉慶二十四年己卯科	蔡如衡	廣東廣州府順德縣人	賜同進士出身第三甲一百二十二名（17）
98	嘉慶二十五年庚辰科	何文綺	廣東廣州府南海縣人	賜進士出身第二甲一百名（20）
99	嘉慶二十五年庚辰科	吳家懋	廣東廣州府番禺縣人	賜進士出身第二甲一百名（36）
100	嘉慶二十五年庚辰科	梁昌和	廣東高州府茂名縣人	賜進士出身第二甲一百名（64）
101	嘉慶二十五年庚辰科	黃昆	廣東廣州府順德縣人	賜進士出身第二甲一百名（65）
102	嘉慶二十五年庚辰科	區拔熙	廣東肇慶府高明縣人	賜同進士出身第三甲一百四十三名（5）
103	嘉慶二十五年庚辰科	劉萬程	廣東廣州府順德縣人	賜同進士出身第三甲一百四十三名（44）
104	嘉慶二十五年庚辰科	勞光泰	廣東廣州府南海縣人	賜同進士出身第三甲一百四十三名（74）
105	嘉慶二十五年庚辰科	邱夢旗	廣東廣州府順德縣人	賜同進士出身第三甲一百四十三名（139）
106	嘉慶二十五年庚辰科	馮詢	廣東廣州府番禺縣人	賜同進士出身第三甲一百四十三名（140）

廣東進士首三甲名次表

名　次	名　稱	廣東進士人數
1	廣東廣州府南海縣	20 名進士
2	廣東廣州府順德縣	15 名進士
3	廣東廣州府番禺縣人	11 名進士

廣東進士人數表

次　數	嘉慶考期	廣東進士人數
1	嘉慶元年丙辰科	7 名進士
2	嘉慶四年己未科	10 名進士
3	嘉慶六年辛酉科	15 名進士
4	嘉慶七年壬辰科	11 名進士
5	嘉慶十年乙丑科	7 名進士
6	嘉慶十三年戊辰科	8 名進士
7	嘉慶十四年己巳恩科	10 名進士 （包括 1 名探花）
8	嘉慶十六年辛未科	6 名進士
9	嘉慶十九年甲戌科	6 名進士
10	嘉慶二十二年	11 名進士
11	嘉慶二十四年己卯科	6 名進士
12	嘉慶二十五年庚辰科	9 名進士
		合共 106 名進士

清朝道光年間廣東進士人數表

編號	年　份	姓名	籍　貫	等　第
1	道光二年壬午恩科	羅文俊	廣東廣州府南海縣人	賜進士及第一甲三名（探花）
2	道光二年壬午恩科	曾望顏	廣東廣州府香山縣人	賜進士出身第二甲一百名（10）
3	道光二年壬午恩科	呂龍光	廣東惠州府歸善縣人	賜進士出身第二甲一百名（21）
4	道光二年壬午恩科	黃德峻	廣東肇慶府高明縣人	賜進士出身第二甲一百名（58）
5	道光二年壬午恩科	週日新	廣東廣州府番禺縣人	賜進士出身第二甲一百名（64）
6	道光二年壬午恩科	張維屏	廣東廣州府番禺縣人	賜進士出身第二甲一百名（90）
7	道光二年壬午恩科	蔡寵	廣東雷州府海康縣人	賜同進士出身第三甲一百十九名（10）
8	道光二年壬午恩科	朱汝衡	廣東惠州府博羅縣人	賜同進士出身第三甲一百十九名（103）
9	道光二年壬午恩科	劉映華	廣東潮州府饒平縣人	賜同進士出身第三甲一百十九名（119）
10	道光三年癸未科	林召棠	廣東高州府吳川縣人	賜進士及第一甲三名（狀元）
11	道光三年癸未科	鮑俊	廣東高州府人	賜進士出身第二甲一百七名（2）
12	道光三年癸未科	黃仲容	廣東嘉應直隸州人	賜進士出身第二甲一百七名（10）
13	道光三年癸未科	張／趙敦道	廣東嘉應直隸州人	賜進士出身第二甲一百七名（17）
14	道光三年癸未科	林丹雲	廣東嘉應直隸州人	賜進士出身第二甲一百七名（28）
15	道光三年癸未科	林樹儀	廣東廣州府增城縣人	賜進士出身第二甲一百七名（35）
16	道光三年癸未科	張大業	廣東連州人	賜進士出身第二甲一百七名（36）
17	道光三年癸未科	黎攀鏐	廣東廣州府東莞縣人	賜進士出身第二甲一百七名（97）
18	道光三年癸未科	方坤亮	廣東廣州府南海縣人	賜同進士出身第三甲一百三十六名（110）
19	道光三年癸未科	廖篤材	廣東惠州府永安縣人	賜同進士出身第三甲一百三十六名（133）
20	道光六年丙戌科	溫承悌	廣東廣州府順德縣人	賜進士出身第二甲一百十名（7）
21	道光六年丙戌科	陳其錕	廣東廣州府番禺縣人	賜進士出身第二甲一百十名（9）
22	道光六年丙戌科	陳同	廣東廣州府順德縣人	賜進士出身第二甲一百十名（25）
23	道光六年丙戌科	廖翱	廣東廣州府南海縣人	賜進士出身第二甲一百十名（74）
24	道光六年丙戌科	雲茂琦	廣東瓊州府文昌縣人	賜進士出身第二甲一百十名（81）
25	道光六年丙戌科	羅天池	廣東廣州府新會縣人	賜進士出身第二甲一百十名（87）
26	道光六年丙戌科	張翬飛	廣東肇慶府四會縣人	賜進士出身第二甲一百十名（88）
27	道光六年丙戌科	鍾標錦	廣東嘉應州鎮平縣人	賜進士出身第二甲一百十名（95）
28	道光六年丙戌科	何守謐	廣東廣州府香山縣人	賜同進士出身第三甲一百五十二名（12）
29	道光六年丙戌科	林聯桂	廣東高州府吳川縣人	賜同進士出身第三甲一百五十二名（78）
30	道光六年丙戌科	鄭應仁	廣東廣州府香山縣人	賜同進士出身第三甲一百五十二名（92）
31	道光六年丙戌科	仇效忠	廣東廉州府靈山縣人	賜同進士出身第三甲一百五十二名（142）
32	道光九年己丑科	何瑞榴	廣東廣州府香山縣人	賜進士出身第二甲一百六名（12）
33	道光九年己丑科	潘楷	廣東廣州府順德縣人	賜進士出身第二甲一百六名（46）
34	道光九年己丑科	司徒照	廣東肇慶府開平縣人	賜進士出身第二甲一百六名（47）

35	道光九年己丑科	馬福安	廣東廣州府順德縣人	賜進士出身第二甲一百六名（54）
36	道光九年己丑科	桂文耀	廣東廣州府南海縣人	賜進士出身第二甲一百六名（79）
37	道光九年己丑科	王選	廣東廣州府東莞縣人	賜進士出身第二甲一百六名（89）
38	道光九年己丑科	吳應逵	廣東肇慶府鶴山縣人	賜同進士出身第三甲一百十二名
39	道光九年己丑科	黃朝輔	廣東廣州府香山縣人	賜同進士出身第三甲一百十二名（10）
40	道光九年己丑科	胡林秀	廣東肇慶府鶴山縣人	賜同進士出身第三甲一百十二名（28）
41	道光九年己丑科	馮錫鏞	廣東廣州府南海縣人	賜同進士出身第三甲一百十二名（42）
42	道光九年己丑科	歐陽柱	廣東廣州府三水縣人	賜同進士出身第三甲一百十二名（110）
43	道光十二年壬辰恩科	駱秉章／俊	廣東廣州府番禺縣人	賜進士出身第二甲一百名（27）
44	道光十二年壬辰恩科	莊心省	廣東廣州府番禺縣人	賜進士出身第二甲一百名28）
45	道光十二年壬辰恩科	羅傅球	廣東廣州府順德縣人	賜進士出身第二甲一百名（34）
46	道光十二年壬辰恩科	蔡錦泉	廣東廣州府順德縣人	賜進士出身第二甲一百名（43）
47	道光十二年壬辰恩科	許祥光	廣東廣州府番禺縣人	賜進士出身第二甲一百名（48）
48	道光十二年壬辰恩科	鄧謙光	廣東廣州府三水縣人	賜進士出身第二甲一百名（49）
49	道光十二年壬辰恩科	黃其表	廣東廣州府南海縣人	賜進士出身第二甲一百名（76）
50	道光十二年壬辰恩科	謝卿謀	廣東嘉應直隸州人	賜同進士出身第三甲一百三名（14）
51	道光十二年壬辰恩科	徐煥垣	廣東嘉應州鎮平縣人	賜同進士出身第三甲一百三名（60）
52	道光十三年癸巳科	司徒熙	廣東肇慶府開平縣人	賜進士出身第二甲一百名（1）
53	道光十三年癸巳科	張邦佺	廣東廣州府順德縣人	賜進士出身第二甲一百名（29）
54	道光十三年癸巳科	孔繼勳	廣東廣州府南海縣人	賜進士出身第二甲一百名（38）
55	道光十三年癸巳科	吳世驥	廣東潮州府豐順縣人	賜進士出身第二甲一百名（51）
56	道光十三年癸巳科	楊開會	廣東潮州府人	賜進士出身第二甲一百名（61）
57	道光十三年癸巳科	盧同伯	廣東廣州府順德縣人	賜同進士出身第三甲一百十七名（11）
58	道光十三年癸巳科	李翰昌	廣東肇慶府德慶州人	賜同進士出身第三甲一百十七名（26）
59	道光十三年癸巳科	吳林光	廣東廣州府南海縣人	賜同進士出身第三甲一百十七名（58）
60	道光十三年癸巳科	詹璈	廣東潮州府饒平縣人	賜同進士出身第三甲一百十七名（67）
61	道光十三年癸巳科	唐金鑒／釗	廣東廣州府新會縣人	賜同進士出身第三甲一百十七名（75）
62	道光十五年乙未科	龍元僖	廣東廣州府順德縣人	賜進士出身第二甲一百十七名（6）
63	道光十五年乙未科	羅惇衍	廣東廣州府順德縣人	賜進士出身第二甲一百十七名62）
64	道光十五年乙未科	蘇廷魁	廣東肇慶府高要縣人	賜進士出身第二甲一百十七名（76）
65	道光十五年乙未科	單興詩	廣東連州人	賜進士出身第二甲一百十七名（95）
66	道光十五年乙未科	宋嘉玉	廣東肇慶府鶴山縣人	賜進士出身第二甲一百十七名（110）
67	道光十五年乙未科	饒應坤	廣東嘉應直隸州人	賜進士出身第二甲一百十七名（111）
68	道光十五年乙未科	莫蒼榮	廣東肇慶府陽春縣人	賜同進士出身第三甲一百五十二名（62）
69	道光十五年乙未科	陸敦庸	廣東廣州府南海縣人	賜同進士出身第三甲一百五十二名（77）
70	道光十五年乙未科	邱建猷	廣東潮州府大埔縣人	賜同進士出身第三甲一百五十二名（127）
71	道光十六年丙申科	梁同新	廣東廣州府番禺縣人	賜進士出身第二甲七十二名（1）

72	道光十六年丙申科	黃玉階	廣東廣州府番禺縣人	賜進士出身第二甲七十二名（54）
73	道光十六年丙申科	江紹儀	廣東惠州府河源縣人	賜同進士出身第三甲九十七名（3）
74	道光十六年丙申科	陳信民	廣東廣州府南海縣人	賜同進士出身第三甲九十七名（24）
75	道光十六年丙申科	楊廷晃	廣東瓊州府會同縣人	賜同進士出身第三甲九十七名（51）
76	道光十六年丙申科	陳驥	廣東廣州府三水縣人	賜同進士出身第三甲九十七名（85）
77	道光十八年戊戌科	黎崇基	廣東廣州府番禺縣人	賜進士出身第二甲八十二名（39）
78	道光十八年戊戌科	梁國琮	廣東廣州府番禺縣人	賜進士出身第二甲八十二名（46）
79	道光十八年戊戌科	劉汝新	廣東高州府信宜縣人	賜同進士出身第三甲一百九名（17）
80	道光十八年戊戌科	招鏡蓉	廣東廣州府南海縣人	賜同進士出身第三甲一百九名（25）
81	道光十八年戊戌科	梁啓文	廣東廣州府南海縣人	賜同進士出身第三甲一百九名（31）
82	道光十八年戊戌科	曾希周	廣東肇慶府廣寧縣人	賜同進士出身第三甲一百九名（56）
83	道光十八年戊戌科	蔡熙	廣東潮州府澄海縣人	賜同進士出身第三甲一百九名（80）
84	道光十八年戊戌科	黃樹賓	廣東高州府吳川縣人	賜進士出身第二甲八十二名
85	道光二十年庚子科	莫以枋	廣東廣州府南海縣人	賜進士出身第二甲八十七名（7）
86	道光二十年庚子科	李戴熙	廣東嘉應直隸州人	賜進士出身第二甲八十七名（13）
87	道光二十年庚子科	史淳／澄	廣東廣州府番禺縣人	賜進士出身第二甲八十七名（14）
88	道光二十年庚子科	洪國治	廣東廣州府番禺縣人	賜進士出身第二甲八十七名（75）
89	道光二十年庚子科	韓錦雲	廣東瓊州府文昌縣人	賜同進士出身第三甲九十名（12）
90	道光二十年庚子科	梁國珍	廣東廣州府番禺縣人	賜同進士出身第三甲九十名（20）
91	道光二十年庚子科	韓捧日	廣東瓊州府文昌縣人	賜同進士出身第三甲九十名（39）
92	道光二十一年辛丑恩科	何若瑤	廣東廣州府番禺縣人	賜進士出身第二甲九十六名（1）
93	道光二十一年辛丑恩科	梁紹獻／獻廷	廣東廣州府南海縣人	賜進士出身第二甲九十六名（50）
94	道光二十一年辛丑恩科	徐臺英	廣東廣州府南海縣人	賜進士出身第二甲九十六名（53）
95	道光二十一年辛丑恩科	陳桂籍	廣東廣州府新安縣人	賜進士出身第二甲九十六名（68）
96	道光二十一年辛丑恩科	梁國瑚	廣東廣州府番禺縣人	賜進士出身第二甲九十六名（74）
97	道光二十一年辛丑恩科	洗倬邦	廣東廣州府南海縣人	賜進士出身第二甲九十六名（86）
98	道光二十一年辛丑恩科	顏培瑚	廣東惠州府連平州人	賜同進士出身第三甲一百三名（12）
99	道光二十一年辛丑恩科	李光彥	廣東嘉應直隸州人	賜同進士出身第三甲一百三名（20）
100	道光二十四年甲辰科	黃經	廣東廣州府順德縣人	賜進士出身第二甲一百六名（2）
101	道光二十四年甲辰科	馮譽驥	廣東肇慶府高要縣人	賜同進士出身第三甲一百三名（7）
102	道光二十四年甲辰科	王映斗	廣東瓊州府定安縣人	賜同進士出身第三甲一百三名（14）
103	道光二十四年甲辰科	林燕典	廣東瓊州府文昌縣人	賜同進士出身第三甲一百三名（17）
104	道光二十四年甲辰科	張金鑒	廣東廣州府東莞縣人	賜同進士出身第三甲一百三名（71）
105	道光二十四年甲辰科	朱潮	廣東廣州府香山縣人	賜同進士出身第三甲一百三名（86）
106	道光二十四年甲辰科	馬儀清	廣東肇慶府高要縣人	賜同進士出身第三甲一百三名（102）
107	道光二十四年甲辰科	周寅清	廣東廣州府順德縣人	賜同進士出身第三甲一百三名（47）
108	道光二十四年甲辰科	楊鱣	廣東雷州府遂溪縣人	賜同進士出身第三甲一百三名（70）

109	道光二十五年乙巳恩科	劉榮琪	廣東肇慶府陽春縣人	賜進士出身第二甲九十八名（51）
110	道光二十五年乙巳恩科	容文明	廣東廣州府南海縣人	賜進士出身第二甲九十八名（81）
111	道光二十五年乙巳恩科	郭志融	廣東廣州府清遠縣人	賜進士出身第二甲九十八名（82）
112	道光二十五年乙巳恩科	宋維屏	廣東廣州府花縣人	賜同進士出身第三甲一百十六名（13）
113	道光二十五年乙巳恩科	梁汝弼	廣東廣州府三水縣人	賜同進士出身第三甲一百三名（33）
114	道光二十五年乙巳恩科	莫廷蕃	廣東廣州府南海縣人	賜同進士出身第三甲一百三名（34）
115	道光二十五年乙巳恩科	張鍾彥	廣東瓊州府定安縣人	賜同進士出身第三甲一百三名（39）
116	道光二十五年乙巳恩科	陳其晟	廣東廣州府香山縣人	賜同進士出身第三甲一百三名（45）
117	道光二十五年乙巳恩科	謝蘭省	廣東韶州府英德縣人	賜同進士出身第三甲一百三名（64）
118	道光二十五年乙巳恩科	林澤芳	廣東廣州府順德縣人	賜同進士出身第三甲一百三名（89）
119	道光二十五年乙巳恩科	饒裦甲	廣東潮州府大埔縣人	賜同進士出身第三甲一百三名（95）
120	道光二十五年乙巳恩科	陳泰初	廣東廣州府番禺縣人	賜進士出身第二甲九十八名
121	道光二十七年丁未科	潘斯濂	廣東廣州府南海縣人	賜進士出身第二甲一百十名（30）
122	道光二十七年丁未科	劉廷鑒	廣東廣州府南海縣人	賜進士出身第二甲一百十名（34）
123	道光二十七年丁未科	龍元儼	廣東廣州府順德縣人	賜進士出身第二甲一百十名（52）
124	道光二十七年丁未科	何璟	廣東廣州府香山縣人	賜進士出身第二甲一百十名（53）
125	道光二十七年丁未科	蔡應嵩	廣東惠州府歸善縣人	賜進士出身第二甲一百十名（79）
126	道光二十七年丁未科	莊心庠	廣東廣州府番禺縣人	賜進士出身第二甲一百十名（94）
127	道光二十七年丁未科	楊文熙	廣東瓊州府瓊山縣人	賜進士出身第二甲一百十名（98）
128	道光二十七年丁未科	馮森	廣東肇慶府鶴山縣人	賜同進士出身第三甲一百十八名（10）
129	道光二十七年丁未科	羅家頤	廣東廣州府順德縣人	賜同進士出身第三甲一百十八名（105）
130	道光二十七年丁未科	朱次琦	廣東廣州府南海縣人	賜同進士出身第三甲一百十八名（114）
131	道光二十七年丁未科	盧日新	廣東廣州府東莞縣人	賜同進士出身第三甲一百十八名（116）
132	道光二十七年丁未科	冼斌	廣東廣州府南海縣人	賜同進士出身第三甲一百十八名
133	道光三十年庚戌科	許其光	廣東廣州府番禺縣人	賜進士及第一甲三名（榜眼）
134	道光三十年庚戌科	黃統	廣東廣州府順德縣人	賜進士出身第二甲一百四名（1）
135	道光三十年庚戌科	羅家勤	廣東廣州府順德縣人	賜進士出身第二甲一百四名（21）
136	道光三十年庚戌科	梁巍	廣東高州府信宜縣人	賜進士出身第二甲一百四名（33）
137	道光三十年庚戌科	陳元楷	廣東廣州府順德縣人	賜進士出身第二甲一百四名（35）
138	道光三十年庚戌科	賴子猷	廣東廣州府順德縣人	賜進士出身第二甲一百四名（60）
139	道光三十年庚戌科	姚詩彥	廣東廣州府番禺縣人	賜進士出身第二甲一百四名（74）
140	道光三十年庚戌科	沈史雲	廣東廣州府番禺縣人	賜進士出身第二甲一百四名（75）
141	道光三十年庚戌科	許應騤	廣東廣州府番禺縣人	賜同進士出身第三甲一百五名（5）
142	道光三十年庚戌科	李可琳	廣東惠州府歸善縣人	賜同進士出身第三甲一百五名（21）
143	道光十六年丙申科	鍾體泉	廣東廣州府東莞縣人	
144	道光三十年庚戌科	葉炳華	廣東廣州府南海縣人	

廣東府縣進士首三甲名次表

名　次	名　稱	廣東進士人數
1	廣東廣州府南海縣	23 名進士（包括 1 名探花）
2	廣東廣州府番禺縣	21 名進士（包括一名榜眼）
3	廣東廣州府順德縣	19 名進士

廣東進士人數表

次　數	道光考期	廣東進士人數
1	道光二年壬午恩科	9 名進士（包括 1 名探花）
2	道光三年癸未科	10 名進士（包括 1 名狀元）
3	道光六年丙戌科	12 名進士
4	道光九年	11 名進士
5	道光十二年壬辰恩科	9 名進士
6	道光十三年癸巳科	10 名進士
7	道光十五年乙未科	9 名進士
8	道光十六年丙申科	7 名進士
9	道光十八年戊戌科	8 名進士
10	道光二十年庚子科	7 名進士
11	道光二十一年	8 名進士
12	道光二十四年甲辰科	9 名進士
13	道光二十五年乙巳恩科	12 名進士
14	道光二十七年丁未科	12 名進士
15	道光三十年庚戌科	11 名進士（包括 1 名榜眼）
		合共 144 名進士

清朝咸豐年間廣東進士人數表

編號	年　份	姓　名	籍　貫	等　第
1	咸豐二年壬子恩科	梁元桂	廣東肇慶府恩平縣人	賜進士出身第二甲一百八名（61）
2	咸豐二年壬子恩科	游顯廷	廣東廣州府南海縣人	賜進士出身第二甲一百八名（71）

3	咸豐二年壬子恩科	李光廷	廣東廣州府番禺縣人	賜進士出身第二甲一百八名（72）
4	咸豐二年壬子恩科	何瑞丹	廣東廣州府香山縣人	賜進士出身第二甲一百八名（80）
5	咸豐二年壬子恩科	陳維岳	廣東廣州府增城縣人	賜進士出身第二甲一百八名（90）
6	咸豐二年壬子恩科	張文泗	廣東廣州府番禺縣人	賜進士出身第二甲一百八名（94）
7	咸豐二年壬子恩科	宋蔚謙	廣東廣州府花縣人	賜同進士出身第三甲一百二十八名（3）
8	咸豐二年壬子恩科	李應田	廣東廣州府順德縣人	賜同進士出身第三甲一百二十八名（8）
9	咸豐三年癸丑科	陳蘭彬	廣東高州府吳川縣人	賜進士出身第二甲一百七名（7）
10	咸豐三年癸丑科	許應鑅	廣東廣州府番禺縣人	賜進士出身第二甲一百七名（23）
11	咸豐三年癸丑科	楊榮緒	廣東廣州府番禺縣人	賜進士出身第二甲一百七名（31）
12	咸豐三年癸丑科	李鶴齡	廣東肇慶府鶴山縣人	賜進士出身第二甲一百七名（36）
13	咸豐三年癸丑科	梁肇煌	廣東廣州府番禺縣人	賜進士出身第二甲一百七名（47）
14	咸豐三年癸丑科	蔣理祥	廣東廣州府東莞縣人	賜進士出身第二甲一百七名（91）
15	咸豐三年癸丑科	黃翰華	廣東肇慶府四會縣人	賜進士出身第二甲一百七名（98）
16	咸豐三年癸丑科	侯嗣章	廣東嘉應直隸州人	賜進士出身第二甲一百七名（100）
17	咸豐三年癸丑科	王袞	廣東肇慶府高要縣人	賜同進士出身第三甲一百十二名（4）
18	咸豐三年癸丑科	孫兆蘭	廣東廣州府	賜同進士出身第三甲一百十二名（86）
19	咸豐六年丙辰科	葉衍蘭	廣東廣州府番禺縣人	賜進士出身第二甲一百名（25）
20	咸豐六年丙辰科	鍾孟鴻	廣東嘉應州鎮平縣人	賜進士出身第二甲一百名（42）
21	咸豐六年丙辰科	邱對欣	廣東瓊州府瓊山縣人	賜進士出身第二甲一百名（60）
22	咸豐六年丙辰科	梁炳漢	廣東肇慶府高要縣人	賜進士出身第二甲一百名（83）
23	咸豐六年丙辰科	黎兆棠	廣東廣州府順德縣人	賜同進士出身第三甲一百十三名（22）
24	咸豐六年丙辰科	廖正亨	廣東肇慶府高要縣人	賜同進士出身第三甲一百十二名（58）
25	咸豐六年丙辰科	饒軒	廣東嘉應直隸州人	賜同進士出身第三甲一百十二名（76）
26	咸豐九年己未科	李文田	廣東廣州府順德縣人	賜進士及第一甲三名（探花）
27	咸豐九年己未科	梁思問／僧寶	廣東廣州府順德縣人	賜進士出身第二甲一百八名（22）
28	咸豐九年己未科	何聘珍	廣東廣州府南海縣人	賜同進士出身第三甲一百二十八名（27）
29	咸豐九年己未科	何探源	廣東潮州府大埔縣人	賜同進士出身第三甲一百二十八名（37）
30	咸豐九年己未科	王學華	廣東肇慶府高要縣人	賜同進士出身第三甲一百二十八名（41）
31	咸豐十年庚申恩科	林澎年	廣東廣州府南海縣人	賜進士及第一甲三名（榜眼）
32	咸豐十年庚申恩科	黎翔	廣東廣州府香山縣人	賜進士出身第二甲八十名（2）
33	咸豐十年庚申恩科	馬永璋	廣東廣州府南海縣人	賜進士出身第二甲八十名（70）
34	咸豐十年庚申恩科	馮景略／應奎	廣東廣州府南海縣人	賜同進士出身第三甲一百六名（38）
35	咸豐十年庚申恩科	何有濟	廣東廣州府香山縣人	賜同進士出身第三甲一百六名（81）
36	咸豐十年庚申恩科	顏有莊	廣東肇慶府陽春縣人	賜同進士出身第三甲一百六名（104）

廣東進士首三甲名次表

名　次	名　稱	廣東進士人數
1	廣東廣州府番禺縣	6 名進士
2	廣東廣州府南海縣	5 名進士 （包括 1 名榜眼）
3	廣東肇慶府高要縣	4 名進士
3	廣東廣州府順德縣	4 名進士 （包括 1 名探花）

廣東進士人數表

次　數	咸豐考期	廣東進士人數
1	咸豐二年壬子恩科	8 名進士
2	咸豐三年	10 名進士
3	咸豐六年丙辰科	7 名進士
4	咸豐九年己未科	5 名進士 （包括 1 名探花）
5	咸豐十年庚申恩科	6 名進士 （包括 1 名榜眼）
		合共 36 名進士

清朝同治年間廣東進士人數表

編號	年　份	姓名	籍　貫	等　第
1	同治元年壬戌恩科	黃槐森	廣東廣州府香山縣人	賜進士出身第二甲七十二名（20）
2	同治元年壬戌恩科	曹秉濬	廣東廣州府番禺縣人	賜進士出身第二甲七十二名（32）
3	同治元年壬戌恩科	黃榮熙	廣東廣州府新寧縣人	賜進士出身第二甲七十二名（66）
4	同治元年壬戌恩科	劉承輦／輦	廣東肇慶府陽春縣人	賜同進士出身第三甲一百十八名（11）
5	同治元年壬戌恩科	李龍章	廣東肇慶府鶴山縣人	賜同進士出身第三甲一百十八名（24）
6	同治元年壬戌恩科	陳汝霖	廣東廣州府南海縣人	賜同進士出身第三甲一百十八名（46）
7	同治元年壬戌恩科	李瓏輝	廣東廣州府新會縣人	賜同進士出身第三甲一百十八名（63）
8	同治元年壬戌恩科	何賁高	廣東廣州府順德縣人	賜同進士出身第三甲一百十八名（95）
9	同治二年癸亥恩科	何繼儼	廣東廣州府順德縣人	賜進士出身第二甲七十八名（12）
10	同治二年癸亥恩科	何文涵	廣東廣州府番禺縣人	賜進士出身第二甲七十八名（28）
11	同治二年癸亥恩科	黃基	廣東嘉應直隸州人	賜進士出身第二甲七十八名（33）
12	同治二年癸亥恩科	高學瀛	廣東廣州府番禺縣人	賜進士出身第二甲七十八名（43）

13	同治二年癸亥恩科	雲茂濟	廣東瓊州府文昌縣人	賜進士出身第二甲七十八名（74）
14	同治二年癸亥恩科	容鶴齡	廣東廣州府東莞縣人	賜同進士出身第三甲一百十九名（8）
15	同治二年癸亥恩科	符兆鵬	廣東雷州府海康縣人	賜同進士出身第三甲一百十九名（19）
16	同治二年癸亥恩科	黃桂丹	廣東廣州府香山縣人	賜同進士出身第三甲一百十九名（20）
17	同治二年癸亥恩科	張薇	廣東潮州府大埔縣人	賜同進士出身第三甲一百十九名（24）
18	同治二年癸亥恩科	李振／辰輝	廣東廣州府新會縣人	賜同進士出身第三甲一百十九名（38）
19	同治二年癸亥恩科	陳榮洙	廣東廣州府	賜同進士出身第三甲一百十九名（55）
20	同治四年乙丑科	羅家劭	廣東廣州府順德縣人	賜進士出身第二甲一百名（2）
21	同治四年乙丑科	張清華	廣東廣州府番禺縣人	賜進士出身第二甲一百名（6）
22	同治四年乙丑科	何壽增	廣東廣州府順德縣人	賜進士出身第二甲一百名（18）
23	同治四年乙丑科	曹秉哲	廣東廣州府番禺縣人	賜進士出身第二甲一百名（25）
24	同治四年乙丑科	楊頤	廣東高州府茂名縣人	賜進士出身第二甲一百名（36）
25	同治四年乙丑科	薛德恩	廣東廣州府番禺縣人	賜進士出身第二甲一百名（49）
26	同治四年乙丑科	黃桂鑅	廣東廣州府順德縣人	賜進士出身第二甲一百名（56）
27	同治四年乙丑科	潘衍鋆	廣東廣州府南海縣人	賜進士出身第二甲一百名（68）
28	同治四年乙丑科	馮栻宗	廣東廣州府南海縣人	賜進士出身第二甲一百名（71）
29	同治四年乙丑科	呂元勳	廣東肇慶府鶴山縣人	賜同進士出身第三甲一百六十二名（18）
30	同治四年乙丑科	龍泉	廣東廣州府三水縣人	賜同進士出身第三甲一百六十二名（50）
31	同治四年乙丑科	鄧翰屏	廣東廣州府順德縣人	賜同進士出身第三甲一百六十二名（54）
32	同治四年乙丑科	謝雲龍	廣東嘉應直隸州人	賜同進士出身第三甲一百六十二名（130）
33	同治四年乙丑科	廖鶴年	廣東廣州府番禺縣人	賜同進士出身第三甲一百六十二名（143）
34	同治七年戊辰科	何如璋	廣東潮州府大埔縣人	賜進士出身第二甲一百名（27）
35	同治七年戊辰科	關朝宗	廣東肇慶府開平縣人	賜進士出身第二甲一百名（49）
36	同治七年戊辰科	潘汝／衍桐	廣東廣州府南海縣人	賜進士出身第二甲一百名（53）
37	同治七年戊辰科	張喬芬	廣東廣州府南海縣人	賜進士出身第二甲一百名（66）
38	同治七年戊辰科	陸芝祥	廣東廣州府番禺縣人	賜進士出身第二甲一百名（69）
39	同治七年戊辰科	李應鴻	廣東廣州府南海縣人	賜同進士出身第三甲一百四十名（11）
40	同治七年戊辰科	吳應揚	廣東廣州府香山縣人	賜同進士出身第三甲一百四十名（12）
41	同治七年戊辰科	鄧佐槐	廣東廣州府東莞縣人	賜同進士出身第三甲一百四十名（33）
42	同治七年戊辰科	蘇晃	廣東廣州府順德縣人	賜同進士出身第三甲一百四十名（46）
43	同治七年戊辰科	溫戴延／廷	廣東廣州府順德縣人	賜同進士出身第三甲一百四十名（57）
44	同治七年戊辰科	馮錫綸	廣東廣州府南海縣人	賜同進士出身第三甲一百四十名（66）
45	同治七年戊辰科	黎淞慶	廣東廣州府香山縣人	賜同進士出身第三甲一百四十名（81）

46	同治七年戊辰科	易學精／清	廣東肇慶府鶴山縣人	賜同進士出身第三甲一百四十名（87）
47	同治七年戊辰科	郭乃心	廣東廣州府南海縣人	賜同進士出身第三甲一百四十名（92）
48	同治七年戊辰科	楊桂芳	廣東肇慶府廣寧縣人	賜同進士出身第三甲一百四十名（131）
49	同治十年辛未科	梁耀樞	廣東廣州府順德縣人	賜進士及第一甲三名（狀元）
50	同治十年辛未科	呂紹緒／端	廣東廣州府南海縣人	賜進士出身第二甲一百二十名（13）
51	同治十年辛未科	黃家駒	廣東廣州府東莞縣人	賜進士出身第二甲一百二十名（61）
52	同治十年辛未科	區雲漢	廣東廣州府新會縣人	賜進士出身第二甲一百二十名（74）
53	同治十年辛未科	陳序球	廣東廣州府南海縣人	賜進士出身第二甲一百二十名（79）
54	同治十年辛未科	鄧容鏡	廣東廣州府東莞縣人	賜進士出身第二甲一百二十名（96）
55	同治十年辛未科	區諤良	廣東廣州府南海縣人	賜進士出身第二甲一百二十名（108）
56	同治十年辛未科	李士周	廣東高州府化州人	賜同進士出身第三甲二百名（33）
57	同治十年辛未科	黃嘉端	廣東廣州府南海縣人	賜同進士出身第三甲二百名（35）
58	同治十年辛未科	崔佐	廣東廣州府南海縣人	賜同進士出身第三甲二百名（38）
59	同治十年辛未科	梁融	廣東廣州府南海縣人	賜同進士出身第三甲二百名（45）
60	同治十年辛未科	許奇雋	廣東肇慶府開平縣人	賜同進士出身第三甲二百名（46）
61	同治十年辛未科	謝廷鈞／推	廣東廣州府從龍縣人	賜同進士出身第三甲二百名（66）
62	同治十年辛未科	潘士釗	廣東廣州府南海縣人	賜同進士出身第三甲二百名（85）
63	同治十年辛未科	馮國楨	廣東廣州府番禺縣人	賜同進士出身第三甲二百名（156）
64	同治十年辛未科	李崇忠	廣東高州府信宜縣人	賜同進士出身第三甲二百名（183）
65	同治十三年甲戌科	譚宗俊	廣東廣州府南海縣人	賜進士及第一甲三名（榜眼）
66	同治十三年甲戌科	何崇光	廣東廣州府順德縣人	賜進士出身第二甲一百三十二名（7）
67	同治十三年甲戌科	陳華褧	廣東廣州府新會縣人	賜進士出身第二甲一百三十二名（10）
68	同治十三年甲戌科	姚禮泰	廣東廣州府番禺縣人	賜進士出身第二甲一百三十二名（14）
69	同治十三年甲戌科	沈錫晉	廣東廣州府番禺縣人	賜進士出身第二甲一百三十二名（18）
70	同治十三年甲戌科	黃玉堂	廣東廣州府順德縣人	賜進士出身第二甲一百三十二名（44）
71	同治十三年甲戌科	梁肇晉	廣東廣州府番禺縣人	賜進士出身第二甲一百三十二名（57）
72	同治十三年甲戌科	何其敬	廣東廣州府順德縣人	賜進士出身第二甲一百三十二名（77）
73	同治十三年甲戌科	楊凝鍾	廣東廣州府順德縣人	賜進士出身第二甲一百三十二名（95）
74	同治十三年甲戌科	劉廷鏡	廣東廣州府南海縣人	賜進士出身第二甲一百三十二名（104）
75	同治十三年甲戌科	張其翼	廣東廣州府新會縣人	賜進士出身第二甲一百三十二名（118）
76	同治十三年甲戌科	麥賓／寶常	廣東廣州府南海縣人	賜同進士出身第三甲二百三名（21）
77	同治十三年甲戌科	林煥曦	廣東肇慶府高要縣人	賜同進士出身第三甲二百三名（124）
78	同治十三年甲戌科	周良玉	廣東肇慶府高要縣人	賜同進士出身第三甲二百三名（131）
79	同治十三年甲戌科	梁錦瀾	廣東肇慶府高要縣人	賜同進士出身第三甲二百三名（162）
80	同治元年壬戌恩科	黃槐森	廣東廣州府香山縣人	賜進士出身第二甲七十二名（20）

廣東進士首三甲名次表

廣東府縣名次	廣東府縣名稱	廣東縣州進士人數
1	廣東廣州府南海縣	18 名進士（包括 1 名榜眼）
2	廣東廣州府順德縣	13 名進士（包括 1 名狀元）
3	廣東廣州府番禺縣	12 名進士

廣東進士人數表

次　數	同治考期	廣東進士人數
1	同治元年	8 名進士
2	同治二年乙丑科	11 名進士
3	同治四年乙丑科	14 名進士
4	同治七年戊辰科	15 名進士
5	同治十年辛未科	16 名進士 （包括 1 名狀元）
6	同治十三年甲戌科	15 名進士 （包括 1 名榜眼）
		合共 79 名進士

清朝光緒年間廣東進士人數表

編號	年　份	姓　名	籍　貫	等　第
1	光緒二年丙子恩科	戴鴻慈	廣東廣州府南海縣人	賜進士出身第二甲一百五十六名（4）
2	光緒二年丙子恩科	廖廷相	廣東廣州府南海縣人	賜進士出身第二甲一百五十六名（29）
3	光緒二年丙子恩科	潘寶鐄／黃	廣東廣州府番禺縣人	賜進士出身第二甲一百五十六名（32）
4	光緒二年丙子恩科	謝家政	廣東嘉應高要縣人	賜進士出身第二甲一百五十六名（36）
5	光緒二年丙子恩科	黎榮翰	廣東廣州府順德縣人	賜進士出身第二甲一百五十六名（81）
6	光緒二年丙子恩科	林其翔	廣東廣州府南海縣人	賜進士出身第二甲一百五十六名（98）
7	光緒二年丙子恩科	金學獻	廣東廣州府番禺縣人	賜進士出身第二甲一百五十六名（133）
8	光緒二年丙子恩科	黃輝齡	廣東廣州府香山縣人	賜進士出身第二甲一百五十六名（135）
9	光緒二年丙子恩科	羅配章	廣東廣州府順德縣人	賜進士出身第二甲一百五十六名（151）
10	光緒二年丙子恩科	陳嘉謨	廣東廣州府東莞縣人	賜同進士出身第三甲一百六十五名（31）
11	光緒二年丙子恩科	區士彬	廣東廣州府番禺縣人	賜同進士出身第三甲一百六十五名（32）
12	光緒二年丙子恩科	周兆璋	廣東廣州府順德縣人	賜同進士出身第三甲一百六十五名（40）
13	光緒二年丙子恩科	郭汝材	廣東廣州府南海縣人	賜同進士出身第三甲一百六十五名（64）
14	光緒二年丙子恩科	謝元俊	廣東廣州府東莞縣人	賜同進士出身第三甲一百六十五名（89）

15	光緒二年丙子恩科	鄭天章	廣東瓊州府瓊山縣人	賜同進士出身第三甲一百六十五名（99）
16	光緒三年丁丑科	張鼎華	廣東廣州府番禺縣人	賜進士出身第二甲一百三十二名（6）
17	光緒三年丁丑科	曾耀南	廣東高州府茂名縣人	賜進士出身第二甲一百三十二名（24）
18	光緒三年丁丑科	何／凌端	廣東廣州府番禺縣人	賜進士出身第二甲一百三十二名（38）
19	光緒三年丁丑科	陳維岳	廣東廣州府番禺縣人	賜進士出身第二甲一百三十二名（45）
20	光緒三年丁丑科	餘家相	廣東廣州府新寧縣人	賜進士出身第二甲一百三十二名（58）
21	光緒三年丁丑科	楊國璋	廣東潮州府大埔縣人	賜進士出身第二甲一百三十二名（81）
22	光緒三年丁丑科	何榮階	廣東廣州府番禺縣人	賜進士出身第二甲一百三十二名（83）
23	光緒三年丁丑科	崔舜球	廣東廣州府南海縣人	賜進士出身第二甲一百三十二名（104）
24	光緒三年丁丑科	陳鳴謙	廣東廣州府三水縣人	賜進士出身第二甲一百三十二名（113）
25	光緒三年丁丑科	鄔質義	廣東廣州府番禺縣人	賜進士出身第二甲一百三十二名（119）
26	光緒三年丁丑科	吳日升	廣東廣州府南海縣人	賜同進士出身第三甲一百九十四名（5）
27	光緒三年丁丑科	何國璋	廣東廣州府香山縣人	賜同進士出身第三甲一百九十四名（23）
28	光緒三年丁丑科	陳國士	廣東廣州府南海縣人	賜同進士出身第三甲一百九十四名（48）
29	光緒三年丁丑科	麥錫良	廣東肇慶府高明縣人	賜同進士出身第三甲一百九十四名（55）
30	光緒三年丁丑科	何子鏜	廣東廣州府香山縣人	賜同進士出身第三甲一百九十四名（71）
31	光緒三年丁丑科	區湛森	廣東廣州府南海縣人	賜同進士出身第三甲一百九十四名（76）
32	光緒三年丁丑科	陳泰階	廣東廣州府香山縣人	賜同進士出身第三甲一百九十四名（83）
33	光緒三年丁丑科	何文全	廣東廣州府番禺縣人	賜同進士出身第三甲一百九十四名（134）
34	光緒六年庚辰科	潘作霖	廣東廣州府番禺縣人	賜進士出身第二甲一百三十三名（12）
35	光緒六年庚辰科	梁鼎芬	廣東廣州府番禺縣人	賜進士出身第二甲一百三十三名（31）
36	光緒六年庚辰科	吳國鎮／道鎔	廣東廣州府番禺縣人	賜進士出身第二甲一百三十三名（43）
37	光緒六年庚辰科	張嘉澍	廣東廣州府番禺縣人	賜進士出身第二甲一百三十三名（70）
38	光緒六年庚辰科	姜自駒	廣東肇慶府陽江縣人	賜進士出身第二甲一百三十三名（72）
39	光緒六年庚辰科	陳景鎏	廣東廣州府番禺縣人	賜進士出身第二甲一百三十三名（80）
40	光緒六年庚辰科	柳芳	廣東廣州府番禺縣人	賜進士出身第二甲一百三十三名（89）
41	光緒六年庚辰科	汪文炳	廣東廣州府香山縣人	賜進士出身第二甲一百三十三名（92）
42	光緒六年庚辰科	邱晉昕	廣東潮州府大埔縣人	賜進士出身第二甲一百三十三名（126）
43	光緒六年庚辰科	陳慶桂	廣東廣州府番禺縣人	賜同進士出身第三甲一百九十四名（5）
44	光緒六年庚辰科	崔其濂	廣東廣州府番禺縣人	賜同進士出身第三甲一百九十四名（30）
45	光緒六年庚辰科	周國琛	廣東廣州府順德縣人	賜同進士出身第三甲一百九十四名（42）
46	光緒六年庚辰科	陳子驥	廣東廣州府新會縣人	賜同進士出身第三甲一百九十四名（65）
47	光緒六年庚辰科	陳爲煥	廣東廣州府順德縣人	賜同進士出身第三甲一百九十四名（80）
48	光緒六年庚辰科	王器成	廣東瓊州人	賜同進士出身第三甲一百九十四名（80）
49	光緒六年庚辰科	呂元恩	廣東廣州府新會縣人	賜同進士出身第三甲一百九十四名（149）
50	光緒六年庚辰科	崔永安	廣東廣州駐防漢軍正白旗人	賜同進士出身第三甲一百九十四名

51	光緒九年癸未科	丁仁長	廣東廣州府番禺縣人	賜進士出身第二甲一百二十四名（3）
52	光緒九年癸未科	陳如嶽	廣東廣州府南海縣人	賜進士出身第二甲一百二十四名（32）
53	光緒九年癸未科	潘履端	廣東廣州府番禺縣人	賜進士出身第二甲一百二十四名（67）
54	光緒九年癸未科	張管生	廣東廣州府南海縣人	賜進士出身第二甲一百二十四名（83）
55	光緒九年癸未科	冼寶翰	廣東廣州府南海縣人	賜進士出身第二甲一百二十四名（103）
56	光緒九年癸未科	鄭邦任	廣東潮州府潮陽縣人	賜進士出身第二甲一百二十四名（109）
57	光緒九年癸未科	梁鴻翥	廣東廣州府三水縣人	賜進士出身第二甲一百二十四名（122）
58	光緒九年癸未科	區應嵩	廣東廣州府順德縣人	賜同進士出身第三甲一百八十一名（12）
59	光緒九年癸未科	梁啓熙	廣東廣州府順德縣人	賜同進士出身第三甲一百八十一名（19）
60	光緒九年癸未科	何息深	廣東廣州府東莞縣人	賜同進士出身第三甲一百八十一名（34）
61	光緒九年癸未科	歐陽鈞	廣東廣州府新會縣人	賜同進士出身第三甲一百八十一名（38）
62	光緒九年癸未科	梁莘	廣東廣州府南海縣人	賜同進士出身第三甲一百八十一名（76）
63	光緒九年癸未科	簡叔琳	廣東廣州府番禺縣人	賜同進士出身第三甲一百八十一名（79）
64	光緒九年癸未科	陳熙敬	廣東高州府信宜縣人	賜同進士出身第三甲一百八十一名（143）
65	光緒九年癸未科	黃金鐵／鈇	廣東廣州府順德縣人	賜同進士出身第三甲一百八十一名（145）
66	光緒十二年丙戌科	姜自驤	廣東肇慶府陽江縣人	賜進士出身第二甲一百三十名（2）
67	光緒十二年丙戌科	何彭年	廣東廣州府番禺縣人	賜進士出身第二甲一百三十名（28）
68	光緒十二年丙戌科	李煥堯	廣東廣州府三水縣人	賜進士出身第二甲一百三十名（47）
69	光緒十二年丙戌科	區震	廣東廣州府南海縣人	賜進士出身第二甲一百三十名（120）
70	光緒十二年丙戌科	鄧士芬	廣東韶州府英德縣人	賜同進士出身第三甲一百八十六名（17）
71	光緒十二年丙戌科	茹寶書	廣東廣州府新會縣人	賜同進士出身第三甲一百八十六名（19）
72	光緒十二年丙戌科	何守謙	廣東廣州府順德縣人	賜同進士出身第三甲一百八十六名（27）
73	光緒十二年丙戌科	譚國恩	廣東廣州府新會縣人	賜同進士出身第三甲一百八十六名（28）
74	光緒十二年丙戌科	余贊年	廣東廣州府南海縣人	賜同進士出身第三甲一百八十六名（61）
75	光緒十二年丙戌科	張丕基	廣東廣州府香山縣人	賜同進士出身第三甲一百八十六名（74）
76	光緒十二年丙戌科	龔其藻	廣東廣州府南海縣人	賜同進士出身第三甲一百八十六名（96）
77	光緒十二年丙戌科	何文耀	廣東廣州府香山縣人	賜同進士出身第三甲一百八十六名（98）
78	光緒十二年丙戌科	李賀礽	廣東廣州府新會縣人	賜同進士出身第三甲一百八十六名（125）
79	光緒十二年丙戌科	何達聰	廣東廣州府順德縣人	賜同進士出身第三甲一百八十六名（128）
80	光緒十二年丙戌科	劉學詢	廣東廣州府香山縣人	賜同進士出身第三甲一百八十六名（183）
81	光緒十五年己丑科	吳桂丹	廣東肇慶府高要縣人	賜進士出身第二甲一百三十名（17）
82	光緒十五年己丑科	羅鳳華	廣東廣州府順德縣人	賜進士出身第二甲一百三十名（32）
83	光緒十五年己丑科	梁於渭	廣東廣州府番禺縣人	賜進士出身第二甲一百三十名（112）
84	光緒十五年己丑科	林國贊	廣東廣州府番禺縣人	賜進士出身第二甲一百三十名（118）
85	光緒十五年己丑科	李寶森	廣東廣州府新會縣人	賜同進士出身第三甲一百六十一名（6）
86	光緒十五年己丑科	翁天祐	廣東惠州府海豐縣人	賜同進士出身第三甲一百六十一名（25）
87	光緒十五年己丑科	區宗初	廣東廣州府番禺縣人	賜同進士出身第三甲一百六十一名（27）

88	光緒十五年己丑科	彭光湛	廣東廣州府南海縣人	賜同進士出身第三甲一百六十一名（44）
89	光緒十五年己丑科	勞肇光	廣東肇慶府鶴山縣人	賜同進士出身第三甲一百六十一名（89）
90	光緒十五年己丑科	溫仲／中和	廣東嘉應直隸州人	賜同進士出身第三甲一百六十一名（91）
91	光緒十五年己丑科	周朝槐	廣東廣州府順德縣人	賜同進士出身第三甲一百六十一名（139）
92	光緒十六年庚寅恩科	任文燦	廣東廣州府花縣人	賜進士出身第二甲一百三十六名（14）
93	光緒十六年庚寅恩科	潘寶琳／磺	廣東廣州府番禺縣人	賜進士出身第二甲一百三十六名（29）
94	光緒十六年庚寅恩科	張蔚珍／增	廣東惠州府博羅縣人	賜進士出身第二甲一百三十六名（69）
95	光緒十六年庚寅恩科	錢昌瑜	廣東廣州府三水縣人	賜進士出身第二甲一百三十六名（85）
96	光緒十六年庚寅恩科	區天驥	廣東廣州府南海縣人	賜進士出身第二甲一百三十六名（92）
97	光緒十六年庚寅恩科	何天輔	廣東廣州府番禺縣人	賜進士出身第二甲一百三十六名（93）
98	光緒十六年庚寅恩科	吳尚謙／態／廉	廣東廣州府南海縣人	賜進士出身第二甲一百三十六名（102）
99	光緒十六年庚寅恩科	李晉熙	廣東雷州府海康縣人	賜進士出身第二甲一百三十六名（115）
100	光緒十六年庚寅恩科	梁芝榮	廣東廣州府南海縣人	賜進士出身第二甲一百三十六名（126）
101	光緒十六年庚寅恩科	羅傳瑞	廣東廣州府南海縣人	賜進士出身第二甲一百三十六名（136）
102	光緒十六年庚寅恩科	張學華	廣東廣州府番禺縣人	賜同進士出身第三甲一百八十七名（8）
103	光緒十六年庚寅恩科	黃嘉禮	廣東廣州府南海縣人	賜同進士出身第三甲一百八十七名（13）
104	光緒十六年庚寅恩科	梁聯芳	廣東廣州府順德縣人	賜同進士出身第三甲一百八十七名（15）
105	光緒十六年庚寅恩科	李翰鋆	廣東肇慶府高要縣人	賜同進士出身第三甲一百八十七名（18）
106	光緒十六年庚寅恩科	伍文管	廣東廣州府順德縣人	賜同進士出身第三甲一百八十七名（19）
107	光緒十六年庚寅恩科	李綺青	廣東惠州府歸善縣人	賜同進士出身第三甲一百八十七名（68）
108	光緒十六年庚寅恩科	何國澄	廣東廣州府順德縣人	賜同進士出身第三甲一百八十七名（102）
109	光緒十六年庚寅恩科	黃增榮	廣東廣州府南海縣人	賜同進士出身第三甲一百八十七名（144）
110	光緒十八年壬辰科	陳伯陶	廣東廣州府東莞縣人	賜進士及第一甲三名（榜眼）
111	光緒十八年壬辰科	伍銓萃	廣東廣州府新會縣人	賜進士出身第二甲一百三十二名（12）
112	光緒十八年壬辰科	盧維慶	廣東廣州府番禺縣人	賜進士出身第二甲一百三十二名（23）
113	光緒十八年壬辰科	林國賡	廣東廣州府番禺縣人	賜進士出身第二甲一百三十二名（32）
114	光緒十八年壬辰科	何藻翔	廣東廣州府順德縣人	賜進士出身第二甲一百三十二名（38）
115	光緒十八年壬辰科	曾習經	廣東潮州府揭陽縣人	賜進士出身第二甲一百三十二名（78）
116	光緒十八年壬辰科	周汝鈞	廣東廣州府番禺縣人	賜進士出身第二甲一百三十二名（79）
117	光緒十八年壬辰科	江逢辰	廣東惠州府歸善縣人	賜進士出身第二甲一百三十二名（89）
118	光緒十八年壬辰科	周頌聲	廣東廣州府順德縣人	賜進士出身第二甲一百三十二名（93）
119	光緒十八年壬辰科	饒軫	廣東嘉應直隸州人	賜進士出身第二甲一百三十二名（101）
120	光緒十八年壬辰科	潘葆良	廣東廣州府順德縣人	賜進士出身第二甲一百三十二名（106）
121	光緒十八年壬辰科	饒寶書	廣東嘉應府直隸興寧人	賜同進士出身第三甲一百八十二名（1）
122	光緒十八年壬辰科	李荃	廣東廣州府南海縣人	賜同進士出身第三甲一百八十二名

123	光緒十八年壬辰科	李兆春	廣東廣州府番禺縣人	賜同進士出身第三甲一百八十二名（11）
124	光緒十八年壬辰科	馮鏡全／泉	廣東廣州府順德縣人	賜同進士出身第三甲一百八十二名（19）
125	光緒十八年壬辰科	馮永圖	廣東廣州府順德縣人	賜同進士出身第三甲一百八十二名（74）
126	光緒十八年壬辰科	洪景楠	廣東廣州府番禺縣人	賜同進士出身第三甲一百八十二名（84）
127	光緒十八年壬辰科	王雲清	廣東瓊州府澹州縣人	賜同進士出身第三甲一百八十二名（158）
128	光緒十八年壬辰科	鄺兆雷	廣東廣州府新寧縣人	賜同進士出身第三甲一百八十二名（169）
129	光緒二十年甲午恩科	李翹芬	廣東廣州府順德縣人	賜進士出身第二甲一百三十二名（7）
130	光緒二十年甲午恩科	曾文玉	廣東廣州府新會縣人	賜進士出身第二甲一百三十二名（10）
131	光緒二十年甲午恩科	梁士詒	廣東廣州府三水縣人	賜進士出身第二甲一百三十二名（13）
132	光緒二十年甲午恩科	張其淦	廣東廣州府東莞縣人	賜進士出身第二甲一百三十二名（29）
133	光緒二十年甲午恩科	陳昭常	廣東廣州府新會縣人	賜進士出身第二甲一百三十二名（37）
134	光緒二十年甲午恩科	梁志文	廣東廣州府南海縣人	賜進士出身第二甲一百三十二名（48）
135	光緒二十年甲午恩科	楊裕芬	廣東廣州府南海縣人	賜進士出身第二甲一百三十二名（56）
136	光緒二十年甲午恩科	廖鳳章	廣東廣州府南海縣人	賜進士出身第二甲一百三十二名（79）
137	光緒二十年甲午恩科	程友琦	廣東廣州府南海縣人	賜進士出身第二甲一百三十二名（82）
138	光緒二十年甲午恩科	徐夔揚	廣東廣州府東莞縣人	賜進士出身第二甲一百三十二名（89）
139	光緒二十年甲午恩科	範公謨	廣東廣州府番禺縣人	賜進士出身第二甲一百三十二名（106）
140	光緒二十年甲午恩科	馮詔斌	廣東廣州府順德縣人	賜同進士出身第三甲一百七十九名（18）
141	光緒二十年甲午恩科	桂坫	廣東廣州府南海縣人	賜同進士出身第三甲一百七十九名（27）
142	光緒二十年甲午恩科	招翰昭	廣東廣州府南海縣人	賜同進士出身第三甲一百七十九名（80）
143	光緒二十年甲午恩科	胡慧融	廣東廣州府順德縣人	賜同進士出身第三甲一百七十九名（95）
144	光緒二十年甲午恩科	陶邵學	廣東廣州府番禺縣人	賜同進士出身第三甲一百七十九名（177）
145	光緒二十一年乙未科	凌福彭	廣東廣州府番禺縣人	賜進士出身第二甲一百名（3）
146	光緒二十一年乙未科	傅維森	廣東廣州府番禺縣人	賜進士出身第二甲一百名（5）
147	光緒二十一年乙未科	尹慶舉	廣東廣州府東莞縣人	賜進士出身第二甲一百名（39）
148	光緒二十一年乙未科	謝榮熙	廣東廣州府三水縣人	賜進士出身第二甲一百名（45）
149	光緒二十一年乙未科	康有爲	廣東廣州府南海縣人	賜進士出身第二甲一百名
150	光緒二十一年乙未科	李國才	廣東嘉應州平遠縣人	賜進士出身第二甲一百名
151	光緒二十一年乙未科	李翰芬	廣東廣州府香山縣人	賜進士出身第二甲一百名（50）
152	光緒二十一年乙未科	歐家廉	廣東廣州府順德縣人	賜進士出身第二甲一百名（59）
153	光緒二十一年乙未科	劉慶騏	廣東廣州府順德縣人	賜進士出身第二甲一百名（98）
154	光緒二十一年乙未科	崔登瀛	廣東廣州府南海縣人	賜同進士出身第三甲一百九十三名（46）
155	光緒二十一年乙未科	朱衍	廣東廣州府花縣人	賜同進士出身第三甲一百九十三名（103）
156	光緒二十四年戊戌科	何作猷	廣東廣州府香山縣人	賜進士出身第二甲一百五十一名（10）
157	光緒二十四年戊戌科	梁用弧	廣東廣州府順德縣人	賜進士出身第二甲一百五十一名（21）
158	光緒二十四年戊戌科	莫燮幹／如鉥	廣東潮州府南海縣人	賜進士出身第二甲一百五十一名（23）
159	光緒二十四年戊戌科	吳功溥	廣東廣州府番禺縣人	賜進士出身第二甲一百五十一名（37）

160	光緒二十四年戊戌科	李彝坤	廣東廣州府順德縣人	賜進士出身第二甲一百五十一名（39）
161	光緒二十四年戊戌科	何國澧	廣東廣州府順德縣人	賜進士出身第二甲一百五十一名（49）
162	光緒二十四年戊戌科	麥秩嚴	廣東廣州府南海縣人	賜進士出身第二甲一百五十一名（74）
163	光緒二十四年戊戌科	鍾錫璜	廣東廣州府南海縣人	賜進士出身第二甲一百五十一名（80）
164	光緒二十四年戊戌科	黃家駿	廣東廣州府南海縣人	賜進士出身第二甲一百五十一名（95）
165	光緒二十四年戊戌科	廖佩珣	廣東惠州府歸善縣人	賜進士出身第二甲一百五十一名（102）
166	光緒二十四年戊戌科	歐鏞	廣東廣州府順德縣人	賜進士出身第二甲一百五十一名（108）
167	光緒二十四年戊戌科	林耀榮／增	廣東廣州府南海縣人	賜進士出身第二甲一百五十一名（122）
168	光緒二十四年戊戌科	楊沅	廣東嘉應直隸州人	賜進士出身第二甲一百五十一名（137）
169	光緒二十四年戊戌科	何端樹	廣東廣州府番禺縣人	賜進士出身第二甲一百五十一名（144）
170	光緒二十四年戊戌科	商廷修	廣東廣州駐防漢軍正白旗人	賜進士出身第二甲一百五十一名
171	光緒二十四年戊戌科	梁楷	廣東廣州府南海縣人	賜同進士出身第三甲一百九十三名（45）
172	光緒二十四年戊戌科	何壽朋	廣東潮州府大埔縣人	賜同進士出身第三甲一百九十三名（51）
173	光緒二十四年戊戌科	陸乃棠	廣東廣州府南海縣人	賜同進士出身第三甲一百九十三名（70）
174	光緒二十四年戊戌科	李濤	廣東廣州府新會縣人	賜同進士出身第三甲一百九十三名（76）
175	光緒二十四年戊戌科	李麟昌	廣東廣州府香山縣人	賜同進士出身第三甲一百九十三名（81）
176	光緒二十四年戊戌科	黃錫麟	廣東廣州府南海縣人	賜同進士出身第三甲一百九十三名（161）
177	光緒二十九年	左霈	廣東廣州駐正黃漢人	賜進士及第一甲三名（榜眼）
178	光緒二十九年	黎湛枝	廣東廣州府南海縣人	賜進士出身第二甲一百五十名（1）
179	光緒二十九年	李慶萊	廣東廣州府南海縣人	賜進士出身第二甲一百五十名（15）
180	光緒二十九年	區大典	廣東廣州府南海縣人	賜進士出身第二甲一百五十名（33）
181	光緒二十九年	陳旭仁	廣東廣州府新會縣人	賜進士出身第二甲一百五十名（50）
182	光緒二十九年	談道隆	廣東廣州府新會縣人	賜進士出身第二甲一百五十名（69）
183	光緒二十九年	賴際熙	廣東廣州府增城縣人	賜進士出身第二甲一百五十名（76）
184	光緒二十九年	關文彬	廣東廣州府南海縣人	賜進士出身第二甲一百五十名（89）
185	光緒二十九年	溫肅	廣東廣州府順德縣人	賜進士出身第二甲一百五十名（125）
186	光緒二十九年	黃敏孚	廣東廣州府順德縣人	賜同進士出身第三甲一百七十九名（30）
187	光緒二十九年	梁鴻藻	廣東廣州府新會縣人	賜同進士出身第三甲一百七十九名（41）
188	光緒二十九年	陳煜庠	廣東廣州府花縣人	賜同進士出身第三甲一百七十九名（101）
189	光緒二十九年	周廷幹	廣東廣州府順德縣人	賜同進士出身第三甲一百七十九名（139）
190	光緒二十九年	區大原	廣東廣州府南海縣人	賜同進士出身第三甲一百七十九名（146）
191	光緒二十九年	陳耀墀	廣東廣州府番禺縣人	賜同進士出身第三甲一百七十九名（148）
192	光緒二十九年	潘葆良	廣東廣州府順德縣人	賜進士出身第二甲一百五十名（106）
193	光緒三十年甲辰恩科	朱汝珍	廣東廣州府清遠人	賜進士及第一甲三名（榜眼）

194	光緒三十年甲辰恩科	商衍鎏	正白漢廣州王駐防人	賜進士及第一甲三名（探花）
195	光緒三十年甲辰恩科	麥鴻鈞	廣東廣州府三水縣人	賜進士出身第二甲一百二十名（7）
196	光緒三十年甲辰恩科	江孔殷	廣東廣州府南海縣人	賜進士出身第二甲一百二十名（27）
197	光緒三十年甲辰恩科	岑光越	廣東廣州府順德縣人	賜進士出身第二甲一百二十名（24）
198	光緒三十年甲辰恩科	龍建／廷章	廣東廣州府順德縣人	賜進士出身第二甲一百二十名（32）
199	光緒三十年甲辰恩科	李翹燊	廣東廣州府新會縣人	賜進士出身第二甲一百二十名（38）
200	光緒三十年甲辰恩科	陳之鼎	廣東廣州府番禺縣人	賜進士出身第二甲一百二十名（45）
201	光緒三十年甲辰恩科	謝鑾坡	廣東廣州府番禺縣人	賜進士出身第二甲一百二十名（83）
202	光緒三十年甲辰恩科	陳啓輝	廣東廣州府新會縣人	賜進士出身第二甲一百二十名（93）
203	光緒三十年甲辰恩科	關賡麟	廣東廣州府南海縣人	賜進士出身第二甲一百二十名（101）
204	光緒三十年甲辰恩科	歐陽鼎	廣東廣州府順德縣人	賜進士出身第二甲一百二十名（117）
205	光緒三十年甲辰恩科	張雲翼	廣東廣州府順德縣人	賜同進士出身第三甲一百五十名（11）
206	光緒三十年甲辰恩科	朱秉筠	廣東廣州府新會縣人	賜同進士出身第三甲一百五十名（31）
207	光緒三十年甲辰恩科	朱澤年	廣東廣州府新會縣人	賜同進士出身第三甲一百五十名（36）
208	光緒三十年甲辰恩科	朱崇年	廣東廣州府新會縣人	賜同進士出身第三甲一百五十名（72）
209	光緒三十年甲辰恩科	王樹忠	廣東廣州府東莞人	賜同進士出身第三甲一百五十名（78）
210	光緒三十年甲辰恩科	範家駒	廣東潮州府人	賜同進士出身第三甲一百五十名（114）
211	光緒三十年甲辰恩科	陳煥章	廣東肇慶府高要人	賜同進士出身第三甲一百五十名（131）

〔註21〕

廣東進士首五甲名次表

名　次	名　稱	廣東進士人數
1	廣東廣州府南海縣人	46 名進士
2	廣東廣州府番禺縣	41 名進士 （包括 1 名探花）
3	廣東廣州府順德縣人	37 名進士
4	廣東新會縣人	19 名進士
5	廣東廣州府香山縣人	11 名進士

〔註21〕清朝進士數目是參考 98 本廣東的府志、州志及縣志而編成。包括（清）周
　　　碩勳纂修，《乾隆潮州府志》清乾隆四十年、（清）嚴而舒纂《康熙順德縣志》
　　　清康熙十三年、（清）望江檀纂修，《乾隆番禺縣志》清乾隆三十九年、（清）
　　　陳蘭彬纂、毛昌善修，《光緒吳川縣志》清光緒十四年、（清）嚴而舒纂，《民
　　　國順德縣志》等府志及縣志；同時亦參考《明清歷科進士題名碑錄》洪武四
　　　年至光緒三十年。第一冊至第四冊，臺北：華文書局股份有限公司，1969
　　　年。

廣東進士人數表

次　數	光緒考期	廣東進士人數
1	光緒二年丙子恩科	15 名進士
2	光緒三年	18 名進士
3	光緒六年庚辰科	17 名進士
4	光緒九年癸未科	15 名進士
5	光緒十二年丙戌科	15 名進士
6	光緒十五年	11 名進士
7	光緒十六年庚寅恩科	18 名進士
8	光緒十八年壬辰科	19 名進士（包括 1 名榜眼）
9	光緒二十年甲午恩科	16 名進士
10	光緒二十一年乙未科	11 名進士
11	光緒二十四年戊戌科	21 名進士
12	光緒二十九年	16 名進士（包括 1 名榜眼）
13	光緒三十年甲辰恩科	19 名進士（包括 1 名榜眼及 1 名探花）
		合共 211 名進士

清朝前期即由順治、康熙、雍正及乾隆四朝組成（西元 1644～1795）

名次	名　稱	廣東進士人數	順治、康熙、雍正及乾隆四朝進士總數
1	廣東廣州府順德縣	42 名進士	34
2	廣東廣州府東莞縣	32 名進士	92
3	廣東廣州府番禺縣	30 名進士	70
4	廣東潮州府海陽縣	29 名進士	257
5	廣東廣州府南海縣	24 名進士	451
6	廣東嘉應直隸州	23 名進士	
7	廣東潮州府大埔縣	20 名進士	
8	廣東潮州府澄海縣	19 名進士	
9	廣東廣州府新會縣	17 名進士	

清朝中期即由嘉慶、道光及咸豐三朝組成（西元 1796～1861）

名 次	名 稱	廣東進士人數	嘉慶、道光及咸豐三朝進士總數
1	廣東廣州府南海縣	48 名進士	106
2	廣東廣州府順德縣	38 名進士	144
2	廣東廣州府番禺縣	38 名進士	36
3	廣東嘉應直隸州	14 名進士	286

清朝後期同治至光緒朝組成（西元 1862～1904）

名 次	名 稱	廣東進士人數	同治至光緒兩朝進士總數
1	廣東廣州府南海縣	63 名進士	79
2	廣東廣州府番禺縣	53 名進士	211
3	廣東廣州府順德縣	50 名進士	290
4	廣東廣州府新會縣	24 名進士	
5	廣東廣州府香山縣	15 名進士	

清朝分析

時 期	科舉次數	廣東進士人數
順治年份	8 次	34 名進士
康熙年份	21 次	92 名進士
雍正年份	5 次	70 名進士
乾隆年份	27 次	257 名進士
嘉慶年份	12 次	106 名進士
道光年份	15 次	144 名進士
咸豐年份	5 次	36 名進士
同治年份	6 次	79 名進士
光緒年份	13 次	211 名進士
總數	112 次	1029 名進士

清朝前中後進士研究總數

分 期	科舉次數	研究進士人數
前期	61 次	453 名進士
中期	32 次	286 名進士
後期	19 次	290 名進士
	112 次	1029 名進士

清朝廣東進士總排名表

名 次	名 稱	廣東進士人數
1	廣東廣州府南海縣	136 名進士（包括 2 名榜眼及 1 名探花）
2	廣東廣州府順德縣	130 名進士（包括 1 名狀元及 1 名探花）
3	廣東廣州府番禺縣	121 名進士（包括 1 名狀元，1 名榜眼及 1 名探花）
4	廣東廣州府東莞縣	54 名進士（包括 1 名探花）
5	廣東廣東府新會縣	49 名進士
6	廣東嘉應直隸州	42 名進士
7	廣東廣州府香山縣	34 名進士
8	廣東潮州府海陽縣	31 名進士
9	廣東潮州府大埔縣	29 名進士
10	廣東廣州府三水縣	22 名進士
11	廣東肇慶府高要縣	18 名進士

清朝廣東進士首五名次表

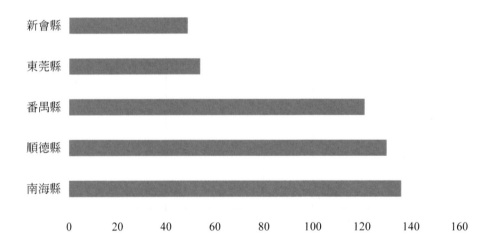

第四節　小　結

　　從上表所見的清朝廣東進士總排名表，應該注意清朝廣東進士分佈的規律，第一是清朝廣東進士的排名，依次如下：廣東廣州府南海縣共有 136 名進士，廣東廣州府順德縣共有 130 名進士，廣東廣州府番禺縣共有 121 名進

士。廣東潮州府程鄉縣及廣東潮州府海陽縣，在清朝均有出色的表現，廣東潮州府潮陽縣更持續在明朝前中期均在三甲之內，惟在清朝後期卻被順德縣及東莞縣漸被接近。

第二是廣東共有 3 個地區（包括博羅、高要及歸善）只在在進士人數較少的情況下，才可進入三甲的名次。這情況與明朝相同。

第三是廣東廣州府南海縣，在明朝及清朝的廣東進士均排名第一，共有 301 名進士。

第四是清朝廣東廣州府順德縣共有 130 名進士（包括 1 名狀元）。在明朝原本總排名為第四，在明朝與清朝總排名均排名第三，共有 208 名進士。

第五是廣東廣州府番禺縣，在明朝排名為第二，在清朝廣東進士排名第三，共有 209 名進士，在明朝與清朝總排名均排名第二，而廣州府東莞縣，在明朝排名為第三，在清朝排名為第四，共有 133 名進士。

第六是最重要的是，本文清朝三個時期的分析，本文只能提供 1,029 名清代進士進行研究，因本人在初期搜集只有 1,012 名清代進士，在清朝廣東進士人數方面，仍在研習明清進士人數的差異原因。

本章是以明朝與清朝的 1,909 名進士進行分析，當中包括 6 名狀元、7 名榜眼及 7 名探花，在三鼎甲方面，第一是廣東廣州府南海縣，第二是廣東廣州府番禺縣，第三是廣東廣州府順德縣；至於進士方面，在明朝廣東進士人數方面，第一是廣東廣州府南海縣，第二是廣東廣州府番禺縣，第三是廣東廣州府順德縣；在清朝廣東進士人數方面，第一是廣東廣州府南海縣，第二是廣東廣州府順德縣，第三是廣東廣州府番禺縣。

明清廣東狀元與進士產生的背後原因，應可根據人文地理研究進行分析，再加上自然環境、人文環境變化、社會不穩、政局演變、交通與教育的聯繫、氣候及地理沿革等原因，每個出現均有出現不同的細小變化，透過本節的全面深入分析，並且配合加強對比變化，揭示人文地理的原因是如何成為今天廣東興盛的啟示。

第四章　廣東明朝與清朝狀元和
進士的地域分佈

第一節　明清兩朝廣東狀元與進士地域分佈的狀況

　　本節主要是以三方面比較明清兩朝廣東狀元與進士的地域分佈，第一方面是明清兩朝舉辦進士考試次數及在廣東產生的狀元與進士總數作出比較；第二方面是明清兩朝皇帝對廣東科舉施行的政策及其影響作出比較；第三方面是明清兩朝廣東進士的地域分佈情況作出比較。

第一、明清兩朝舉辦進士考試次數

　　在此考試次數下，明清兩朝廣東產生的狀元與進士總數比較如下：

　　明清兩朝舉辦進士考試次數的統計分析資料《進士登科錄》和明代（1368～1644）進士名單數據是以李周望《國朝歷科題名碑錄初探》及沈德符《野獲編補遺》增補，書中載有洪武十八年（1385）與永樂二年（1404）舉子的總數；至於清代（1644～1911）進士名單資料是以房兆楹與杜聯喆《增補清朝進士題名碑錄》作參考。

　　明代舉辦進士考試次數為 88 場，共產生狀元 85 名，進士總數為 24,594 名。

　　清代舉辦進士考試次數為 112 場，共產生狀元 114 名，進士總數為 26,747 名。

　　清代的會試，始於順治丙戌科，止於光緒三十年甲辰科。其中，正科 84 科，加科 2 科，恩科 26 科，清代各朝的科數如下：

　　清代舉辦進士考試次數為 112 場，共取一甲一名狀元 114 名，因為順治九年壬辰科和順治十二年乙未科為滿、漢分榜，每科各有 1 名狀元。此即清代的會試舉辦 112 場，而共取一甲一名狀元 114 名的原因。

表 10　清代舉辦進士考試次數表

清朝	順治 1644～1661 18 年	康熙 1662～1722 61 年	雍正 1723～1735 13 年	乾隆 1736～1795 60 年	嘉慶 1796～1820 25 年	道光 1821～1850 30 年	咸豐 1851～1861 11 年	同治 1862～1874 13 年	光緒 1875～1908 34 年	合計
人數	3064	4088	1499	5385	2821	3269	1044	1588	4088	26747
次數	8 科	21 科	5 科	27 科	12 科	15 科	5 科	6 科	13 科	112 科

　　從明清兩朝舉辦進士考試次數、產生狀元與進士比較分析，清代都比明代優勝。考試次數多 24 場；共產生狀元多 29 人；共產生進士多 2153 人。

　　上述的資料分析可部分反映明清兩朝對科舉取士的重視程度，並可從清朝強化中央集權的政府架構有關。

　　清代順治帝曾說：「明太祖立法可垂永久，歷代之君皆不及也」〔註 1〕，清朝的統治方法基本上是沿用明朝制度，施政理念包括尊崇儒學、注重典籍藏書量、以科舉取士作為懷柔手段，處理漢滿的民族不和情況，上述三個原因，正好提供其中一個合理的歷史背景，解釋明清兩朝廣東狀元與進士地理分佈的原因，闡釋為何在漫長的 1300 年中國科舉制度中，廣東在明清兩朝文狀元，各有 3 名；而在清朝期間，廣東在清朝產生進士方面，出現了 1,029 名廣東進士的現象。

　　第二、明清兩朝皇帝對廣東科舉施行的政策

　　明清進士名額比較表

明朝進士名額

時　　　期	考試次數	進士總數
（1）1368～1450 洪武元年至景泰元年	22	3,636
（2）1368～1450 景泰二年至崇禎十七年	66	20,958
總　　計	88	24,594

〔註 1〕《清史稿》卷五，《世祖本紀》。

清朝進士名額

時　　期	考試次數	進士總數
（1）1644～1661 順治元年至順治十八年	8	2,964
（2）1662～1678 康熙元年至康熙十七年	5	1,029
（3）1679～1699 康熙十八年至康熙三十八年	7	1,115
（4）1700～1722 康熙三十九年至康熙六十一年	9	1,944
（5）1723～1735 雍正元年至雍正十三年	5	1,499
（6）1736～1765 乾隆元年至乾隆三十年	13	3,422
（7）1766～1795 乾隆三十一年至乾隆六十年	14	1,963
（8）1796～1820 嘉慶元年至嘉慶二十五年	12	2,821
（9）1821～1850 道光元年至道光三十年	15	3,269
（10）1851～1861 咸豐元年至咸豐十一年	5	1,046
（11）1862～1874 同治元年至同治十三年	6	1,588
（12）1875～1911 光緒元年至宣統三年	13	4,087
總　　計	112	26,747

〔註2〕

　　從明清兩朝皇帝對廣東科舉施行的政策，列舉史實如下：

　　明朝皇帝朱元璋在洪武三年，首次為各省訂定舉人的解額，其總數為470人，但大省的解額是有有彈性的，明初，廣東和廣西因人才缺少，只設一科。

　　永樂十九年（1421）北京定都之後，成為全國解額最大的地區，直至乾隆十三年（1748）訂定的舉人解額簡列如下：

清朝舉人解額數字表

京師	206
江南	114
淅江	95
福建	85
廣東	72
廣西	45

〔註2〕《明清歷科進士題名碑錄》洪武四年至光緒三十年。第一冊至第四冊，臺北：華文書局股份有限公司，1969年。

　　在鄉貢未能及額的情況下，雖京畿規定可取百人，在洪武三年，廣東在可錄取 72 人，廣東也只錄取 12 人，明初舉人解額較少，最南面的沿海省份廣東間接吃虧。《清高宗實錄》卷 558 記載的史料說明。《清高宗實錄》卷 558，乾隆二十三年三月丙申條：「嗣後直隸、江西、福建、浙江等大省官生，二十名取中一名，三十一名取中二名；山西、河南、廣東等中省官生，十五名取中一名，二十三名取中二名；雲南、貴州、廣西等小省官生，十名取中一名，十六名取中二名。」〔註3〕

　　由此觀之，在洪武三年，廣東在可錄取 72 人，廣東也只錄取 12 人，明初舉人解額較少，最南面的沿海省份廣東間接吃虧。相對而言

　　乾隆二十三年三月丙申條：「嗣後直隸、江西、福建、浙江等大省官生，二十名取中一名，三十一名取中二名；山西、河南、廣東等中省官生，十五名取中一名，二十三名取中二名；雲南、貴州、廣西等小省官生，十名取中一名，十六名取中二名。」

　　相對而言，清朝培育進士則比明朝較為理想，因此，根據上述史實，可合理推論明清期間，在整個清朝，全國產生進士方面，為何比整個明朝，全國產生進士上，出現比明朝多出 2153 名進士的現象。

　　第三、明清兩朝廣東進士的人數比較表

表 11　明代廣東不同年份進士的人數表

省份	1371～ 1439	1440～ 1472	1473～ 1505	1506～ 1538	1539～ 1571	1572～ 1604	1605～ 1644	各省 總數	名次
廣東	62	179	227	241	231	196	241	1,377	8
總計								24,594	

表 12　清代廣東不同年份進士的人數表

省份及 名次	1644～ 1661	1662～ 1722	1723～ 1735	1736～ 1795	1796～ 1820	1821～ 1850	1851～ 1861	1862～ 1874	1875～ 1904
13）廣東	34	92	70	257	106	144	36	79	211
總計									1029

〔註3〕《清高宗實錄》卷 558。

　　上述的資料，可與以下的明清人口作出分析兩者的密切關係。

　　本節透過廣東由明朝至清朝戶口增長及各種人文地理的變化，從明朝至清朝廣東進士的數字作出其發展變化規律。

　　明朝廣東的人口地理分佈的變化，南方從更沉重的賦稅負擔和地主土地所有制受到更大的害處，南方也大大得益於日益擴展的更多元化的經濟，地主土地所有制對人口增長的影響，特別是在全國總人口數與近代人口數相比還是相當地小的時候，可能要比一些人所斷定的要小，東南要負擔最重的賦稅正是因為它有能力承擔。長江下游地區儘管要負擔最重的賦稅，由於得益於日益擴展的更多元化的經濟，依然能繁榮，若是其他地區早已給壓垮了。廣東自然資源充裕，人口少，正是發展人文地理的良機。

　　根據《道光廣東通志》及《光緒廣州府志》，卷 70《經政略》1《戶口》〔註4〕。對廣東由明朝至清朝戶口作一回顧及說明，有關明朝至清朝廣東進士的發展背景資料

表 13　明朝洪武初年、清朝至嘉慶二十三年兩代廣東戶口比較表

明朝戶	明朝口	清朝戶	清朝口
廣州府 219,995	廣州府 688,450	廣州府 224,216	廣州府 343,966
南海縣 沒有提供	南海縣 沒有提供	南海縣 57,148	南海縣 836,492
番禺縣 沒有提供	番禺縣 沒有提供	番禺縣 289,956	番禺縣 399,826

　　廣東由明朝至清朝戶口，對明清廣東進士的發展研究具有前瞻性的啟示，因為廣東戶口的增加與人文地理發展是息息相關的。

表 14　明朝廣東人口

年　份	人口數（人）	人口密度（人／平方公里）	占全國人口比重（％）
1381	3,095,506	14.01	4.6
1391	2,935,507	13.28	4.2
1393	2,935,441	13.28	4.16
1491	3,816,073	17.27	4.15

〔註4〕（清）史澄等纂修，《廣州府志》（二），光緒五年（1879）版，頁 197 至 198。

表 15　清康熙、雍正至嘉慶三朝廣州府分縣丁數〔註5〕

縣　別	康熙元年至康熙十一年 （1662～1672）（丁）	雍正九年至嘉慶二十三年（丁）
南海縣	57,148	830,666
番禺縣	28,956	399,826
順德縣	20,474	488,965
東莞縣	24,888	321,285
從化縣	3,458	39,635
龍門縣	4,337	141,867
增城縣	17,445	124,946
新會縣	16,066	332,876
香山縣	6,825	176,289
三水縣	9,231	68,456
新寧縣	7,885	127,323
清遠縣	4,466	137,046
新安縣	3,972	146,922
花縣	—	67,564
全府合計	224,216	3,403,966

　　上表是根據《廣州通志》，卷90《輿地略八》1《戶口》編製而成。〔註6〕
廣東清朝戶口作一說明，據清朝廣州府各縣相加的總和，全府實計丁數：康
熙元年至康熙十一年（1662～1672）為205,151；雍正九年至嘉慶二十三年（1731
～1818）為3,403,666均較原紀錄少些。

　　明代全部有籍貫可考的88名狀元地理分佈中，廣東佔有3名；清代全部
有籍貫可考的112名狀元地理分佈，廣東也佔有3名。

　　在純算術的基礎上，明代舉辦進士考試次數為88場，共產生進士總數為
24,594名。清代舉辦進士考試次數為112場，共產生進士總數為26,747名。
明代士子登科甲的機會較清代容易得多。

〔註5〕（清）阮元修，《廣東通志》，道光二年（1822）版，頁197至198。
〔註6〕（清）史澄等纂修，《廣州府志》（二），光緒五年（1879）版，頁197至199；
　　　　亦參（清）阮元修，《廣東通志》，道光二年（1822）版，頁1753至1757。

表 16　明代廣東進士的地理分佈表

省份	1371~1439	1440~1472	1473~1505	1506~1538	1539~1571	1572~1604	1605~1644	各省總數	名次
浙江	290	363	488	532	561	471	575	3,280	1
江蘇	150	328	442	398	395	389	619	2,721	2
江西	345	361	354	357	367	266	350	2,400	3
福建	237	211	232	354	309	352	421	2,116	4
河北	72	251	339	335	348	251	302	1,898	5
山東	53	124	219	270	325	310	422	1,723	6
河南	105	167	201	260	229	295	341	1,598	7
廣東	62	179	227	241	231	196	241	1,377	8
總計	1,616	2,522	3,367	3,754	3,718	3,444	4,559	24,594	

表 17　清代廣東進士的地理分佈表

省份及名次	1644~1661	1662~1722	1723~1735	1736~1795	1796~1820	1821~1850	1851~1861	1862~1874	1875~1904
1）江蘇	436	666	167	644	233	263	69	124	318
2）浙江	301	567	183	697	263	300	87	108	302
3）河北	432	498	161	488	275	313	92	135	307
4）山東	419	429	105	359	210	268	79	118	273
5）江西	83	200	115	540	223	265	74	122	273
6）河南	297	311	81	282	133	169	95	108	217
7）山西	250	268	81	311	141	143	47	58	131
8）福建	118	178	99	301	156	150	46	82	269
9）陝西和甘肅	169	190	60	228	121	138	94	95	290
10）旗籍	56	122	92	179	178	275	61	97	240
11）湖北	189	191	69	212	126	135	43	72	184
12）安徽	128	142	43	216	164	166	39	76	215
13）廣東	34	92	70	257	106	144	36	79	211
總計	2,964	4,088	1,499	5,385	2,821	3,269	1,046	1,588	4,087

〔註7〕

〔註7〕《明清歷科進士題名碑錄》洪武四年至光緒三十年。第一冊至第四冊，臺北：華文書局股份有限公司，1969年。

圖6　明代廣東進士的地理分佈

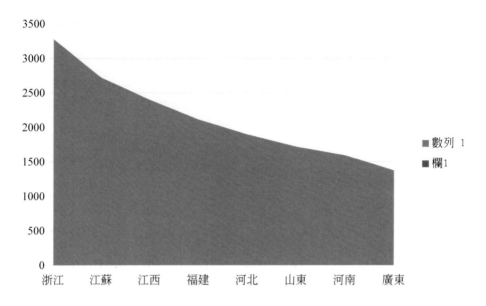

明代全部有籍貫可考的 88 名狀元地理分佈中，廣東佔有 3 名；清代全部有籍貫可考的 112 名狀元地理分佈，廣東也佔有 3 名。應該特別指出，明朝共有 1,377 名進士，清朝共有 1,029 名進士的分別。

表18　清代歷朝進士統計表〔註8〕

清代	順治	康熙	雍正	乾隆	嘉慶	道光	咸豐	同治	光緒	合計
人數	3064	4088	1499	5385	2821	3269	1044	1588	4088	26747
次數	8科	21科	5科	27科	12科	15科	5科	6科	13科	112科

〔註 8〕《明清歷科進士題名碑錄》洪武四年至光緒三十年。第一冊至第四冊，臺北：華文書局股份有限公司，1969 年。（明）劉廷元修，《南海縣志》明萬曆三十七年（1609 年）、（清）周碩勳纂修，《乾隆潮州府志》清乾隆四十年、（清）嚴而舒纂《康熙順德縣志》清康熙十三年、（清）望江檀纂修，《乾隆番禺縣志》清乾隆三十九年、（清）陳蘭彬纂、毛昌善修，《光緒吳川縣志》清光緒十四年、（清）嚴而舒纂，《民國順德縣志》等 89 部府志、州志、縣志而編成。

圖 7　清代歷朝進士統計表

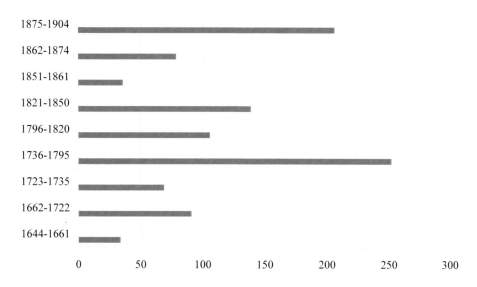

如果把人口成長因素計算在內，則除了康熙四十一年（1702），新的進士名額建立後，實際改善錄取機會的某些邊遠落後省份之外，要達到社會流動的最終目標的機緣，明代比較清代容易好幾倍。

明清進士名額可參下表：

表 19　明清朝進士名額及每年平均數

明朝時期	考試次數	進士總數	每科考試平均數	每年平均數
（1）1368～1450 洪武元年至景泰元年	19	3,636	227.2	44.3
（2）1368～1450 景泰二年至崇禎十七年	66	20,958	317.6	108.6
總計	85	24,594	289.3	89.1
清朝時期	考試次數	進士總數	每科考試平均數	每年平均數
（1）1644～1661 順治元年至順治十八年	8	2,964	370.5	174.8
（2）1662～1678 康熙元年至康熙十七年	5	1,029	205.8	64.3
（3）1679～1699 康熙十八年至康熙三十八年	7	1,115	159.3	55.7

（4）1700～1722 康熙三十九年至康熙六十一年	9	1,944	216.0	88.4
（5）1723～1735 雍正元年至雍正十三年	5	1,499	300.0	125.0
（6）1736～1765 乾隆元年至乾隆三十年	13	3,422	263.0	118.0
（7）1766～1795 乾隆三十一年至乾隆六十年	14	1,963	142.1	67.7
（8）1796～1820 嘉慶元年至嘉慶二十五年	12	2,821	235.0	117.5
（9）1821～1850 道光元年至道光三十年	15	3,269	218.0	112.8
（10）1851～1861 咸豐元年至咸豐十一年	5	1,046	209.2	104.6
（11）1862～1874 同治元年至同治十三年	6	1,588	264.3	132.3
（12）1875～1911 光緒元年至宣統三年	13	4,087	315.2	113.6
總計	112	26,747	238.8	100.2

〔註9〕

　　兩表對照可見，廣東的狀元與進士的地理分佈狀況，分別是明清時代各有 1,377 名及 1,025 名廣東進士的地理分佈狀況。

　　應該特別指出，根據《明太祖實錄》卷五十二洪武三年（1370）五月，詔設科取士。明朝政府關注對進士名額的管控，明代的第一個科舉會試在洪武四年（1371）舉行，但第二次科舉會試卻隔了十四年之久，在洪武十八年（1385）才再行開科取士，會試取中的人數變動很大。洪武四年（1371）為 120 名，洪武十八年（1385）突然跳升到 472 名，這是因為明朝初創的幾十年中，科舉制度雖然恢復，且與學校制度相整合，但並不是選舉官員的唯一途徑，其重要性還不及為配合需要臨時由官員薦舉賢能的薦舉制，直到十五世紀，科舉制度才取得決定性的優勢地位。雖然，舉人與貢生的解額已漸趨穩定，但在實際的施政上，明朝政府仍保留依時代的需要，再作訂定進士生員的最終權力。

　　明朝政府由於會試與殿試具全國性的特質，最初並沒有區分地區或省名額的管控，洪武三十年（1397）舉行的科舉會試，南方人得到絕對的優勢，

〔註9〕《明清歷科進士題名碑錄》洪武四年至光緒三十年。第一冊至第四冊，臺北：華文書局股份有限公司，1969 年。

引起北方人廣泛的抱怨。明朝政府為博取北方人的好感，鑒於北方人在異族統治下經歷兩個多世紀，其民族情感遠比南方人要弱得多，經此事件後，明朝政府訂下一個相對寬鬆的地域解額，其比例為南方各省的南卷占 60%，北方各省的北卷占 40%，並於洪熙元年（1425）創設主要包括四川、廣西、雲南、貴州等省之中卷，必須指出的是，雖然這個制度阻止了任何一個地區得到了完全的優勢，卻不能阻止地區內某個文化先進的省份產生比別的省份更多的進士，因為每一個地區都有產生省份間的差異，從明初至清初時代的浙江、江西、福建、江蘇等省仍超過其他地區，而一些較落後的省份如甘肅在連續數次考試中也考不上一個。因此，清朝康熙四十一年（1702）制定各區內省份進士名額浮動計算表。也就是在每科會試之前，查明入場應試舉人的數目，與前三科考每省參加會試的舉人人數，重新設定各省應錄取的進士額數〔註10〕。

　　由於參加會試的人數與各省累積的舉人人數密切相關，而後者又與各省鄉試所錄取舉人的定額大致相稱，因此清朝康熙四十一年（1702）以後各省進士的名額是凍結的，只在太平天國之亂及亂事平定後稍作調整，這使邊遠及落後地區得到相當大的好處，而文化先進的浙江、江西、福建、江蘇等省實際上是有重大損失的，特別指出的是，清朝康熙四十一年（1702）以後僵化的各省進士比例，其實是非常不公平的。因為各省舉人的名額並不合理，例如明清大部分時期，因為浙江從一開始就是一個人口眾多和學術成就不凡的省份，在萬曆二十八年（1600）以前，舉人的解額一定高於江蘇，但是到了晚明，江蘇人口已比浙江多了許多，而且從萬曆二十八年（1600）至清朝康熙四十一年（1702）間，其取中進士的人數量也明顯高過浙江。江蘇在較寬鬆的地區名額制度下，從順治元年（1644）至清朝康熙四十一年（1702）間，其取中進士的人數是 1,015，同時期的浙江卻只有 766 名進士。但在僵化的各省進士比例下，江蘇從清朝康熙四十一年（1702）至咸豐十一年（1861）間，只產生進士人數為 1,466，浙江卻只 1,621 名進士，直到咸豐十二年（1862）間，江蘇進士名額才超過浙江，因此清朝康熙四十一年（1702）前的地區解額制度，促使浙江成為在整個清朝生產進士的領導省份。

　　至於清朝在進士解額方面的理念，確與明朝政府關注對進士名額的管控有不同程度的差異。清代九位皇帝大都有自己的科舉政策，乾隆朝的科舉政

────────────

〔註10〕《禮部則例》（道光二十四年〔1844〕刊本），卷 93。

策有兩點值得重視：其一是堅持分省取士政策，分省取士政策本身潛藏考試公平與區域公平的矛盾。應該特別指出，清代教育資源分佈較前代更為均勻，精英階層萃集地更為多元。這一局面的形成與分省取士政策導向有直接關係，因此對這一政策應給予肯定，其二是由於雍正朝進士取額較高，加之社會承平日久，人的平均壽命延長，仕途已顯壅滯。

在本文第七章的歷朝廣東狀元與進士分析個案中，也有不少例子是主動地擔起儒家的師的責任。例如廣東狀元林召棠在村中首創義倉，救濟貧民。他為縣倡議舉辦賓興（獎學基金會），並作《吳川縣賓興鄒議》一文〔註11〕；廣東狀元林大欽的重視鄉里的舉業發展及培養，向鄉中子弟講授六經，著書立說，呈現了當時廣東學子的傳承舉業的實況；廣東探花羅文俊重視舉業發展及培養，他向學生講授六經，著書立說，呈現了當時廣東學子的傳承舉業的實況。例如他的學生包括丙辰探花洪昌燕，乙巳榜眼金鶴清，壬子狀元章鋆，均出其門；廣東進士何文綺假歸授徒為業，門生眾多，清道光二十四年（1844），受聘主講粵秀書院，數年間人才迭出。其重視地方的舉業發展及培養，向鄉中子弟講授經書，著書立說，呈現了當時廣東學子的傳承舉業的實況。根據上述不同的史料，相信已呈現部分明清兩朝，廣東狀元與進士地理分佈的狀況如下：

表20　明朝前期洪武、建文及永樂三朝年間廣東府縣進士排名表

名　次	名　稱	廣東進士人數
1	廣東潮州府海陽縣	14 名進士
2	廣東肇慶府高要縣	12 名進士
3	廣東高州府茂名縣	10 名進士
3	廣東廣州府番禺縣	10 名進士

清朝前期即由順治、康熙、雍正及乾隆四朝廣東府縣進士排名表

名　次	名　稱	廣東進士人數
1	廣東廣州府順德縣	42 名進士
2	廣東廣州府東莞縣	32 名進士
3	廣東廣州府番禺縣	30 名進士

〔註11〕《光緒吳川縣志》。

明清前期廣東進士人數比較表

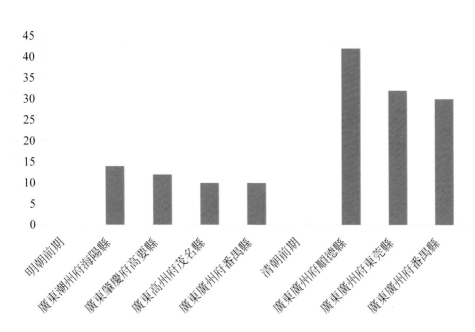

　　從上表顯示，兩個朝代的前期分析所見，應該注意明朝廣東進士分佈的規律，第一是明朝廣東進士的排名，依次如下：廣東潮州府海陽縣共有 14 名進士，廣東肇慶府高要縣共有 12 名進士，廣東廣州府番禺縣和廣東高州府茂名縣各有 10 名進士。廣東潮州府海陽縣在明朝具有出色的表現，廣東潮州府潮陽縣更持續在明朝前、中期均在三甲之內，而廣東廣州府番禺縣是唯一在明清兩個朝代共六個分期中，只在明朝中期及清朝前期未能進入三甲之列，而在明清朝代的總名次，也是三甲之列。至於廣東高州府茂名縣。在其後的五個分期中，已經沒有再進入三甲中，而廣東肇慶府高要縣則在清代中期也能在三甲之列。

　　清朝前期廣東進士分佈的規律，第一是清朝廣東進士的排名，依次如下：廣東廣州府順德縣共有 42 名進士，廣東廣州府東莞縣共有 32 名進士，廣東廣州府番禺縣有 30 名進士。廣東廣州府順德縣在明朝並不能進入三甲之內，但仍有三鼎甲人才出現，而廣東廣州府東莞縣的情況與順德相似，在明朝並不能進入三甲之內，但仍有三鼎甲人才出現。至於廣東嘉應州，在其後的五個分期中，已經沒有再進入三甲中。

　　兩個朝代的前期在廣東進士人數、進士籍貫、科舉的舉辦次數也作比較如下：。

明朝前期廣東進士研究總數

分　　期	科舉次數	研究進士人數
前期	15 次	138 名進士

清朝前期廣東進士研究總數

分　　期	科舉次數	研究進士人數
前期	61 次	453 名進士

明清兩朝前期廣東進士研究總數

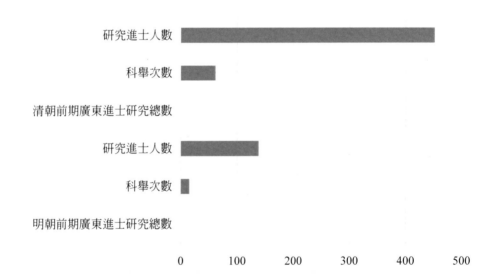

　　從上表顯示，兩個朝代的前期廣東進士數目所見，清朝在科舉次數方面，前期總共舉辦了 61 次，相比明代多了 46 次，因此清朝前期廣東進士在數量方面，比明朝要多 313 名。在廣東進士籍貫方面，在明清廣東前期而言，較具代表性的府縣共有三個，包括番禺、東莞及順德縣，其後的潮州府海陽縣和廣東肇慶府高要縣在明朝前、中期略具影響力，至於廣東嘉應州和廣東高州府茂名縣，在其後的分期中，已經沒有再進入三甲中。

　　簡要的結論是明朝只有 15 次科舉，進士的人數少，因此進入三甲的府縣較多，因此較易得到較具體的資料，相對而言，清朝前期的廣東在進士人數及府縣較集中，較易呈現廣東進士人土地理分佈的規律。

明朝中期洪熙、宣德及正統三朝廣東進士排名表

名　次	名　稱	廣東進士人數
1	廣東潮州府潮陽縣	6 名進士
2	廣東廣州府南海縣	3 名進士
3	廣東韶州府樂昌縣	2 名進士
3	廣東惠州府博羅縣	2 名進士

清朝中期即由嘉慶、道光及咸豐三朝廣東進士排名表

名　次	名　稱	廣東進士人數
1	廣東廣州府南海縣	47 名進士
2	廣東廣州府順德縣	37 名進士
2	廣東廣州府番禺縣	37 名進士
3	廣東肇慶府高要縣	5 名進士

　　從兩個代的中期分析所見，應該注意明朝廣東進士分佈的規律，第一是明朝廣東進士的排名，依次如下：廣東潮州府潮陽縣共有 6 名進士，廣東廣州府南海縣共有 3 名進士，廣東韶州府樂昌縣和廣東惠州府博羅縣各有 2 名進士。廣東潮州府潮陽縣在明朝具有出色的表現，廣東潮州府潮陽縣和海陽縣，兩縣更持續在明朝前中期均在三甲之內，而廣東廣州府南海縣是值得注意的府縣，因為南海縣在明清廣東進士的三鼎甲、明清朝代廣東進士的總名次，也是三甲之冠。至於廣東高州府茂名縣。在其後的五個分期中，已經沒有再進入三甲中，廣東韶州府樂昌縣和廣東惠州府博羅縣只屬少數進入三甲之列的地區。

　　清朝中期廣東進士分佈的規律，第一是清朝廣東進士的排名，依次如下：廣東廣州府南海縣共有 47 名進士，廣東廣州府番禺縣和廣東廣州府順德縣各有 37 名進士，廣東肇慶府高要縣有 5 名進士。在清朝中期廣東進士分佈中，已勾勒出明清三鼎甲府縣的輪廓，即是南海縣、番禺縣和順德縣，在明朝的南海縣、番禺縣和順德縣，已是明朝廣東進士排名首四名之內。

兩個朝代的前期在廣東進士人數、進士籍貫、科舉的舉辦次數也作比較如下：

明朝中期廣東進士研究總數

分　期	科舉次數	研究進士人數
中期	8 次	17 名進士

清朝中期廣東進士研究總數

分　期	科舉次數	研究進士人數
中期	32 次	286 名進士

從兩個朝代的前期廣東進士數目所見，清朝在科舉次數方面，前期總共舉辦了 32 次，相比明代多了 24 次，因此清朝前期廣東進士在數量方面，比明朝要多 267 名。在廣東進士籍貫方面，在明清廣東中期而言，較具代表性的府縣共有三個，包括番禺、南海及順德縣，其後的潮州府潮陽縣及海陽縣在明朝前、中及後期均具影響力，至於廣東惠州府博羅縣和廣東韶州府樂昌縣，在其後的分期中，已經沒有再進入三甲中。

簡要的結論是明朝只有 8 次科舉，進士的人數少，因此進入三甲的府縣較多，因此較易得到較具體的資料，相對而言，清朝前期的廣東在進士人數及府縣較集中，較易呈現廣東進士人土地理分佈的規律。

明朝後期景泰至崇禎廣東府縣進士排名表

名次	名　稱	廣東進士人數
1	廣東廣州府南海縣	152 名進士（包括 1 名狀元、1 名榜眼及 1 名探花）
2	廣東廣州府番禺縣	67 名進士（包括 1 名探花）
3	廣東潮州府潮陽縣	50 名進士（包括 1 名狀元）

清朝後期同治至光緒朝廣東進士排名表

名次	名稱	廣東進士人數
1	廣東廣州府南海縣	63 名進士
2	廣東廣州府番禺縣	53 名進士
3	廣東廣州府順德縣	50 名進士

從兩個朝代的後期分析所見，應該注意明朝廣東進士分佈的規律，第一是明朝廣東進士的排名，依次如下：廣東廣州府南海縣共有 152 名進士，廣東廣州府番禺縣共有 67 名進士，廣東潮州府潮陽縣共有 50 名進士。廣東潮州府潮陽縣在明朝具有出色的表現，廣東潮州府潮陽縣和海陽縣，兩縣更持續在明朝前均在三甲之內，而廣東廣州府南海縣是值得注意的府縣，因為南海縣在明清廣東進士的三鼎甲、明清朝代廣東進士的總名次，兩個項目均是三甲之冠。至於廣東廣州府番禺縣，在明清廣東進士的三鼎甲、明清朝代廣東進士的總名次，兩個項目均是三甲之列。

清朝後期廣東進士分佈的規律，第一是清朝廣東進士的排名，依次如下：廣東廣州府南海縣共有 63 名進士，廣東廣州府番禺縣共有 53 名進士，廣東廣州府順德縣各有 50 名進士。在清朝後期廣東進士分佈中，已確實了明清三鼎甲府縣的名次，即是第一南海縣、第二順德縣及第三番禺縣，在明朝的南海縣、番禺縣和順德縣，已是明朝廣東進士排名首四名之內。

兩個朝代的後期在廣東進士人數、進士籍貫、科舉的舉辦次數也作比較如下：

明朝後期廣東進士研究總數

分　期	科舉次數	研究進士人數
後期	65 次	725 名進士

清朝後期廣東進士研究總數

分　期	科舉次數	研究進士人數
後期	19 次	290 名進士

從兩個朝代的前期廣東進士數目所見，清朝在科舉次數方面，後期總共舉辦了 19 次，相比明代少了 46 次，因此清朝前期廣東進士在數量方面，比明朝要少 435 名。在廣東進士籍貫方面，在明清廣東中期而言，較具代表性的府縣共有三個，包括番禺、南海及順德縣，其後的潮州府在明朝最具影響力。

簡要的結論是清朝只有 19 次科舉，進士的人數相對少，因此進入三甲的府縣較多，故此較難得到較具體的資料，相對而言，明朝後期的廣東在進士人數及府縣較集中，較易呈現明朝廣東進士人土地理分佈的規律。

　　清朝共舉行過 112 科殿試，合計產生三鼎甲（即狀元、探花、榜眼）342 名，清代三鼎甲的地理分佈特色可參下表：

　　現以清代三鼎甲的地理分佈特色爲例說明如下：

表 21　清代三鼎甲的地理分佈〔註12〕

省份及名次	狀元（一甲一名）	探花（一甲二名）	榜眼（一甲三名）	合　計
1）江蘇	49	27	41	117
2）浙江	20	29	26	75
3）安徽	9	7	5	21
4）江西	3	10	5	18
5）山東	6	5	3	14
6）湖北	3	5	5	13
6）湖南	2	5	6	13
6）廣東	3	5	5	13
7）福建	3	6	1	10
8）滿州	3	3	2	8
9）直隸	3	2	3	8
10）順天	1	4	3	8
11）河南	1	2	2	5
12）廣西	4	1	0	5
13）貴州	2	0	1	3
14）陝西	1	2	0	3
15）四川	1	1	1	3
16）漢軍	0	0	3	3
總計	114	114	114	342

〔註13〕

〔註12〕13 名清代廣東三鼎甲一甲進士包括：狀元三名包括莊有恭、林召棠、梁耀樞；榜眼五名包括林彭年、譚宗濬、許其光、左霈、朱汝珍；探花五名包括李文田、陳伯陶、張岳崧、羅文俊、商衍鎏。

〔註13〕《明清歷科進士題名碑錄》洪武四年至光緒三十年。第一冊至第四冊，臺北：華文書局股份有限公司，1969 年。

圖8　清朝三鼎甲首六名省份

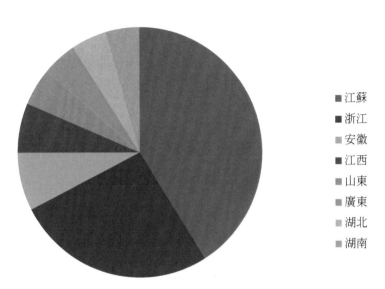

圖例：
- ■ 江蘇
- ■ 浙江
- ■ 安徽
- ■ 江西
- ■ 山東
- ■ 廣東
- ■ 湖北
- ■ 湖南

　　根據上述清代三鼎甲的地理分佈的資料顯示，廣東排名第六，現從廣東在明清時期地理環境變遷和經濟重心南移兩方面，說明有關明清兩朝廣東狀元與進士地理分佈的狀況。

　　第一、明清時期黃河下游地區地理環境的惡化，遠遠超過以前各代，大規模墾殖在大範圍內加重了黃土高原森林植被的破壞，水土流失嚴重，大面積土地沙化，黃河下游地區氣候嚴重趨於旱化，因此，黃河下游地區的農業生產長期低落不振。

　　相對而言，長江中下游地區地理環境則處於相對良好的狀態，農業生產保持優勢，明清時期的廣東及湖北，在糧食產量比北方高一至三倍，「湖廣熱，天下足」的諺語開始出現，長江中下游地區穩固地保持全國經濟重心地位。形成了「朝廷財富，仰給東南」的局面。

　　這些史實說明廣東因明清時期地理環境變遷和經濟重心南移兩方面，促成了明清兩朝廣東狀元與進士地理分佈的特色局面。

　　第二、明清時期，以科舉人才為例，自洪武四年（1371）到萬曆四十四年（1616）的 245 年間，各科狀元、探花、榜眼和會元，合計產生 224 名，其中，具南方籍者 215 人，占 88%；北方籍者 29 人，占 12%。

　　據《明史》宰輔年表，共有 189 人，南方占三分之二以上，若從唐朝據《唐宰相世系表》，唐宰相合計有 369 名，屬 98 族，北方占十分之九，按宋

代宰相合計有 134 名，北宋 72 人；南宋 62 人，也反映北宋中葉以後，南方人當宰相的漸多。但是應該特別指出，明清時期廣東的狀元與進士的地理分佈特色，正是從南方人當宰相的漸多的情況，進入了南方人當重要官職（例如是宰相）其比例已經占三分之二以上。

表 22　明代狀元、探花、榜眼和會元的南北籍貫具體分佈如下：

南 方		北 方	
1）南直隸	66 人	1）北直隸	7 人
2）浙江	48 人	2）山東	7 人
3）江西	48 人	3）山西	4 人
4）福建	31 人	4）河南	2 人
5）湖廣	8 人	5）陝西（包括甘肅）	9 人
6）四川	7 人		
7）廣東	7 人		
8）廣西	2 人		
共計	215 人	共計	29 人

　　第三、明清時期，北方地區的家族組織尚屬稀少，真正普遍盛行家族組織的是南方，廣東的宗族組織中，孝悌、尊祖敬宗及明尊卑長幼是重要的倫理原則，而祠堂、宗譜、族田則是維持宗族存在的主要條件，廣東的家族組織是以祠堂、宗譜、族田三合為一的，族田是廣東的家族組織賴以存在的物資基礎，靠族田把族眾團結在一起，祠堂和宗譜則用以尊祖敬宗，強調血緣關係，從意識形態方面維持廣東的宗族組織。但是應該特別指出，明清時期廣東的狀元與進士的地理分佈狀況正正是從廣東的宗族組織中，興辦族學而建立其狀元與進士地理分佈特色的。現說明如下：

　　明清時期，廣東的宗族組織中，積極興辦族學，廣東的地方啟蒙學校或社學，也有以家族為單位開設的族塾、義學、義塾，廣東的地方啟蒙學校或社學亦是廣東的家族組織的一個部分。但是應該特別指出，明清時期廣東的族塾主要對於文化的傳播和儒家思想的灌輸起了相當的作用。而本人進一步推論的是透過上述三點明清時期廣東的狀元與進士的地理分佈狀況，包括廣東因明清時期地理環境變遷和經濟重心南移、南方人當宰相的漸多的情況，進入了南方人當重要官職（例如是宰相）其比例大幅度增長及廣東的宗族組織中積極興辦族學的條件下，廣東的家族已牢固地形成了重視仕途的概念。

　　總括而言，明清時期廣東的族塾與重視仕途的關係，是相當密切的。通過上述史實與分析，現可呈現廣東家族培養的士子，在科場的表現是持續進步的。

　　前節所述有關明清時期廣東狀元與進士地理分佈的狀況時，廣東的宗族組織中，積極興辦族學，正好提供其中一個合理的原因，解釋明清兩朝廣東狀元與進士地理分佈的特色，闡釋為何在漫長的 1300 年中國科舉制度中，廣東只有九位文狀元；卻在明清期間，廣東在產生三鼎甲及進士方面，明朝三鼎甲共有 7 人；清朝三鼎甲共有 13 人；至於進士方面，明朝進士共有 1,377 人；清朝進士共有 1,025 人名的現象。

　　第一、現以清同治十七年《番禺縣志》、宣統《番禺縣續志》及乾隆《潮州府志》史實說明廣東在清朝興建書院、藏書及科舉家族實施賓興的史實如下：根據清同治十七年《番禺縣志》卷一沿革

　　明朝廣東廣州府：番禺倚，從化弘治二年（1489）以番禺橫潭村置。《明史・地理志》。

　　清朝廣東廣州府：番禺，花縣番禺，南海二縣地，康熙二十四年（1685）析置。《大清一統志》。

　　根據清宣統《番禺縣志》卷十六建置略三學校書院、社學附，可見番禺縣舉業的興盛情況。其中學田租額可見是對考生的經濟資助，即現今的獎學金，引文如下：

　　　　番禺縣儒學徵收田產，除歲科解繳學院支給貧生燈油銀三十七
　　兩一錢三分外，餘備諸生月課獎賞。

　　而書院林立，也是番禺縣儒學與舉業在明清兩代興盛的實況，例如興建於萬曆八年（1580）的龍德書院、康熙二十二年（1683）的羊城書院、康熙四十九年（1710）的粵秀書院、雍正八年（1730）的禺山書院、乾隆二十年（1755）的越華書院、同治八年（1769）的應元書院。

　　此外，番禺縣社學的位置資料，也有詳列，例如中隅社學，在明顯巷。東隅社學，在豪賢。南隅社學，在蝦欄巷。北隅社學，在朝天街。西隅社學，在忠襄裏。東西隅社學，在小南門。武林社學，在二牌樓。〔註14〕

　　再引用清朝乾隆時期纂修的《潮州府志》學校部分，亦可見潮州縣舉業的興盛情況。其中儒學的資料詳盡，例如潮州府儒學、海陽縣儒學、潮陽縣儒學、揭陽縣儒學、程鄉縣儒學。饒平縣儒學、惠來縣儒學、大埔縣儒學、

〔註14〕同治十七年《番禺縣志》、宣統《番禺縣續志》。

平遠縣儒學、澄海縣儒學、普寧縣儒學及、鎮平縣儒學。〔註15〕

同時，《潮州府志》學校部分亦有記載學田租額對考生的經濟資助，引文如下：

> 購竹木門鋪二間，租銀二兩，俱以資助祭祀及師生公費。

第二、明清時期，廣東這地區的藏書家的多少，可以推論成是廣東當地經濟文化發達的重要指標，並對廣東文化發展產生了正面的影響，現引用《中國古代藏書家考略》進行了統計，自秦漢至清朝，藏書家共 875 人，其中以清朝藏書家最多，共 382 人，相關地區及藏書家數目如下：

表23　清朝藏書家地理分佈〔註16〕

地　區	藏書家數目
1）浙江	137
2）江蘇	133
3）直隸	13
4）山西	13
5）山東	10
6）安徽	7
7）廣東	6
8）福建	5
9）滿八旗	4
10）蒙漢八旗	2
11）湖南	3
12）湖北	2
13）河南	2
14）陝西	2
15）遼寧	1
16）雲南	1
17）貴州	1
18）江西	1
地域不詳	39
總計	382

〔註15〕《乾隆潮州府志》影印本，頁408至413、《同治番禺縣志》影印本，頁226至254及《宣統番禺縣續志》影印本，頁149至153。

〔註16〕楊立誠編，《中國古代藏書家考略》（上海：人民出版社，1987年版），頁420～426。

根據上表可以作出分析，廣東在十八個地區之中，排行第七，合計有 6名藏書家，對清朝藏書家影響最大的是范氏天一閣及毛氏汲古閣兩家，范氏天一閣始於明嘉靖間，為豐氏萬卷樓故物，豐氏為清敏公之裔，自宋元祐以來，代有聞人。但是應該特別指出，明清時期廣東的狀元與進士的地理分佈原因是與廣東地區保存豐富的文化典籍有極密切的關係。此外，明清時期，根據《番禺縣志》、《潮州府志》

均有記載廣東的士子可透過所屬書院借用沒有收藏的文化典籍。例如可向浙江或江蘇藏書鼎盛的兩省借用沒有收藏的文化典籍，由此觀之，明清時期的廣東已極有系統地培養廣東的士子。

第三、明清時期，全國出現了徽商、晉商、陝商、閩商、粵商等等商人集團，明清時期，廣東商人雖然佔有不少社會財富，社會地位也在不斷提高，但傳統的四民之業，惟士為尊的觀念，一直在廣東的家族組織和廣東商人均是根深柢固的概念，加上廣東商人對於士、農、工、商中，商是四民之末是極不滿意的，因此廣東商人欲提高自己的社會地位，重要的途徑便是加入士人行列。但是應該特別指出，明清時期廣東的狀元及進士均獲賈商的資助，例如流傳有「連科三殿撰，十里四翰林」的佳話，均可反映明清時期徽州及廣東的狀元及進士均獲徽商與粵商的資助，十里四翰林是指同治十年辛未科十里四翰林之一的廣東的狀元梁耀樞，他和其他同科及第的三人的住家有一條風光秀麗的溪水，相距僅數十里而已。

第四、明清時期，長江中下游地區地理環境、山川、氣候、植被、以及飲食習慣等等均對廣東士子有正面的影響，明清時期，廣東的居住飲食條件是有明顯的提升，不由於南方經濟不斷提高，物產豐富，廣東人民講究起居飲食，加上廣東蔬菜瓜果常年不斷，因此構成廣東人合理的飲食結構，提供了有利的智力發展條件。但是應該特別指出，明清時期廣東經年累月地發展經濟，例如廣東的人民普遍在吸收豐富的食物及天然的營養後，人們的生理素質，整體上都是持續提升的。

由此看來，明清時期，共有四個原因形成明清兩朝廣東狀元與進士地理分佈特色，簡列如下：

其一是廣東的宗族組織中，積極興辦族學、其二是廣東這地區的藏書家量、其三是廣東的狀元及進士均獲粵商的資助及其四是長江中下游地區地理環境、山川、氣候、植被、以及飲食習慣等等均對廣東士子有正面的影響等

因素，正好提供其中一個合理的原因，闡釋爲何在漫長的 1300 年中國科舉制度中，廣東只有九位文狀元；卻在明清期間，廣東在產生三鼎甲及進士方面，明朝三鼎甲共有 7 人；清朝三鼎甲共有 13 人。

總括而言，根據唐、北宋、元三代的廣東戶口作出以下分析，隨著中國的科舉制度漸趨成熟，我們可以確實廣東戶口是持續增長的。而且廣東在經濟及商業兩方面漸見興盛，加上廣東商人極重視科舉功名的誘因。

唐、北宋、元三代的廣東戶口的持續增加是一個極重要的元素。可進一步闡釋，相對而言，明代人口比清代少，使全國社會流動較高，但康熙五十一年（1712）分省定額制度實施後，在犧牲發達的東南地區爲前提下，科甲成功者的地理分佈卻更均勻，廣東因而在戶口持續增長的優勢下，廣東擁有略爲廣闊的中式機會（特別在清朝），詳情已於本文第六章說明。

由此看來，明清兩代廣東在舉業方面的發展，確是緊隨全國的方向，明代廣東在舉業方面，全國的名次是第八名；清代廣東在舉業方面，全國的名次是第十三名，在本章的文獻回顧引用的史料及資料中，相信已部分呈現明清兩代廣東在舉業方面的興盛。雖然在明朝及清朝均有不少制度令廣東士子在舉業方面受到嚴峻的考驗，例如清朝康熙五十一年（1712）分省定額制度和而從當代的士人與官員的統計資料與證詞，我們得知明代賣官位，官銜與監生資格是在一定範圍內進行的，明朝崇禎十七年（1644）早春，北京陷落之後，一個明朝的親王（福王）在南京即位，繼續抗清。他的主要籌餉方法就是大規模地賣官鬻爵。

至於另一個值得觀察的明清兩代社會現象，也應在此作一紀錄及說明，就是明清時代許多官員及其家庭也從事商業，雖然洪武二十七年（1394）的法令禁止公、伯、侯、文武四品以上官員之家屬與奴僕行商中鹽，侵奪民利，其實，洪武二十七年（1394）的法令是有更深遠的意涵。它意味著明律並不禁止公、伯、侯、文武四品以下的官員經商。

而這些富商對政府的價值，又因他們持續不斷的捐輸給中央府財庫而提高，例如，朝隆三年至嘉慶九年（1738～1804）之間，兩淮鹽商共捐銀三千六百三十七萬九百六十三兩，這還不包括花在朝隆南巡用四百六十七萬兩及不計其數給鹽務官員的小額獻金，雖然在朝隆三十八年至道光十二年（1773～1832）之間。廣東十三行有記錄的捐輸只有三百九十五兩。但伍氏一家三代至少就拿出千萬兩銀子，捐輸給中央政府或非政府機構，鹽商與公行商人捐輸的對價報

酬，是取得官銜與官階，最高可到布政司（從二品），在朝隆六次南巡，不但住在一些鹽商的別墅與園林內，而且還私下關注不少鹽商的家庭事務。

值得注意的是，明朝較有作為的明太祖及明成祖，兩人均對富商採取高壓政策，而清朝（特別是朝隆三年至嘉慶二十四年（1738～1819）八十一年間），兩淮鹽商共捐銀就不止三千萬，總計捐輸 45 次，銀合共 47,506,000 餘萬兩、米 35 萬餘石，平均每年捐 586,000 餘兩，約為鹽課的 9.76%，這反映了清朝和明朝政府，對富商的態度，有基本上的差異。也可部分解釋朝隆時代對廣東科舉家族在科舉賓興制度的鼎力支持。

第二節　明清兩朝廣東進士地域分佈比較

本節主要是以明清兩朝廣東進士的總排名表作為地域分佈比較的基礎，並且從明清兩朝 1,909 名進士的資料分析及明清兩朝特定的社會特色作出比較，最終是以明清兩朝廣東進士的總排名表作總結。

表 24　明朝廣東進士總排名表

名 次	名　稱	廣東進士人數
1	廣東廣州府南海縣	165 名進士（包括 1 名狀元、1 名榜眼及 1 名探花）
2	廣東廣州府番禺縣	88 名進士（包括 1 名探花）
3	廣東廣州府東莞縣	79 名進士（包括 1 名榜眼）
4	廣東廣州府順德縣	78 名進士（包括 1 名狀元）
5	廣東潮州府海陽縣	55 名進士（包括 1 名狀元）

清朝廣東進士總排名表

名 次	名　稱	廣東進士人數
1	廣東廣州府南海縣	136 名進士（包括 2 名榜眼及 1 名探花）
2	廣東廣州府順德縣	130 名進士（包括 1 名狀元及 1 名探花）
3	廣東廣州府番禺縣	121 名進士（包括 1 名狀元，1 名榜眼及 1 名探花）
4	廣東廣州府東莞縣	54 名進士（包括 1 名探花）
5	廣東廣東府新會縣	49 名進士
6	廣東嘉應直隸州	42 名進士
7	廣東廣州府香山縣	34 名進士
8	廣東潮州府海陽縣	31 名進士

9	廣東潮州府大埔縣	29 名進士
10	廣東廣州府三水縣	22 名進士
11	廣東肇慶府高要縣	18 名進士

明清兩朝廣東進士前、中、後期三甲總排名表

名次	名　稱	廣東進士人數
1	廣東廣州府南海縣	301 名進士
2	廣東廣州府番禺縣	209 名進士
3	廣東廣州府順德縣	208 名進士

明清廣東進士三甲總排名表

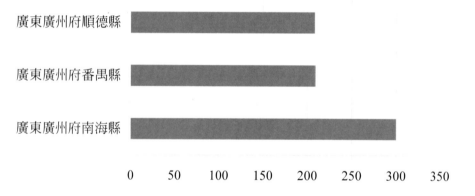

　　從上表所見的明兩清朝廣東進士總排名表，應該注意明朝及清朝廣東進士分佈的規律，第一是兩朝廣東進士的排名，依次如下：廣東廣東廣州府南海縣共有 301 名進士，廣東廣州府番禺縣共有 209 名進士，廣東廣州府順德縣共有 208 名進士。廣東潮州府潮陽縣及廣東潮州府海陽縣，在清朝均有出色的表現，廣東潮州府潮陽縣更持續在明朝前中期均在三甲之內，惟在清朝後期卻被順德縣及東莞縣超越。

　　第二是廣東共有 9 個地區（例如香山、高要及三水縣）只是在進士人數較少的情況下，才可進入三甲的名次。這情況與明朝相同。

　　第三是清朝廣東廣州府順德縣共有 130 名進士（包括 1 名狀元及 1 名探花）。在明朝原本總排名為第四，共有 78 名進士（包括 1 名狀元）。

第四是廣東廣州府番禺縣和廣東廣州府南海縣，在明朝及清朝的廣東進士排名，兩縣均在三甲的名次。

第五是最重要的是，本文清朝三個時期的分析，本文是以 1,029 名清代進士進行全面研究，研究成果具有一定的代表性。

本章是以明朝與清朝的 1,909 名進士進行分析，當中包括 6 名狀元、7 名榜眼及 7 名探花，在三鼎甲方面。第一是廣東廣州府南海縣，第二是廣東廣州府番禺縣，第三是廣東廣州府順德縣；至於進士方面，在明朝廣東進士人數方面，第一是廣東廣州府南海縣，第二是廣東廣州府東莞縣，第三是廣東廣州府番禺縣；在清朝廣東進士人數方面，第一是廣東廣州府南海縣，第二是廣東廣州府番禺縣，第三是廣東廣州府順德縣。

廣東從隋、唐經五代至宋代，共七百七十餘年，只有三名狀元。平均要二一百五十年才有一位狀元上出現，而在元、明、清三朝，共五百四十餘年，卻共有六名狀元。平均九十年便有一位狀元上出現，這九名狀元中，其中有六位出自珠江三角洲的富庶之地，可見經濟、文化和人才培養三者的密切關係。同時，亦要瞭解明清時期捐官的情況。

長江下游以外，十九世紀的廣東也是一些巨富的落腳石，其中最富有的十三行家族伍氏與潘氏。他們不讓十八世紀長江下游的商業鉅子專美於前，伍家顯赫的浩官三世（Howqua IV，伍崇曜）〔1810～1863〕，在他晚年與死後不久刊印一部多達三編三十集的大型叢書，《粵雅堂叢書》。潘家最有文代化的潘仕成，在道光十二年（1832），因爲慷慨解囊救災而獲皇帝嘉獎賜予舉人身份，他也接著刊印一部部頭較少的叢書，《海山仙館叢書》。應該特別指出，潘仕成在道光十三年（1833）參加順天鄉試，中副榜貢生，他因樂善好施，爲京城和廣東等地多次賑濟捐資，一次竟達 13,000 兩白銀之多，後來又捐資達 13,500 兩搶修廣州貢院，捐資爲小北門至白雲山鋪設石路等，因捐鉅款賑濟北京災民，獲皇帝嘉獎賜予舉人身份。

潘家事例對於明清狀元與進士的分析，正正反映兩個重要的信息。

第一、十九世紀的廣東已經是部分巨富的集中地，對於發展科舉是極有利的。

第二、藉潘仕成獲皇帝嘉獎賜予舉人身份的個案作延伸探究，回顧一下明清時期捐官的數量，例如嘉慶三年（1798）捐官的數量名單透露了當年的捐官數子，京官 1,437、省級與地方官 3,095，這還不包括許多從九品以下及

不入九品之流的下級官員，其中最大宗的是縣丞 1,258，其次是筆帖式 547，他們是京官捐買之最大宗，其中甚至還有十歲以下男童的捐官案例，因爲捐了官之後不是馬上可以上任，得等一段時間，早捐就可早任官，獲皇帝嘉獎賜予舉人身份。嘉慶三年（1798）捐官的總數爲 4,532，已超過中央政府品官總數至少三分之一，將這些數字，再加上嘉慶四年至道光十一年（1799～1850）捐監的人數，顯示至少在清代中期大部分時間，金錢直接轉換成高社會地位，遠比明代容易得多。〔註17〕

正途與非正途出身比例之變遷，可由分析地方官員初任官職資格的資料，更好地呈現出來，現以十八世紀後半、十九世紀前半與太平天國的官吏人名錄《爵秩全覽》，以分析捐官急速增長的趨勢。

表25　地方官員初任官職資格之百分比分佈表

年　份	官員總數	正　途	恩　蔭	捐　納	雜　途
乾隆 29 年（1764）	2,071	72.5	1.1	22.4	4.0
道光 20 年（1840）	1,949	65.7	1.0	29.3	4.0
同治 10 年（1871）	1,790	43.8	0.8	51.2	4.2
光緒 21 年（1895）	1,975	47.9	1.2	49.4	1.5

乾隆 29 年（1764），清帝國正值和平，繁榮與行政秩序井然有序的巔峰時期，這一年的《爵秩全覽》，中登錄的地方官員，超過 72.4% 是貢生以上正途出身的，清道光二十年（1840），當國家仍處於和平之時，非正途出身的官員增加的百分比併不太大，特別值得注意的是同治 3 年（1851～1864）的太平天國之亂，迫使清廷賣官，其規模之大，

在太平天國之亂事後反映出來，即非正途出身的官員的百分比一直都超過正途出身者，也可部分說明有關明清進士數量相差的原因。

至於廣東在歷代科舉考試中，獲一甲第二名共有四人，一位是南海縣上林村人林彭年，清咸豐十年庚申（1860）林彭年獲一甲第二名榜眼，另一位爲清遠縣人朱汝珍，清道光三十年（1904）朱汝珍獲一甲第二名。

〔註17〕《清史稿》卷一百六（志八十一）選舉一，卷一百七（志八十二）選舉二，卷一百八（志八十三）選舉二，（文科），卷一百九（志八十四）選舉四（制科及薦擢），卷一百十（志八十五）選舉五（封蔭及推選）卷一百十一（志八十六）選舉五（考績），卷一百十二（志八十七）選舉七（捐納），頁 3147，3181，3193，3205，3221 及 3233。

　　而獲一甲第三名的廣東人共有五人，第一位是南海縣陳子壯，明萬曆四十七年己未科（1619），陳子壯獲一甲第三名探花，第二位爲順德縣均安上村人李文田，清咸豐九年（1859），李文田獲一甲第三名探花。第三位爲經歷三個時代（即清朝、中華民國及中華人民共和國）的番禺縣商衍鎏，著有《清代科舉考試述錄》，清道光三十年（1904），商衍鎏獲一甲第三名探花。

　　商衍鎏（1874～1963）著作《清代科舉考試述錄》對於本文在研究方面有重要的參考價值，他在1954年開始進行《清代科舉考試述錄》的工作，1958年5月由三聯書店出版，內容包括清朝童生、舉人及進士的考試及清朝各種考試作出詳細的介紹，同時對考生資格、考官情況、考試場所的各項規定及考試方針皆有全面描述。

　　我嘗試從社會文學、族譜與傳記之中可以引證上述觀點是有根據的。例如長江下游著名的學者與散文家歸有光（1506～1571）他的觀察如下：「古者，四民異業，至於後世，而士與農商相混！」這種現實的社會策略並不限於貿易發達的徽州府或明清時代，其反映的是科舉考試的永久性制度化，已深深地改變社會現實。

　　例如翟祐（1341～1427）所編的最普及的家庭指南《居家必備》卷2亦認同宋代一般的觀點：「如才高者，命之習舉業；才卑者，命之以經營生理。」這種社會主義的看法，在許多明清族譜與族訓家規或禁約和其他論治家的書中常可見及。例如《胡氏宗譜》（光緒六年（1880）編），〈家規〉強調家庭同時致力於讀書和農耕。

　　再如廣東大家族皖北何氏公開指出：「讀書之與治生，有時而兩濟，亦有時而兩妨。」，何氏公開指出家庭同時致力於讀書和農耕或商賈。〔註18〕

　　在不同的社會轉型期間，身份可互換性最多的統計結果爲商賈，西漢史學家司馬遷指出：「用貧求富，農不如工，工不如商。」

　　明清時代，最大的財富通常是靠商業與國際貿易發展出來的。

　　爲了要引證財富與科舉成功的相互關係，以徽州地區的統計資料作爲例子，在順治三年至道光六年（1646～1826），富庶的徽州地區，共產生五百一十九名進士和一千零五十八名舉人，在這段期間，徽州本地及徽州人的後代就產生了二十九名一甲進士，占同期全國一甲進士總數二百二十五名的13%。

〔註18〕《盧江郡何氏大同宗譜》（民國十年（1921）編），〈宗訓〉。

對於廣東的九名狀元的分佈，廣東從隋、唐經五代至宋代，共七百七十餘年，只有三名狀元。平均要二一百五十年才有一位狀元上出現，而在元、明、清三朝，共五百四十餘年，卻共有六名狀元。平均九十年便有一位狀元上出現，這九名狀元中，其中有六位出自珠江三角洲的富庶之地，可見經濟與文化和人才培養三者的密切關係。而應可用學者沈垚《落帆樓文集》卷24，的獨特見解再進一步闡釋如下：「古者士之子恒爲士，然宋元明以來，天下之士多出於商。」學者沈垚的分析能一針見血地指出財富與科舉成功的相互關係和自宋元明以來社會職業流動最終導致大量的身份流動。

明清兩朝各有特定的社會特色，但同時有一個普遍存在的社會意識形態，儒家的社會意識形態，在合理化了社會不平等，也主張社會地位應以個人賢愚來決定，這個社會意識形態的二元論，直至隋唐期間，科舉考試制度成爲永久制度後，特別是明初在全國設立縣級、府級與省級學校，並設立全國性獎學金制度後，才得到較快的解決。

科舉考試制度對社會流動產生的後果，在唐代中期以後漸入佳境，在過去的一千年中，積聚了具有同一儒家社會意識形態的諺語及對科舉的憧憬，建構了一個重要的新社會現象：科舉的成功，及隨之而來在官僚體系的地位，不再依靠家庭地位。

從傳記資料，明清的傳記記載了不少重要的案例，例如吳敬梓的社會小說《儒林外史》中的馬純一，他的想法及言論正反映了傳統中國社會，特別是明清社會，文人只有經由科舉考試的成功，才能達到唯一的終極目標。

馬純一說：「舉業」二字，是從古及今人人必做的，如孔子生在春秋時候，那時用「言揚行舉」做官……到本朝用文章取士，這是極好的法則。」

由此可見，儒家社會意識形態，已彌漫整個明清社會，同時亦反映了儒家社會意識形態的重大影響力。

此外，明朝永樂（1400）以後，各地興起一種社會風氣，明代開始爲登舉人及進士的在地子弟立牌坊。以彰顯其成就，並以此激勵在地子弟上進，使當地一直維持或增進科舉與社會的成功。科舉成功產生的心理作用，是社會向上流動的主導因素。

儒家社會意識形態對於宗族與家庭制度是有密切的關係，宋自代宗族制度興起以來，就有許多史家記載一些顯赫家族因其後代的向下流動，終至完全被後人遺忘。許多明清宗族的族訓家規或禁約和其他論治家的書中。經常

出現類似的一條典型的中國道德訓誡：財富與榮譽非恒常，唯有依靠用功讀書與立定大志方能成大事。明初在全國設立縣級、府級與省級學校，並設立全國性獎學金制度後，弘治年間（1500）以後，私人書院的興起更進一步幫助儒家社會意識的普及。

第三節　小　結

隋朝至清朝（581～1911），在約 1300 年間，雖然廣東省只有九位狀元產生，然而，若以明清兩朝廣東省的進士總數作進一步的闡釋，相信相關的資料，應可說明明清兩朝廣東省的舉業實況。

明代舉辦進士考試次數為 88 場，共產生進士總數為 24,594 名。

清代舉辦進士考試次數為 112 場，共產生進士總數為 26,747 名。

明朝廣東省的進士總數為 1,377 名，名列第八，共占明朝全國進士總數的 5.6%；至於清代廣東省的進士總數是以房兆楹與杜聯喆《增補清朝進士題名碑錄》作為參考，清代廣東省的進士總數為 1,029 名，名列第十三。

從以上的資料可反映明朝廣東省舉業發展可謂「持續上升」，從地理分佈而言，廣東省舉業排名已經名列全國十大。相對而言，清代廣東省的進士總數為 1,029 名，名列第十三，明顯較明朝廣東省的進士總數少了 365 名。

雖然廣東省在隋朝至清朝（581～1911），約 1300 年間，只有九位狀元產生，但是明清兩朝進士總數為 51,341 名，廣東省的進士總數為 2,406 名。共占兩朝全國進士總數的 4.7%。

本文根據上述資料作出以下推論。簡述如下：

廣東省在唐代、五代及南宋時期，都各只有一位狀元產生，其中一個重要因素是在唐代、五代及南宋時期，廣東省的舉業發展仍是處於有待發展階段，相對而言，明清兩朝廣東省的進士總數為 2,406 名，明清兩朝廣東省的進士總數，也分別名列第八及十三，共占兩朝全國進士總數的 4.7%，因此，在明清兩朝廣東省，各有三名狀元產生是其來有自的。

由此看來，從 1393 年至 1850 年，廣東省的人口總數是持續增加，然而在清朝的不同政策下，廣東省的進士總數不增反減，不言自明，主要是康熙實施解額政策的結果，也同時合理地說明清代廣東省的進士總數只有 1,029 名，名列第十三，明顯較明朝廣東省的進士總數少了 346 名。

在進行隋朝至清朝（581～1911），廣東省狀元的地理分佈期間，我發現

在此約 1300 年間，廣東省只有九位狀元及 2,402 名進士的史實下，我認爲本節是具有以下三個研究意義的。

第一、廣東省在隋朝至清朝在人口、經濟和文化在地理分佈的改變

在八世紀開始，廣東省是人口、經濟和文化的重心，一直從北方穩定向南遷移。在十一世紀開始，廣東省在人口、經濟和文化三方面，均有持續的發展。在元代，廣東設立的書院已有 24 所，亦能合理地顯現出在繼後的明清兩朝，廣東舉業興盛與人口、經濟和文化在地理分佈的改變。

第二、廣東省在舉業發展的豐碩成果

根據《杭州府志》，民國十二年（1923）版《廣州府志》，光緒五年（1879）版，從清代科甲鼎盛的府作分析，縣份首名爲仁和和錢塘（即浙江與杭州），進士總數有 756 名，名列第一，廣東省進士總數有 248 名，名列第八，廣州大都會的雙子城番禺和南海兩個縣，足見科甲最後趨向集中少數十大都市中心。

從隋唐的化外之地，廣東省直到清朝，在全國科甲鼎盛的府中，廣東省已擢升至名列第八，可見廣東省在舉業發展的豐碩成果。

第三、發掘影響廣東省社會流動的因素

明朝皇帝朱元璋在洪武三年，首次爲各省訂定舉人的解額，其總數爲 470 人，但大省的解額是有有彈性的，明初，廣東和廣西因人才缺少，只設一科。

在鄉貢未能及額的情況下，雖京畿規定可取百人，在洪武三年，廣東在可錄取 72 人，廣東也只錄取 12 人，明初舉人解額較少，最南面的沿海省份廣東間接吃虧。《清高宗實錄》卷 558 記載的史料說明。《清高宗實錄》卷 558，乾隆二十三年三月丙申條：「嗣後直隸、江西、福建、浙江等大省官生，二十名取中一名，三十一名取中二名；山西、河南、廣東等中省官生，十五名取中一名，二十三名取中二名；雲南、貴州、廣西等小省官生，十名取中一名，十六名取中二名。」〔註 19〕依清代穩定的生員學額制度，尚未能與急增的人口互相配合。

上述爲影響廣東省社會流動的不利因素，然而，也有影響廣東省社會流動的有利因素，例如廣東省興辦社學與私立書院、協助應試舉子的社區援助

〔註 19〕《清高宗實錄》卷 558。

機制（科舉賓興制度）、宗族制度、出版印刷和興辦官學等有利因素。隋朝至清朝（581～1911），在約 1300 年間，雖然廣東省只有九位狀元產生，若以明清兩朝廣東省的進士總數作進一步的闡釋，相信相關的資料，應可重組廣東省的舉業持續發展的實況與面貌。

第五章　明朝至清朝廣東狀元和進士的人文地理構成

第一節　明清兩朝廣東狀元與進士地緣構成

　　本節對明清兩朝廣東狀元與進士地緣構成的定義，在此作簡要說明，明清兩朝廣東狀元與進士地緣構成的定義是參考 98 本廣東的府志州志及縣志編成。包括《光緒廣州府志》《同治韶州府志》《光緒惠州府志》《乾隆潮州府志》《光緒高州府志》《道光長寧縣志》《雍正從化縣新志》《康熙增城縣志》《乾隆保昌縣志》《光緒曲江縣志》《道光封川縣志》《道光肇慶縣志》《民國仁化縣志》《民國始興縣志》《嘉慶翁源縣志》《民國花縣志》《康熙乳源縣志》《道光英德縣志》《同治番禺縣志》《宣統番禺續志》《民國續番禺縣志》《民國清遠縣志》《順治陽山縣志》《民國連山縣志》《同治連州縣志》《雍正歸善縣志》《康熙河源縣志》《乾隆博羅縣志》《民國和平縣志》《嘉慶龍川縣志》《道光永安縣志》《嘉慶新安縣志》《嘉慶平遠縣志》《光緒鎮平縣志》《康熙陽縣志》《民國豐順縣志》《民國大埔縣志》《民國東莞縣志》《道光長樂縣志》《咸豐興寧縣志》《嘉慶澄海縣志》《光緒海陽縣志》《光緒饒平縣志》《雍正惠來縣志》《光緒潮陽縣志》《乾隆海豐縣志》《乾隆陸豐縣志》《光緒普寧縣志稿》《乾隆揭陽縣志》《宣統南海縣志》《嘉慶三水縣志》《康熙順德縣志》《光緒香山縣志》《道光新會縣志》《乾隆鶴山縣志》《光緒高明縣志》《光緒新寧縣志》《民國恩平縣志》《光緒茂名縣志》《民國石城縣志》《民國開平縣志》《民國赤溪

縣志》《光緒化州縣志》《光緒信直縣志》《康熙陽春縣志》《道光遂溪縣志》《康熙陽江縣志》《光緒重修電白縣志》《光緒吳川縣志》《宣統徐聞縣志》《嘉慶雷州縣志》《嘉慶海康縣志》《宣統高要縣志》《道光廣寧縣志》《乾隆新興縣志》《道光東安縣志》《光緒四會縣志》《康熙羅定州縣志》《雍正連平州志》《嘉慶嘉應州志》《光緒德慶州志》《道光直隸南雄州志》。

　　本節主要是以明清兩朝廣東進士前、中、後期三甲總排名表，

　　作為地緣構成的基礎，並且從明清兩朝 1,909 名進士的籍貫進行地緣構成分析。為了使明清兩朝廣東進士的地緣構成更具代表性，先分開明朝與清朝廣東進士首十名的排名，再根據明清兩朝廣東進士前、中、後期三甲總排名表首十名作整體排名。

表 26　明清廣東進士地緣分析表

名 次	名　稱	廣東進士人數
1	廣東廣州府南海縣	301 名進士
2	廣東廣州府番禺縣	209 名進士
3	廣東廣州府順德縣	208 名進士
4	廣東廣州府東莞縣	133 名進士

　　本文從縱向的角度分析，廣東省的舉業持續發展及興盛，特別是在明朝與清朝期間的盛況，本人推論部分成功元素是與廣東省的進士地緣構成有關，首十名的地區包括廣東廣州府南海縣、順德縣、番禺縣、東莞縣、潮州府潮陽縣、潮州府海陽縣、嘉應州、新會縣、肇慶府高要縣、香山縣，均重視設立書院和興辦社學、協助應試舉子的社區援助機制（科舉賓興制度）、宗族制度等方面作為參考和優化的方向。例如廣東設有義莊及學田，這些設施確具有實質的資助予應試士子。上述史料是根據廣東的府志、州志及縣志分析而成。

第二節　明清兩朝廣東狀元年齡構成

　　本節對明清兩朝廣東狀元年齡構成的定義，在此作簡要說明，主要是以清朝 68 名狀元年齡構成作一分析，主要是參考明清兩朝全國及廣東狀元的編成。狀元在科舉考試，被譽為天下第一人，關於狀元在婚姻，在中國古代對

戲劇中常有這樣的情節，鄉間貧窮書生，十年寒窗苦讀。終於金榜題名，中了狀元，被皇帝召爲駙馬。

　　據宋元強在《清朝的狀元》一書中統計，清朝士人考中狀元的平均年齡爲 35 歲，最年輕的是于敏中，戴衢亨兩人，皆爲 24 歲，即使是 24 歲的狀元。在清朝也早已過了娶妻生字的年齡。

　　考中狀元的年齡，可以看成是成才的年齡，此時人的智力發展正處於巔峰狀態，清朝 114 名狀元中，現以其中已查考的 66 名狀元作一分析，並以年齡組別顯示如下：

表 27　清朝其中 66 名狀元年齡組別表

年齡組	人　數	百分比（%）
二十五以下	4	6.1
二十六至三十五	34	51.5
三十六至四十五	23	34.8
四十六至五十五	4	6.1
五十五以上	1	1.5

通過以上的資料與統計，可以看到年齡組別顯示：

　　在 66 名狀元中，清朝士人考中狀元的平均年齡爲 35 歲，最年輕的是于敏中，戴衢亨兩人，皆爲 24 歲，年齡較大的兩位是蔡啓僔，他是 52 歲的狀元。另一位是王式丹，他是 59 歲的狀元。而清朝考中狀元最多的年齡組別是二十六至三十五之間，占人數的 51.5%，最少的年齡組別是五十五以下，占人數的 1.5%。

　　從上述的分析結果可以推論，清朝士人考中狀元的成才年齡爲二十六至三十五之間，也能符合人類智力發展的普遍規律，同時在古代，知識階層的最佳年齡區亦爲二十六至三十五之間，年齡較大的兩位是蔡啓僔和王式丹，在狀元中屬鳳毛麟角。〔註 1〕

　　再進一步分析，清朝狀元成才年齡應爲三十五歲，根據他們在接受啓蒙教育、研究經史典籍及掌握應試方式方面，而清朝狀元的平均壽命爲 63 歲。

〔註 1〕宋元強，《清朝的狀元》（吉林：吉林文史出版社，1992 年版），頁 186 至 188 及 405 至 408。

從人才的角度分析，清朝狀元的壽命問題是值得探討的考中狀元的年齡，清朝114名狀元中，現以其中已查考的68名狀元生卒年分析其壽命，並以年齡組別顯示如下：

表28　清朝其中68名狀元壽命

年齡組	人　數	百分比（%）
三十至四十	4	6
四十一至五十	8	12
五十一至六十	16	24
六十一至七十	17	25
七十一至八十	11	16
八十一至九十	12	17

通過以上的資料與統計，可以看到68名狀元壽命分佈：

在68名狀元中，清朝士人考中狀元的平均年齡為63歲，壽命最短的是鄒忠倚，他的卒年是32歲，壽命最長的是張之萬，他的卒年是87歲。此外，在68名狀元中，清朝狀元壽命在六十歲或以上也有39人，占人數的58%。其中11人還年過八十。由此可見清朝狀元長壽現象較過去歷代都為突出，例如明朝合共三名廣東狀元倫文敘（1466～1513），他的卒年是47歲，林大欽（1511～1546）的卒年是35歲，只有黃士俊（1570～1655）有85歲的長壽。雖然有4名清朝狀元過早去世，但整體而言，清朝狀元的壽命及平均年齡是正常的。例如合共三名清朝廣東狀元莊有恭，他的卒年是55歲，梁耀樞的卒年是57歲，而林召棠更有87歲的長壽。

由此觀之，明清兩朝廣東狀元年齡構成，已從上述六名明清兩朝廣東狀元進行比較及分析，清朝狀元長壽現象較過去歷代都為突出，特別是以明清作一比較，清朝狀元壽命較平均。

文官（包括進士）的自然年齡與吏治有關係，一般而言，文官的自然年齡為40歲以上，杜佑說「三王之代，公卿大夫子弟自幼入學，至四十方仕，然後行備業全事理績茂」。

歷朝政府對任官年齡都有一定的要求，如清初文官年齡要求也比較嚴格，康熙三十七年選州縣官時，至二十以上輕浮冒昧者，不分漢軍漢人，分發六部實習。雍正對文官的自然年齡要求不十分嚴格，他反而注重社會年齡

和心理年齡，以下是雍正引見文官的年齡結構分析，引見文官的總數爲 5,697
人，其年齡總和是 251,486 歲，平均年齡 44.14 歲。下表爲廣東省籍官員平均
年齡表：從下表分析廣東省籍官員平均年齡。〔註2〕

表 29　清朝雍正時期廣東官員平均年齡表

省區	總人數	平均年齡
廣東	172	46.5

　　從上表可見，雍正時期廣東官員平均年齡爲 46.5，而清朝士人考中狀元
的平均年齡爲 63 歲，由此觀之，明清兩朝廣東狀元年齡構成，清朝狀元長壽
現象較過去歷代都較突出，特別是以明清作一比較，清朝狀元壽命較平均。

第三節　明清兩朝廣東狀元與進士家族構成

　　本節對明清兩朝廣東狀元與進士家族構成的定義，在此作簡要說明，主
要是以明清進士家族約有 42.9%出身於從未有過功名的家庭成作基礎。而以清
朝廣東省區家族背景官員比率表及明代陳子壯家族作一分析。

　　下表反映了廣東省區，家族背景官員只占 5.8%，反映了家族背景的勢力，
在狀元與進士於選官方面，廣東省區家族較爲遜色。

表 30　廣東省家族背景官員比率表

省　區	引見人數	家族背景	百分比
廣東	172	10	5.8

〔註3〕

　　有關廣東主要官僚家族，當以明代廣東陳子壯家族爲較具功名的官宦世
家，歷代送出名儒顯臣，有史可考的陳氏始祖，是南宋的陳康延，南宋紹興
庚辰（1160）中進士，曾任潭津勾警、龍川錄事、三仕學官、兩任邑令、後任
梅州知府。

　　三世祖陳械，南宋時擔任南海郡學正，他是一位從事教育事業的文官。

〔註2〕宋元強，《清朝的狀元》（吉林：吉林文史出版社，1992 年版），頁 186～188
　　　及 405～408。
〔註3〕王志明，《雍正朝官僚制度研究》（上海：上海古籍出版社，2007 年），頁 370
　　　～374。

五世祖陳均，南宋時間擔任兩浙常平提領，他是一位管理調節米價的職官。

六世祖陳監，元朝延祐年間（1314～1320）中進士，曾擔任福建漕運司漕運副使，他是一位從事專業運輸的文官。將家遷到沙貝村的是七世祖風水師陳浩，陳家自陳康延入粵爲官以來，雖然是官宦世家，歷代送出名儒顯臣，但代代單傳，遷到沙貝村的是七世祖陳浩，娶了鄰村辛氏女子，生了兩個兒子，大兒子不幸早夭，二兒子名行寬。

八世祖陳行寬，元朝至正年間（1341～1368）進士，曾擔任江西中事行省檢校及經濟司事，陳行寬娶妻張氏，她是南宋廣東唯一的狀元張鎮孫的曾孫女。

九世祖陳毅，曾擔任明經博士，十世祖陳觀，曾擔任誥封山西清吏司郎中，十一世祖陳珙，曾擔任江西南安府儒學訓導，深受學生敬愛。十一世祖陳璋，明朝景泰癸酉年間（1453）中舉人，曾擔任程鄉縣知縣。

十紈褲子弟陳錫，明朝弘治十八（1505）中進士，擔任戶部主事，明朝正德十二年（1517）任福建參政，明朝嘉靖元年（1522）升任福建左布政，屬省級高官，明朝嘉靖六年（1527）升任爲應天府尹，屬省級高官，陳錫爲了紀念陳氏始祖，南宋陳康延，陳錫在沙貝村興建了宋名賢陳大夫祠。

十三世祖陳紹儒，他是陳錫的侄兒，明朝嘉靖十七（1538）中進士，曾擔任山東、湖廣、廣西、江西、福建、四川、雲南等地，再升任南京工部尚書、資政大夫、太子太傅，明朝萬曆三年（1575）重修陳氏宗祠。

陳紹儒之子陳弘乘，官至國子監典籍，國子監是明朝最高學府，國子監典籍是掌管書籍碑版的官員，陳弘乘曾擔任湖廣善化縣知縣，陳弘乘有三子，長子陳熙韶、次子陳熙昌、三子陳熙陽，陳熙昌就是陳子壯的父親。

十五世祖陳熙昌於明朝萬曆四十四年（1616）中進士及十六世祖陳子壯於明朝萬曆四十七年（1619）中進士。

廣東陳氏自入粵陳康延起，至陳子壯，共出過七位進士，從事舉業人數眾多，取得廣東科舉家族的名譽，廣東沙貝陳氏宗祠的大門口懸掛得出「一門七進士，四代五鄉賢」的楹聯。〔註4〕

〔註4〕《明清歷科進士題名碑錄》（二）（臺灣：華文股份有限公司，1969）頁1189；亦參《明代進士題名錄》（下）（臺灣：正祥房藏圖書，1960）；亦參《宣統南海縣志》；亦參胡巧利，《陳子壯》（廣東：廣東人民出版社，2011年），頁3～9。

表 31　廣東陳氏自入粵十六代功名表

代　數	姓名及朝代	功名／沒有功名	最高官職	五鄉賢
第一世祖	陳康延（南宋）	進士	大夫	
第二世祖	不詳（南宋）	沒有功名		
第三世祖	陳械（南宋）	有功名	南宋擔任南海郡學正	
第四世祖	不詳（南宋）	沒有功名		
第五世祖	陳均（南宋）	有功名	南宋擔任兩浙常平提領	
第六世祖	陳監（元朝）	進士	福建漕運司漕運副使	
第七世祖	陳浩(元朝)(風水師)	沒有功名		
第八世祖	陳行寬（元朝）	進士	江西中事行省檢校及經濟司事	
第九世祖	陳毅（明朝）	有功名	明經博士	
第十世祖	陳觀（明朝）	有功名	誥封山西清吏司郎中	
第十一世祖	陳珙（明朝）	有功名	江西南安府儒學訓導	
	陳璋（明朝）	明朝景泰癸酉年間（1453年）中舉人		
第十二世祖	陳錫（明朝）	進士	應天府尹屬省級高官	陳錫
第十三世祖	陳紹儒（明朝）	進士	南京工部尚書、資政大夫、太子太傅	陳紹儒
第十四世祖	陳弘乘（明朝）	有功名	國子監典籍	陳弘乘
第十五世祖	陳熙昌（明朝）	進士		陳熙韶 陳熙昌
第十六世祖	陳子壯（明朝）	一甲三等	太師上國柱、中極殿大學士陳子壯是最高官階的一位	

　　本節對明清兩朝廣東狀元與進士家族構成的形成，在此作簡要說明，明清兩朝廣東逐漸形成遍佈全省的科舉家族，從事舉業的人數，還反映在清朝科舉家族鄉試大、及小省的劃分上，鄉試大省、中省及小省的劃分，取決於兩種因素：一是根據各省人口，二是經濟文化發展情況。乾隆九年（1745），清朝政府規定內地各省鄉試取額為大省、中省及小省的劃分，廣東屬中省，共取額 72 人。

　　由此看來，明清兩朝廣東狀元與進士家族構成的形成，直接促成廣東成為遍佈全省的科舉家族，實可從書院的數目中反映，廣東省是在十五個省區中，名列第六，可見廣東省對設立書院的重視程度，反映明清兩朝，廣東狀元與進士家族構成已逐漸增加的實況。

第四節　明清兩朝廣東狀元與進士仕宦構成

本節對明清兩朝廣東狀元與進士仕宦構成的定義，在此作簡要說明，主要是以明清時期，已搜集到的 1,909 名進士作基礎。而以賜進士及第一甲、賜進士出身第二甲及三甲數目作明清時期狀元與進士仕宦構成分析。

表32　明清兩朝仕宦構成

廣東賜進士及第一甲人數表

編號	年　份	姓名	籍貫	等第
1	成化二十三年丁未科	徐瑞	廣東廣州府番禺縣民籍	賜進士及第一甲三名（探花）
2	弘治三年庚戌科	劉存業	廣東廣州府東莞縣灶籍	賜進士及第一甲三名（榜眼）
3	弘治十二年己未科	倫文敘	廣東廣州府南海縣民籍	賜進士及第一甲三名（狀元）
4	正德十二年	倫以訓	廣東廣州府南海縣民籍	賜進士及第一甲三名（榜眼）
5	嘉靖十一年壬辰科	林大欽	廣東潮州府海陽縣軍民籍	賜進士及第一甲三名（狀元）
6	萬曆三十五年丁未科	黃士俊	廣東廣州府順德縣軍籍	賜進士及第一甲三名（狀元）
7	萬曆四十七年己未科	陳子壯	廣東廣州府南海縣民籍	賜進士及第一甲三名（探花）

清朝廣東賜進士及第一甲人數表

編號	年　份	姓　名	籍　貫	等　第
1	乾隆四年己未科	莊有恭	廣東廣州府番禺縣人	賜進士及第一甲三名（狀元）
2	嘉慶十四年己巳恩科	張岳崧	廣東懷州府定安縣人	賜進士及第一甲三名（探花）
3	道光二年壬午恩科	羅文俊	廣東廣州府南海縣人	賜進士及第一甲三名（探花）
4	道光三年癸未科	林召棠	廣東高州府吳川縣人	賜進士及第一甲三名（狀元）
5	道光三十年庚戌科	許其光	廣東廣州府番禺縣人	賜進士及第一甲三名（榜眼）
6	咸豐九年己未科	李文田	廣東廣州府順德縣人	賜進士及第一甲三名（探花）
7	咸豐十年庚申恩科	林澎年	廣東廣州府南海縣人	賜進士及第一甲三名（榜眼）
8	同治十年辛未科	梁耀樞	廣東廣州府順德縣人	賜進士及第一甲三名（狀元）
9	同治十三年甲戌科	譚宗俊	廣東廣州府南海縣人	賜進士及第一甲三名（榜眼）
10	光緒十八年壬辰科	陳伯陶	廣東廣州府東莞縣人	賜進士及第一甲三名（榜眼）
11	光緒二十九年	左霈	廣東廣州駐正黃漢人	賜進士及第一甲三名（榜眼）
12	光緒三十年甲辰恩科	朱汝珍	廣東清遠人	賜進士及第一甲三名（榜眼）
13	光緒三十年甲辰恩科	商衍鎏	廣東廣州府番禺縣人	賜進士及第一甲三名（探花）

根據本人已搜集的 1,909 名進士的科舉等第資料分析，明朝與清朝分別有
7 名及 13 名賜進士及第一甲、而在仕宦構成方面，清朝的廣東進士明顯地在
人數方面，比明朝增加 6 名賜進士及第一甲，而在最終任官的官職而言，明
朝陳子壯是最高官階的一位，他是太師上國柱、中極殿大學士，也是最高官
階的一位廣東三鼎甲進士。

明朝廣東賜進士出身第二甲人數表

編號	年 份	姓 名	籍 貫	等 第
1	洪武十八年乙丑科	黃子平	廣東茂名縣人	賜進士出身第二甲一百七名
2	洪武十八年乙丑科	陳綏	廣東南海縣人	賜進士出身第二甲一百七名
3	洪武十八年乙丑科	勞士寬	廣東南海縣人	賜進士出身第二甲一百七名
4	洪武二十四年辛未科	何測	廣東文昌縣人	賜進士出身第二甲十二名
5	洪武二十七年甲戌科	蔣資	廣東化州人	賜進士出身第二甲三十一名
6	永樂二年甲申科	李寧	廣東南海縣人	賜進士出身第二甲九十三名
7	永樂二年甲申科	羅亨信	廣東東莞縣人	賜進士出身第二甲九十三名
8	永樂四年丙戌科	王克義	廣東瓊山縣人	賜進士出身第二甲六十五名
9	永樂四年丙戌科	梁智	廣東德廣縣人	賜進士出身第二甲六十五名
10	永樂九年辛卯科	鍾瑛	廣東肇慶府高要縣籍	賜進士出身第二甲三十二名
11	永樂十三年乙未科	梁能	廣東廣州府番禺縣民籍	賜進士出身第二甲九十五名
12	永樂十三年乙未科	林超	廣東廣州府番禺縣民籍	賜進士出身第二甲九十五名
13	永樂十三年乙未科	陳鼎	廣東肇慶府新興縣軍籍	賜進士出身第二甲九十五名
14	永樂十六年戊戌科	梁廣成	廣東廣州府番禺縣人	賜進士出身第二甲七十五名
15	永樂十六年戊戌科	金誠	廣東廣州右衛人	賜進士出身第二甲七十五名
16	永樂十六年戊戌科	王靖	廣東潮州府潮陽縣籍	賜進士出身第二甲七十五名
17	永樂十九年	劉玘	廣東潮州府海陽縣人	賜進士出身第二甲四十九名
18	永樂十九年	盧璿	廣東高州府化州人	賜進士出身第二甲四十九名
19	永樂十九年	吳瓊	廣東潮州府海陽縣人	賜進士出身第二甲四十九名
20	永樂十九年	許忠	廣東潮州府海陽縣人	賜進士出身第二甲四十九名
21	宣德五年庚戌科	李若林	廣東潮州府潮陽縣民籍	賜進士出身第二甲三十五名
22	宣德五年庚戌科	區賢	廣東廣州府南海縣民籍	賜進士出身第二甲三十五名
23	宣德八年	吳高	廣東惠州府歸善縣民籍	賜進士出身第二甲三十五名
24	正統元年丙辰科	李顯	廣東惠州府博羅縣民籍	賜進士出身第二甲三十五名
25	正統四年未科	王彰	廣東潮州府海陽縣民籍	賜進士出身第二甲五十名
26	正統七年壬戌科	盧祥	廣東廣州府東莞縣民籍	賜進士出身第二甲三十五名
27	正統十年乙丑科	林義	廣東潮州府海陽縣軍籍	賜進士出身第二甲五十名
28	正統十三年戊辰科	邢宥	廣東瓊州府文昌縣民籍	賜進士出身第二甲五十名

29	景泰二年辛未科	李惠	廣東潮州府潮陽縣軍籍	賜進士出身第二甲七十五名
30	景泰二年辛未科	潘本愚	廣東惠州府博羅縣民籍	賜進士出身第二甲七十五名
31	景泰五年甲戌科	丘濬	廣東瓊州府瓊山縣民籍	賜進士出身第二甲一百二十九名
32	景泰五年甲戌科	康麟	廣東廣州府順德縣民籍	賜進士出身第二甲一百二十九名
33	景泰五年甲戌科	魯能	廣東新會守禦千戶所軍籍	賜進士出身第二甲一百二十九名
34	景泰五年甲戌科	蕭青	廣東惠州衛軍籍	賜進士出身第二甲一百二十九名
35	景泰五年甲戌科	鄭文奎	廣東潮州府潮陽縣軍籍	賜進士出身第二甲一百二十九名
36	天順元年	何淡	廣東廣州府順德縣民籍	賜進士出身第二甲二百九十七名
37	天順元年	潘洪	廣東廣州右衛軍籍	賜進士出身第二甲二百九十七名
38	天順元年	葉敏	廣東廣州府南海縣民籍	賜進士出身第二甲二百九十七名
39	天順元年	張瓊	廣東廣州府番禺縣軍籍	賜進士出身第二甲二百九十七名
40	天順四年庚辰科	祁順	廣東廣州府東莞縣軍籍	賜進士出身第二甲五十名
41	天順八年甲申科	陳秖	廣東廣州府番禺縣民籍	賜進士出身第二甲七十五名
42	天順八年甲申科	唐盛	廣東廣州府南海縣民籍	賜進士出身第二甲七十五名
43	成化二年丙戌科	廓文	廣東廣州府南海縣民籍	賜進士出身第二甲九十八名
44	成化二年丙戌科	戴縉	廣東廣州府南海縣民籍	賜進士出身第二甲九十八名
45	成化五年	陳斌	廣東廣州府順德縣民籍	賜進士出身第二甲七十五名
46	成化八年壬辰科	吳裕	廣東潮州府揭陽縣軍籍	賜進士出身第二甲七十八名
47	成化八年壬辰科	梁方	廣東廣州府南海縣民籍	賜進士出身第二甲七十八名
48	成化十四年戊戌科	梁儲	廣東廣州府順德縣軍籍	賜進士出身第二甲一百十名
49	成化十四年戊戌科	姚紹	廣東潮州府潮陽縣民籍	賜進士出身第二甲一百十名
50	成化十四年戊戌科	李祥	廣東廣州府南海縣民籍	賜進士出身第二甲一百十名
51	成化十四年戊戌科	林榮	廣東廉州府合浦縣軍籍	賜進士出身第二甲一百十名
52	成化十七年	程文	廣東肇慶府高要縣軍籍	賜進士出身第二甲九十五名
53	成化二十三年丁未科	塗瑾	廣東廣州府番禺縣民籍	賜進士出身第二甲一百一十名
54	成化二十三年丁未科	陳經綸	廣東廣州府新會縣民籍	賜進士出身第二甲一百一十名
55	成化二十三年丁未科	鄧琛	廣東廣州府東莞縣灶籍	賜進士出身第二甲一百一十名
56	成化二十三年丁未科	錢鐸	廣東廣州府東莞縣民籍	賜進士出身第二甲一百一十名
57	成化二十三年丁未科	蘇葵	廣東廣州府順德縣民籍	賜進士出身第二甲一百一十名
58	成化二十年甲辰科	黃鑒	廣東廣州府南海縣民籍	賜進士出身第二甲九十四名
59	成化二十年甲辰科	羅昕	廣東廣州府番禺縣軍籍	賜進士出身第二甲九十四名
60	成化二十年甲辰科	寧詵	廣東廣州府東莞縣軍籍	賜進士出身第二甲九十四名
61	弘治三年庚戌科	陳綏	廣東廣州府順德縣軍籍	賜進士出身第二甲九十名
62	弘治三年庚戌科	林善	廣東潮州府揭陽縣軍籍	賜進士出身第二甲九十名
63	弘治六年	鍾渤	廣東廣州府東莞縣軍籍	賜進士出身第二甲九十名
64	弘治六年	羅中	廣東廣州府東莞縣軍籍	賜進士出身第二甲九十名
65	弘治六年	曾鎰	廣東瓊州府萬州軍籍保昌縣人	賜進士出身第二甲九十名
66	弘治六年	梁辰	廣東廣州府南海縣民籍	賜進士出身第二甲九十名

67	弘治六年	胡澧	廣東韶州府英德縣民籍南海縣人	賜進士出身第二甲九十名
68	弘治六年	黃澤	廣東廣州府順德縣民籍	賜進士出身第二甲九十名
69	弘治九年丙辰科	張紹齡	廣東廣州府番禺縣軍籍	賜進士出身第二甲九十五名
70	弘治九年丙辰科	韓俊	廣東瓊州府文昌縣籍	賜進士出身第二甲九十五名
71	弘治九年丙辰科	黃衷	廣東廣州府南海縣軍籍	賜進士出身第二甲九十五名
72	弘治十二年己未科	鍾秉秀	廣東廣州府番禺縣民籍	賜進士出身第二甲九十五名
73	弘治十二年己未科	盧宅仁	廣東肇慶府四會縣民籍	賜進士出身第二甲九十五名
74	弘治十二年己未科	劉裴	廣東潮州府揭陽縣民籍	賜進士出身第二甲九十五名
75	弘治十五年壬戌科	李津	廣東肇慶府四會縣民籍	賜進士出身第二甲九十五名
76	弘治十五年壬戌科	黃閱古	廣東廣州府東莞縣民籍	賜進士出身第二甲九十五名
77	弘治十五年壬戌科	唐冑	廣東瓊州府瓊山縣籍	賜進士出身第二甲九十五名
78	弘治十五年壬戌科	楊瑋	廣東潮州府揭陽縣民籍	賜進士出身第二甲九十五名
79	弘治十五年壬戌科	陳炫	廣東廣州府南海縣軍籍	賜進士出身第二甲九十五名
80	弘治十五年壬戌科	祁敏	廣東廣州府東莞縣軍籍	賜進士出身第二甲九十五名
81	弘治十八年乙丑科	湛若水	廣東廣州府增城縣軍籍	賜進士出身第二甲九十五名
82	弘治十八年乙丑科	陳錫	廣東廣州府南海縣民籍	賜進士出身第二甲九十五名
83	弘治十八年乙丑科	鄭銘	廣東廣州府新會縣軍籍	賜進士出身第二甲九十五名
84	正德三年戊辰科	黃芳	廣東瓊州府崖州軍籍	賜進士出身第二甲一百一十五名
85	正德三年戊辰科	林紹	廣東潮州府潮陽縣灶籍	賜進士出身第二甲一百一十五名
86	正德三年戊辰科	鄧炳	廣東廣州府順德縣民籍	賜進士出身第二甲一百一十五名
87	正德六年辛未科	朱亮	廣東潮州府揭陽縣民籍	賜進士出身第二甲一百一十五名
88	正德六年辛未科	梁億	廣東廣州府順德縣軍籍	賜進士出身第二甲一百一十五名
89	正德六年辛未科	畢廷拱	廣東廣州府番禺縣軍籍	賜進士出身第二甲一百一十五名
90	正德九年甲戌科	霍韜	廣東廣州府南海縣民籍	賜進士出身第二甲九十五名
91	正德九年甲戌科	何瓔	廣東廣州府順德縣民籍	賜進士出身第二甲九十五名
92	正德九年甲戌科	金山	廣東廣州府番禺縣民籍	賜進士出身第二甲九十五名
93	正德十二年	張拱辰	廣東廣州府順德縣民籍	賜進士出身第二甲一百一十五名
94	正德十二年	王漸逵	廣東廣州府番禺縣民籍	賜進士出身第二甲一百一十五名
95	正德十二年	彭澤	廣東廣州府南海縣民籍	賜進士出身第二甲一百一十五名
96	正德十二年	祁敕	廣東廣州府東莞縣軍籍	賜進士出身第二甲一百一十五名
97	正德十二年	劉士奇	廣東廣州府順德縣軍籍	賜進士出身第二甲一百一十五名
98	正德十六年辛巳科	黃佐	廣東廣州府香山縣軍籍	賜進士出身第二甲一百一十名
99	正德十六年辛巳科	黃一道	廣東潮州府揭陽縣民籍	賜進士出身第二甲一百一十名
100	正德十六年辛巳科	吳章	廣東廣州府南海縣民籍	賜進士出身第二甲一百一十名
101	正德十六年辛巳科	倫以諒	廣東廣州府南海縣民籍	賜進士出身第二甲一百一十名
102	嘉靖二年癸未科	鍾汪	廣東廣州府南海縣軍籍	賜進士出身第二甲一百四十二名
103	嘉靖二年癸未科	吳會期	廣東瓊州府瓊山縣籍	賜進士出身第二甲一百四十二名
104	嘉靖二年癸未科	吳允祿	廣東廣州府南海縣民籍	賜進士出身第二甲一百四十二名

105	嘉靖八年	何爇	廣東廣州府順德縣軍籍	賜進士出身第二甲九十五名
106	嘉靖八年	戴銑	廣東廣州府東莞縣軍籍	賜進士出身第二甲九十五名
107	嘉靖八年	王希文	廣東廣州府東莞縣民籍	賜進士出身第二甲九十五名
108	嘉靖八年	鍾卿	廣東廣州府東莞縣民籍	賜進士出身第二甲九十五名
109	嘉靖八年	潘大賓	廣東潮州府潮陽縣民籍	賜進士出身第二甲九十五名
110	嘉靖十一年壬辰科	衛元確	廣東廣州府東莞縣民籍	賜進士出身第二甲八十名
111	嘉靖十四年乙未科	鄭一統	廣東潮州府揭陽縣民籍	賜進士出身第二甲九十五名
112	嘉靖十四年乙未科	陳天然	廣東瓊州府瓊山縣民籍	賜進士出身第二甲九十五名
113	嘉靖十四年乙未科	陳天資	廣東潮州府饒平縣灶籍	賜進士出身第二甲九十五名
114	嘉靖十七年戊戌科	倫以詵	廣東廣州府南海縣民籍	賜進士出身第二甲九十五名
115	嘉靖十七年戊戌科	馬拯	廣東廣州府南海縣軍籍	賜進士出身第二甲九十五名
116	嘉靖十七年戊戌科	唐穆	廣東瓊州府瓊山縣民籍	賜進士出身第二甲九十五名
117	嘉靖十七年戊戌科	鄭廷鵠	廣東海南衛籍	賜進士出身第二甲九十五名
118	嘉靖十七年戊戌科	盛若林	廣東潮州府海陽縣軍籍	賜進士出身第二甲九十五名
119	嘉靖十七年戊戌科	陳紹儒	廣東廣州府南海縣民籍	賜進士出身第二甲九十五名
120	嘉靖十七年戊戌科	盧夢陽	廣東廣州府南海縣軍籍	賜進士出身第二甲九十五名
121	嘉靖二十年	黎才	廣東廣州府順德縣民籍	賜進士出身第二甲九十名
122	嘉靖二十年	黃顯	廣東瓊州府瓊山縣軍籍	賜進士出身第二甲九十名
123	嘉靖二十年	梁津	廣東廣州府番禺縣民籍	賜進士出身第二甲九十名
124	嘉靖二十年	陳善	廣東廣州府南海縣民籍	賜進士出身第二甲九十名
125	嘉靖二十年	何孟倫	廣東廣州府新會縣民籍	賜進士出身第二甲四十九名
126	嘉靖二十三年甲辰科	曾楚	廣東廣州府南海縣民籍	賜進士出身第二甲九十三名
127	嘉靖二十三年甲辰科	林光祖	廣東潮州府揭陽縣民籍	賜進士出身第二甲九十三名
128	嘉靖二十九年庚戌科	羅一道	廣東廣州府東莞縣軍籍	賜進士出身第二甲九十五名
129	嘉靖二十九年庚戌科	李光宸	廣東廣州府南海縣民籍	賜進士出身第二甲九十五名
130	嘉靖二十九年庚戌科	何思贊	廣東廣州府順德縣軍籍	賜進士出身第二甲九十五名
131	嘉靖二十九年庚戌科	梁有譽	廣東廣州府南海縣民籍	賜進士出身第二甲九十五名
132	嘉靖二十九年庚戌科	胡庭蘭	廣東廣州府增城縣民籍	賜進士出身第二甲九十五名
133	嘉靖二十九年庚戌科	陳瑞龍	廣東潮州府潮陽縣民籍	賜進士出身第二甲九十五名
134	嘉靖三十二年	郭敬賢	廣東潮州府海陽縣軍籍	賜進士出身第二甲一百五名
135	嘉靖三十二年	曾一經	廣東惠州府博羅縣軍籍	賜進士出身第二甲一百五名
136	嘉靖三十二年	周望	廣東廣州府東莞縣軍籍	賜進士出身第二甲一百五名
137	嘉靖三十五年丙辰科	郭大鯤	廣東潮州府海陽縣民籍	賜進士出身第二甲九十名
138	嘉靖三十五年丙辰科	崔吉	廣東廣州府南海縣軍籍	賜進士出身第二甲九十名
139	嘉靖三十五年丙辰科	張大猷	廣東廣州府番禺縣軍籍	賜進士出身第二甲九十名
140	嘉靖三十五年丙辰科	黃可大	廣東廣州府番禺縣軍籍	賜進士出身第二甲九十名

141	嘉靖三十五年丙辰科	薛守經	廣東潮州府揭陽縣民籍	賜進士出身第二甲九十名
142	嘉靖三十五年丙辰科	鄭旻	廣東潮州府揭陽縣灶籍	賜進士出身第二甲九十名
143	嘉靖四十一年壬戌科	張廷臣	廣東廣州府番禺縣民籍	賜進士出身第二甲八十五名
144	嘉靖四十一年壬戌科	鍾振	廣東廉州府合浦縣民籍	賜進士出身第二甲八十五名
145	嘉靖四十一年壬戌科	郭棐	廣東廣州府南海縣軍籍	賜進士出身第二甲八十五名
146	嘉靖四十一年壬戌科	陳俊	廣東廣州府南海縣軍籍	賜進士出身第二甲八十五名
147	嘉靖四十四年乙丑科	李一迪	廣東雷州府海康縣軍籍	賜進士出身第二甲七十七名
148	嘉靖四十四年乙丑科	林烋	廣東惠州府博羅縣民籍	賜進士出身第二甲七十七名
149	嘉靖四十四年乙丑科	林有源	廣東潮州府潮陽縣民籍	賜進士出身第二甲七十七名
150	隆慶二年戊辰科	李伯芳	廣東韶州府英德縣民籍	賜進士出身第二甲七十七名
151	隆慶二年戊辰科	王懋德	廣東瓊州府文昌縣民籍	賜進士出身第二甲七十七名
152	隆慶五年辛未科	袁昌祚	廣東廣州府東莞縣民籍	賜進士出身第二甲七十七名
153	隆慶五年辛未科	霍鎮東	廣東廣州府南海縣民籍	賜進士出身第二甲七十七名
154	隆慶五年辛未科	張鳴鶴	廣東廣州府東莞縣軍籍	賜進士出身第二甲七十七名
155	萬曆二年甲戌科	周宗禮	廣東潮州府澄海縣民籍	賜進士出身第二甲七十名
156	萬曆二年甲戌科	吳中謙	廣東廣州府南海縣民籍	賜進士出身第二甲七十名
157	萬曆二年甲戌科	李良柱	廣東廣州府番禺縣民籍	賜進士出身第二甲七十名
158	萬曆五年	楊起元	廣東惠州府歸善縣民籍	賜進士出身第二甲五十七名
159	萬曆十四年丙戌科	林承芳	廣東廣州府三水縣民籍	賜進士出身第二甲六十七名
160	萬曆十四年丙戌科	陳果	廣東廣州府新安縣灶籍	賜進士出身第二甲六十七名
161	萬曆二十三年乙未科	梁有年	廣東廣州府順德縣民籍	賜進士出身第二甲五十七名
162	萬曆三十二年甲辰科	黃儒炳	廣東潮州府潮陽縣民籍	賜進士出身第二甲五十七名
163	萬曆三十五年丁未科	林養棟	廣東廣州府番禺縣軍籍	賜進士出身第二甲五十七名
164	萬曆三十八年庚戌科	黃聖期	廣東廣州府番禺縣民籍	賜進士出身第二甲五十七名
165	萬曆三十八年庚戌科	盧瑛田	廣東廣州府東莞縣民籍	賜進士出身第二甲五十七名
166	萬曆三十八年庚戌科	梁鈜	廣東廣州府南海縣軍籍	賜進士出身第二甲五十七名
167	萬曆三十八年庚戌科	曾道唯	廣東廣州府南海縣軍籍	賜進士出身第二甲五十七名
168	萬曆四十一年	李孫宸	廣東廣州府香山縣軍籍	賜進士出身第二甲六十七名
169	萬曆四十七年己未科	何吾騶	廣東廣州府香山縣軍籍	賜進士出身第二甲六十七名
170	萬曆四十七年己未科	黃應秀	廣東廣州府南海縣民籍	賜進士出身第二甲六十七名
171	崇禎元年戊辰科	陳象明	廣東廣州府東莞縣軍籍	賜進士出身第二甲六十七名
172	崇禎四年辛未科	黎崇宣	廣東廣州府番禺縣民籍	賜進士出身第二甲六十七名
173	崇禎四年辛未科	劉士斗	廣東廣州府南海縣民籍	賜進士出身第二甲六十七名
174	崇禎十六年癸未科	劉廷琮	廣東廣州府番禺縣民籍	賜進士出身第二甲七十八名
175	崇禎十六年癸未科	唐元楫	廣東廣州府番禺縣民籍	賜進士出身第二甲七十八名

清朝廣東賜進士出身第二甲人數表

編號	年　份	姓　名	籍　貫	等　第
1	順治九年壬辰科	陳彩	廣東廣州府順德縣人	賜進士出身第二甲七十七名（57）
2	順治十二年乙未科	尹源進	廣東廣州府東莞縣人	賜進士出身第二甲七十七名（21）
3	順治十五年戊戌科	羅孫耀	廣東廣州府順德縣人	賜進士出身第二甲八十名（38）
4	康熙三年甲辰科	方殿元	廣東廣州府番禺縣人	賜進士出身第二甲四十名（1）
5	康熙九年庚戌科	黎日升	廣東高州府電白縣人	賜進士出身第二甲五十七名（33）
6	康熙十二年癸丑科	徐上	廣東潮州府潮陽縣人	賜進士出身第二甲四十名（18）
7	康熙十二年癸丑科	陳芳冑	廣東惠州府海豐縣人	賜進士出身第二甲四十名（24）
8	康熙十八年己未科	余豔雪	廣東潮州府澄海縣人	賜進士出身第二甲四十名（39）
9	康熙二十七年戊辰科	梁佩蘭	廣東廣州府南海縣人	賜進士出身第二甲四十名（37）
10	康熙三十六年丁丑科	何斌臨	廣東廣州府番禺縣人	賜進士出身第二甲（18）
11	康熙三十九年庚辰科	張成遇	廣東廣州府番禺縣人	賜進士出身第二甲六十名（1）
12	康熙三十九年庚辰科	辜文麟	廣東潮州府海陽縣人	賜進士出身第二甲六十名（14）
13	康熙四十八年己丑科	陳似源	廣東廣州府順德縣人	賜進士出身第二甲五十名（30）
14	康熙五十七年戊戌科	蕭宸捷	廣東潮州府大埔縣人	賜進士出身第二甲四十名（24）
15	雍正元年癸卯科	李端	廣東嘉應州程鄉縣人	賜進士出身第二甲六十三名（27）
16	雍正元年癸卯科	顏希聖	廣東惠州府連平州人	賜進士出身第二甲六十三名（55）
17	雍正元年癸卯科	衛廷璞	廣東廣州府番禺縣人	賜進士出身第二甲六十三名（62）
18	雍正五年丁未科	莫陶	廣東瓊州府定安縣人	賜進士出身第二甲五十名（14）
19	雍正五年丁未科	許蓮峰	廣東潮州府海陽縣人	賜進士出身第二甲五十名（37）
20	雍正五年丁未科	梁聯德	廣東高州府茂名縣人	賜進士出身第二甲五十名（39）
21	雍正八年庚戌科	林蒲封	廣東廣州府東莞縣人	賜進士出身第二甲一百名（18）
22	雍正八年庚戌科	林鵬飛	廣東惠州府陸豐縣人	賜進士出身第二甲一百名（20）
23	雍正八年庚戌科	楊中興	廣東嘉應州程鄉縣人	賜進士出身第二甲一百名（56）
24	乾隆元年丙辰科	詹豹略	廣東潮州府饒平縣人	賜進士出身第二甲九十名（52）
25	乾隆元年丙辰科	楊黼時	廣東潮州府大埔縣人	賜進士出身第二甲九十名（63）
26	乾隆元年丙辰科	黃弘	廣東惠州府龍川縣人	賜進士出身第二甲九十名（81）
27	乾隆二年丁巳科	楊思恭	廣東嘉應直隸州人	賜進士出身第二甲八十名（45）
28	乾隆二年丁巳科	歐湛善	廣東韶州府樂昌縣人	賜進士出身第二甲八十名（69）
29	乾隆四年己未科	馮修成	廣東廣州府南海縣人	賜進士出身第二甲九十名（53）
30	乾隆四年己未科	楊勳	廣東嘉應直隸州人	賜進士出身第二甲九十名（75）
31	乾隆四年己未科	詹肯構	廣東潮州府饒平縣人	賜進士出身第二甲九十名（89）
32	乾隆七年壬戌科	莊有信	廣東肇慶府鶴山縣人	賜進士出身第二甲八十名（29）
33	乾隆七年壬戌科	何廷楠	廣東惠州府連平州人	賜進士出身第二甲八十名（66）
34	乾隆七年壬戌科	楊必蕃	廣東潮州府大埔縣人	賜進士出身第二甲八十名（76）
35	乾隆十年乙丑科	楊演時	廣東潮州府大埔縣人	賜進士出身第二甲九十名（37）

36	乾隆十年乙丑科	楊文振	廣東潮州府大埔縣人	賜進士出身第二甲九十名（53）
37	乾隆十年乙丑科	葉承立	廣東嘉應直隸州人	賜進士出身第二甲九十名（56）
38	乾隆十年乙丑科	黃叔顯	廣東惠州府連平州人	賜進士出身第二甲九十名（73）
39	乾隆十三年戊辰科	林明倫	廣東南雄直隸州始興縣人	賜進士出身第二甲七十二名（61）
40	乾隆十三年戊辰科	陳子檜	廣東肇慶府新興縣人	賜進士出身第二甲七十二名（67）
41	乾隆十六年辛未科	李逢亨	廣東嘉應直隸州人	賜進士出身第二甲七十名（22）
42	乾隆十七年壬申恩科	陳應聯	廣東潮州府大埔縣人	賜進士出身第二甲七十名（22）
43	乾隆十七年壬申恩科	歐相箴	廣東韶州府樂昌縣人	賜進士出身第二甲七十名（58）
44	乾隆十七年壬申恩科	林紹唐	廣東廣州府南海縣人	賜進士出身第二甲七十名（68）
45	乾隆十九年甲戌科	林誕禹	廣東廣州府番禺縣人	賜進士出身第二甲七十名（33）
46	乾隆十九年甲戌科	汪士元	廣東廣州府新安縣人	賜進士出身第二甲七十名（38）
47	乾隆十九年甲戌科	李宜突／相	廣東高州府信宜縣人	賜進士出身第二甲七十名（62）
48	乾隆二十二年丁丑科	梁英佐	廣東嘉應直隸州人	賜進士出身第二甲七十名（11）
49	乾隆二十五年庚辰科	吳繢姬	廣東瓊州府澄邁州人	賜進士出身第二甲五十名（43）
50	乾隆二十六年辛巳恩科	梁昌聖	廣東廣州府南海縣人	賜進士出身第二甲六十六名（10）
51	乾隆二十六年辛巳恩科	羅清英	廣東嘉應州興寧縣人	賜進士出身第二甲六十六名（59）
52	乾隆二十八年癸未科	陳其煜	廣東廣州府新會縣民籍	賜進士出身第二甲五十五名（54）
53	乾隆三十一年丙戌科	蔡連輝	廣東潮州府澄海縣民籍	賜進士出身第二甲六十九名（49）
54	乾隆三十一年丙戌科	徐延泰	廣東惠州府和平縣民籍	賜進士出身第二甲六十九名（60）
55	乾隆三十一年丙戌科	彭如干	廣東惠州府陸豐縣民籍	賜進士出身第二甲六十九名（67）
56	乾隆三十四年己丑科	吳碘	廣東瓊州府瓊山縣人	賜進士出身第二甲五十名（47）
57	乾隆三十六年辛卯科	饒崇魁	廣東潮州府大埔縣人	賜進士出身第二甲五十五名（21）
58	乾隆三十六年辛卯科	鄭安道	廣東潮州府潮陽縣人	賜進士出身第二甲五十五名（44）
59	乾隆三十六年辛卯科	陳昌齊	廣東雷州府海康縣人	賜進士出身第二甲五十五名（48）
60	乾隆三十七年壬辰科	蘇青鼇	廣東廣州府南海縣人	賜進士出身第二甲五十四名（32）
61	乾隆四十三年戊戌科	馮敏昌	廣東廉州府欽州人	賜進士出身第二甲五十一名（42）
62	乾隆四十六年辛丑科	謝斯熊	廣東廣州府東莞縣人	賜進士出身第二甲五十六名（40）
63	乾隆四十九年甲辰科	溫汝適	廣東廣州府順德縣人	賜進士出身第二甲四十名（21）
64	乾隆五十二年丁未科	龍廷槐	廣東廣州府順德縣人	賜進士出身第二甲四十五名（16）
65	乾隆五十二年丁未科	邱先德	廣東廣州府番禺縣人	賜進士出身第二甲四十五名（28）
66	乾隆五十二年丁未科	伍有庸	廣東廣州府新會縣人	賜進士出身第二甲四十五名（31）
67	乾隆五十四年己酉科	張錦芳	廣東廣州府順德縣人	賜進士出身第二甲三十三名（5）
68	乾隆六十年乙卯科	鄭士超	廣東連州陽山縣人	賜進士出身第二甲十八名（3）
69	乾隆六十年乙卯科	楊汝任	廣東廣州府香山縣人	賜進士出身第二甲十八名（17）
70	嘉慶元年丙辰科	林紹光	廣東廣州府南海縣人	賜進士出身第二甲四十名（25）
71	嘉慶四年己未科	宋湘	廣東嘉應直隸州人	賜進士出身第二甲七十四名（11）
72	嘉慶四年己未科	吳榮光	廣東廣州府南海縣人	賜進士出身第二甲七十四名（20）
73	嘉慶四年己未科	何朝彥	廣東廣州府新會縣人	賜進士出身第二甲七十四名（39）
74	嘉慶四年己未科	何南鈺	廣東惠州府博羅縣人	賜進士出身第二甲七十四名（68）
75	嘉慶六年辛酉科	王利亨	廣東嘉應直隸州人	賜進士出身第二甲九十八名（15）

76	嘉慶六年辛酉科	莫凌	廣東廣州府東莞縣人	賜進士出身第二甲九十八名
77	嘉慶六年辛酉科	謝夢春	廣東廣州府南海縣人	賜進士出身第二甲九十八名（56）
78	嘉慶六年辛酉科	馮輔	廣東廣州府新會縣人	賜進士出身第二甲九十八名（57）
79	嘉慶六年辛酉科	劉彬華	廣東廣州府番禺縣人	賜進士出身第二甲九十八名（68）
80	嘉慶六年辛酉科	楊捷	廣東潮州府海陽縣人	賜進士出身第二甲九十八名（86）
81	嘉慶六年辛酉科	黎德符	廣東廣州府新會縣人	賜進士出身第二甲九十八名（87）
82	嘉慶七年壬辰科	李仲昭	廣東嘉應直隸州人	賜進士出身第二甲八十四名（1）
83	嘉慶七年壬辰科	鄧士憲	廣東廣州府南海縣人	賜進士出身第二甲八十四名（23）
84	嘉慶七年壬辰科	謝蘭生	廣東廣州府南海縣人	賜進士出身第二甲八十四名（28）
85	嘉慶七年壬辰科	楊芝	廣東潮州府揭陽縣人	賜進士出身第二甲八十四名（31）
86	嘉慶七年壬辰科	李可蕃	廣東廣州府南海縣人	賜進士出身第二甲八十四名（42）
87	嘉慶十年壬辰科	李可瓊	廣東廣州府南海縣人	賜進士出身第二甲九十六名（29）
88	嘉慶十年壬辰科	鄧應熊	廣東廣州府	賜進士出身第二甲九十六名（65）
89	嘉慶十年壬辰科	李黼平	廣東嘉應直隸州人	賜進士出身第二甲九十六名（85）
90	嘉慶十年壬辰科	蕭漢申	廣東廣州府	賜進士出身第二甲九十六名（96）
91	嘉慶十三年戊辰科	區玉麟	廣東廣州府南海縣人	賜進士出身第二甲一百一十五名（37）
92	嘉慶十三年戊辰科	鄭家蘭	廣東潮州府豐順縣人	賜進士出身第二甲一百一十五名（39）
93	嘉慶十三年戊辰科	蘇獻琛	廣東廣州府順德縣人	賜進士出身第二甲一百一十五名（80）
94	嘉慶十三年戊辰科	曾冠英	廣東惠州府和平縣人	賜進士出身第二甲一百一十五名（108）
95	嘉慶十四年己巳恩科	宋廷楨	廣東廣州府花縣人	賜進士出身第二甲一百名（33）
96	嘉慶十四年己巳恩科	潘正常	廣東廣州府番禺縣人	賜進士出身第二甲一百名（39）
97	嘉慶十四年己巳恩科	顏爾樞	廣東惠州府連平州人	賜進士出身第二甲一百名（57）
98	嘉慶十四年己巳恩科	何惠群	廣東廣州府順德縣人	賜進士出身第二甲一百名（79）
99	嘉慶十六年辛未科	黃玉衡	廣東廣州府順德縣人	賜進士出身第二甲九十二名（12）
100	嘉慶十六年辛未科	梁慎猷	廣東嘉應州程鄉縣人	賜進士出身第二甲九十二名（32）
101	嘉慶十六年辛未科	江鳴謙	廣東廣州府番禺縣人	賜進士出身第二甲九十二名（40）
102	嘉慶十六年辛未科	劉榮玠	廣東廣州府陽春縣人	賜進士出身第二甲九十二名（64）
103	嘉慶十九年甲戌科	顏伯燾	廣東惠州府連平州人	賜進士出身第二甲一百名（46）
104	嘉慶十九年甲戌科	張翔	廣東潮州大埔縣人	賜進士出身第二甲一百名（57）
105	嘉慶十九年甲戌科	梁藹如	廣東廣州府順德縣人	賜進士出身第二甲一百名（86）
106	嘉慶二十二年丁丑科	龍元任	廣東廣州府順德縣人	賜進士出身第二甲一百名（21）
107	嘉慶二十二年丁丑科	潘光嶽	廣東廣州府南海縣人	賜進士出身第二甲一百名（34）
108	嘉慶二十二年丁丑科	葉夢芝	廣東廣州府東莞縣人	賜進士出身第二甲一百名（56）
109	嘉慶二十二年丁丑科	譚敬昭	廣東肇慶府陽春縣人	賜進士出身第二甲一百名（61）
110	嘉慶二十四年己卯科	林峥嶸	廣東潮州府饒平縣人	賜進士出身第二甲九十九名（58）
111	嘉慶二十四年己卯科	羅升培	廣東肇慶府陽春縣人	賜進士出身第二甲九十九名（78）
112	嘉慶二十五年庚辰科	何文綺	廣東廣州府南海縣人	賜進士出身第二甲一百名（20）
113	嘉慶二十五年庚辰科	吳家懋	廣東廣州府番禺縣人	賜進士出身第二甲一百名（36）
114	嘉慶二十五年庚辰科	梁昌和	廣東高州府茂名縣人	賜進士出身第二甲一百名（64）

115	嘉慶二十五年庚辰科	黃昆	廣東廣州府順德縣人	賜進士出身第二甲一百名（65）
116	道光二年壬午恩科	曾望顏	廣東廣州府香山縣人	賜進士出身第二甲一百名（10）
117	道光二年壬午恩科	呂龍光	廣東惠州府歸善縣人	賜進士出身第二甲一百名（21）
118	道光二年壬午恩科	黃德峻	廣東肇慶府高明縣人	賜進士出身第二甲一百名（58）
119	道光二年壬午恩科	週日新	廣東廣州府番禺縣人	賜進士出身第二甲一百名（64）
120	道光二年壬午恩科	張維屏	廣東廣州府番禺縣人	賜進士出身第二甲一百名（90）
121	道光三年癸未科	鮑俊	廣東高州府人	賜進士出身第二甲一百七名（2）
122	道光三年癸未科	黃仲容	廣東嘉應直隸州人	賜進士出身第二甲一百七名（10）
123	道光三年癸未科	張／趙敦道	廣東嘉應直隸州人	賜進士出身第二甲一百七名（17）
124	道光三年癸未科	林丹雲	廣東嘉應直隸州人	賜進士出身第二甲一百七名（28）
125	道光三年癸未科	林樹儀	廣東廣州府增城縣人	賜進士出身第二甲一百七名（35）
126	道光三年癸未科	張大業	廣東連州人	賜進士出身第二甲一百七名（36）
127	道光三年癸未科	黎攀鏐	廣東廣州府東莞縣人	賜進士出身第二甲一百七名（97）
128	道光六年丙戌科	溫承悌	廣東廣州府順德縣人	賜進士出身第二甲一百十名（7）
129	道光六年丙戌科	陳其錕	廣東廣州府番禺縣人	賜進士出身第二甲一百十名（9）
130	道光六年丙戌科	陳同	廣東廣州府順德縣人	賜進士出身第二甲一百十名（25）
131	道光六年丙戌科	廖翱	廣東廣州府南海縣人	賜進士出身第二甲一百十名（74）
132	道光六年丙戌科	雲茂琦	廣東瓊州府文昌縣人	賜進士出身第二甲一百十名（81）
133	道光六年丙戌科	羅天池	廣東廣州府新會縣人	賜進士出身第二甲一百十名（87）
134	道光六年丙戌科	張翬飛	廣東肇慶府四會縣人	賜進士出身第二甲一百十名（88）
135	道光六年丙戌科	鍾標錦	廣東嘉應州鎮平縣人	賜進士出身第二甲一百十名（95）
136	道光九年己丑科	何瑞榴	廣東廣州府香山縣人	賜進士出身第二甲一百六名（12）
137	道光九年己丑科	潘楷	廣東廣州府順德縣人	賜進士出身第二甲一百六名（46）
138	道光九年己丑科	司徒照	廣東肇慶府開平縣人	賜進士出身第二甲一百六名（47）
139	道光九年己丑科	馬福安	廣東廣州府順德縣人	賜進士出身第二甲一百六名（54）
140	道光九年己丑科	桂文耀	廣東廣州府南海縣人	賜進士出身第二甲一百六名（79）
141	道光九年己丑科	王選	廣東廣州府東莞縣人	賜進士出身第二甲一百六名（89）
142	道光十二年壬辰恩科	駱秉章	廣東廣州府番禺縣人	賜進士出身第二甲一百名（27）
143	道光十二年壬辰恩科	莊心省	廣東廣州府番禺縣人	賜進士出身第二甲一百名28）
144	道光十二年壬辰恩科	羅傳球	廣東廣州府順德縣人	賜進士出身第二甲一百名（34）
145	道光十二年壬辰恩科	蔡錦泉	廣東廣州府順德縣人	賜進士出身第二甲一百名（43）
146	道光十二年壬辰恩科	許祥光	廣東廣州府番禺縣人	賜進士出身第二甲一百名（48）
147	道光十二年壬辰恩科	鄧謙光	廣東廣州府三水縣人	賜進士出身第二甲一百名（49）
148	道光十二年壬辰恩科	黃其表	廣東廣州府南海縣人	賜進士出身第二甲一百名（76）
149	道光十三年癸巳科	司徒煦	廣東肇慶府開平縣人	賜進士出身第二甲一百名（1）
150	道光十三年癸巳科	張邦佺	廣東廣州府順德縣人	賜進士出身第二甲一百名（29）
151	道光十三年癸巳科	孔繼勳	廣東廣州府南海縣人	賜進士出身第二甲一百名（38）
152	道光十三年癸巳科	吳世驥	廣東潮州府豐順縣人	賜進士出身第二甲一百名（51）

153	道光十三年癸巳科	楊開會	廣東潮州府人	賜進士出身第二甲一百名（61）
154	道光十五年乙未科	龍元僖	廣東廣州府順德縣人	賜進士出身第二甲一百十七名（6）
155	道光十五年乙未科	羅惇衍	廣東廣州府順德縣人	賜進士出身第二甲一百十七名62）
156	道光十五年乙未科	蘇廷魁	廣東肇慶府高要縣人	賜進士出身第二甲一百十七名（76）
157	道光十五年乙未科	單興詩	廣東連州人	賜進士出身第二甲一百十七名（95）
158	道光十五年乙未科	宋嘉玉	廣東肇慶府鶴山縣人	賜進士出身第二甲一百十七名（110）
159	道光十五年乙未科	饒應坤	廣東嘉應直隸州人	賜進士出身第二甲一百十七名（111）
160	道光十六年丙申科	梁同新	廣東廣州府番禺縣人	賜進士出身第二甲七十二名（1）
161	道光十六年丙申科	黃玉階	廣東廣州府番禺縣人	賜進士出身第二甲七十二名（54）
162	道光十八年戊戌科	黎崇基	廣東廣州府番禺縣人	賜進士出身第二甲八十二名（39）
163	道光十八年戊戌科	梁國琮	廣東廣州府番禺縣人	賜進士出身第二甲八十二名（46）
164	道光十八年戊戌科	黃樹賓	廣東高州府吳川縣人	賜進士出身第二甲八十二名
165	道光二十年庚子科	莫以枋	廣東廣州府南海縣人	賜進士出身第二甲八十七名（7）
166	道光二十年庚子科	李戴熙	廣東嘉應直隸州人	賜進士出身第二甲八十七名（13）
167	道光二十年庚子科	史淳	廣東廣州府番禺縣人	賜進士出身第二甲八十七名（14）
168	道光二十年庚子科	洪國治	廣東廣州府番禺縣人	賜進士出身第二甲八十七名（75）
169	道光二十一年辛丑恩科	何若瑤	廣東廣州府番禺縣人	賜進士出身第二甲九十六名（1）
170	道光二十一年辛丑恩科	梁紹獻	廣東廣州府南海縣人	賜進士出身第二甲九十六名（50）
171	道光二十一年辛丑恩科	徐臺英	廣東廣州府南海縣人	賜進士出身第二甲九十六名（53）
172	道光二十一年辛丑恩科	陳桂籍	廣東廣州府新安縣人	賜進士出身第二甲九十六名（68）
173	道光二十一年辛丑恩科	梁國瑚	廣東廣州府番禺縣人	賜進士出身第二甲九十六名（74）
174	道光二十一年辛丑恩科	冼倬邦	廣東廣州府南海縣人	賜進士出身第二甲九十六名（86）
175	道光二十四年甲辰科	黃經	廣東廣州府順德縣人	賜進士出身第二甲一百六名（2）
176	道光二十五年乙巳恩科	劉榮琪	廣東肇慶府陽春縣人	賜進士出身第二甲九十八名（51）
177	道光二十五年乙巳恩科	容文明	廣東廣州府南海縣人	賜進士出身第二甲九十八名（81）
178	道光二十五年乙巳恩科	郭志融	廣東廣州府清遠縣人	賜進士出身第二甲九十八名（82）
179	道光二十五年乙巳恩科	陳泰初	廣東廣州府番禺縣人	賜進士出身第二甲九十八名
180	道光二十七年丁未科	潘斯濂	廣東廣州府南海縣人	賜進士出身第二甲一百十名（30）
181	道光二十七年丁未科	劉廷鑒	廣東廣州府南海縣人	賜進士出身第二甲一百十名（34）
182	道光二十七年丁未科	龍元儼	廣東廣州府順德縣人	賜進士出身第二甲一百十名（52）
183	道光二十七年丁未科	何璟	廣東廣州府香山縣人	賜進士出身第二甲一百十名（53）
184	道光二十七年丁未科	蔡應嵩	廣東惠州府歸善縣人	賜進士出身第二甲一百十名（79）
185	道光二十七年丁未科	莊心庠	廣東廣州府番禺縣人	賜進士出身第二甲一百十名（94）
186	道光二十七年丁未科	楊文熙	廣東瓊州府瓊山縣人	賜進士出身第二甲一百十名（98）
187	道光三十年庚戌科	黃統	廣東廣州府順德縣人	賜進士出身第二甲一百四名（1）
188	道光三十年庚戌科	羅家勤	廣東廣州府順德縣人	賜進士出身第二甲一百四名（21）
189	道光三十年庚戌科	梁巍	廣東高州府信宜縣人	賜進士出身第二甲一百四名（33）
190	道光三十年庚戌科	陳元楷	廣東廣州府順德縣人	賜進士出身第二甲一百四名（35）

191	道光三十年庚戌科	賴子猷	廣東廣州府順德縣人	賜進士出身第二甲一百四名（60）
192	道光三十年庚戌科	姚詩彥	廣東廣州府番禺縣人	賜進士出身第二甲一百四名（74）
193	道光三十年庚戌科	沈史雲	廣東廣州府番禺縣人	賜進士出身第二甲一百四名（75）
194	咸豐二年壬子恩科	梁元桂	廣東肇慶府恩平縣人	賜進士出身第二甲一百八名（61）
195	咸豐二年壬子恩科	游顯廷	廣東廣州府南海縣人	賜進士出身第二甲一百八名（71）
196	咸豐二年壬子恩科	李光廷	廣東廣州府番禺縣人	賜進士出身第二甲一百八名（72）
197	咸豐二年壬子恩科	何瑞丹	廣東廣州府香山縣人	賜進士出身第二甲一百八名（80）
198	咸豐二年壬子恩科	陳維岳	廣東廣州府增城縣人	賜進士出身第二甲一百八名（90）
199	咸豐二年壬子恩科	張文泗	廣東廣州府番禺縣人	賜進士出身第二甲一百八名（94）
200	咸豐三年癸丑科	陳蘭彬	廣東高州府吳川縣人	賜進士出身第二甲一百七名（7）
201	咸豐三年癸丑科	許應鑅	廣東廣州府番禺縣人	賜進士出身第二甲一百七名（23）
202	咸豐三年癸丑科	楊榮緒	廣東廣州府番禺縣人	賜進士出身第二甲一百七名（31）
203	咸豐三年癸丑科	李鶴齡	廣東肇慶府鶴山縣人	賜進士出身第二甲一百七名（36）
204	咸豐三年癸丑科	梁肇煌	廣東廣州府番禺縣人	賜進士出身第二甲一百七名（47）
205	咸豐三年癸丑科	蔣理祥	廣東廣州府東莞縣人	賜進士出身第二甲一百七名（91）
206	咸豐三年癸丑科	黃翰華	廣東肇慶府四會縣人	賜進士出身第二甲一百七名（98）
207	咸豐三年癸丑科	侯嗣章	廣東嘉應直隸州人	賜進士出身第二甲一百七名（100）
208	咸豐六年丙辰科	葉衍蘭	廣東廣州府番禺縣人	賜進士出身第二甲一百名（25）
209	咸豐六年丙辰科	鍾孟鴻	廣東嘉應州鎮平縣人	賜進士出身第二甲一百名（42）
210	咸豐六年丙辰科	邱對欣	廣東瓊州府瓊山縣人	賜進士出身第二甲一百名（60）
211	咸豐六年丙辰科	梁炳漢	廣東肇慶府高要縣人	賜進士出身第二甲一百名（83）
212	咸豐九年己未科	梁思問	廣東廣州府順德縣人	賜進士出身第二甲一百八名（22）
213	咸豐十年庚申恩科	黎翔	廣東廣州府香山縣人	賜進士出身第二甲八十名（2）
214	咸豐十年庚申恩科	馬永璋	廣東廣州府南海縣人	賜進士出身第二甲八十名（70）
215	同治元年壬戌恩科	黃槐森	廣東廣州府香山縣人	賜進士出身第二甲七十二名（20）
216	同治元年壬戌恩科	曹秉濬	廣東廣州府番禺縣人	賜進士出身第二甲七十二名（32）
217	同治元年壬戌恩科	黃榮熙	廣東廣州府新寧縣人	賜進士出身第二甲七十二名（66）
218	同治二年癸亥恩科	何繼儼	廣東廣州府順德縣人	賜進士出身第二甲七十八名（12）
219	同治二年癸亥恩科	何文涵	廣東廣州府番禺縣人	賜進士出身第二甲七十八名（28）
220	同治二年癸亥恩科	黃基	廣東嘉應直隸州人	賜進士出身第二甲七十八名（33）
221	同治二年癸亥恩科	高學瀛	廣東廣州府番禺縣人	賜進士出身第二甲七十八名（43）
222	同治二年癸亥恩科	雲茂濟	廣東瓊州府文昌縣人	賜進士出身第二甲七十八名（74）
223	同治四年乙丑科	羅家劭	廣東廣州府順德縣人	賜進士出身第二甲一百名（2）
224	同治四年乙丑科	張清華	廣東廣州府番禺縣人	賜進士出身第二甲一百名（6）
225	同治四年乙丑科	何壽增	廣東廣州府順德縣人	賜進士出身第二甲一百名（18）
226	同治四年乙丑科	曹秉哲	廣東廣州府番禺縣人	賜進士出身第二甲一百名（25）
227	同治四年乙丑科	楊頤	廣東高州府茂名縣人	賜進士出身第二甲一百名（36）
228	同治四年乙丑科	薛德恩	廣東廣州府番禺縣人	賜進士出身第二甲一百名（49）

229	同治四年乙丑科	黃桂鑣	廣東廣州府順德縣人	賜進士出身第二甲一百名（56）
230	同治四年乙丑科	潘衍鋆	廣東廣州府南海縣人	賜進士出身第二甲一百名（68）
231	同治四年乙丑科	馮栻宗	廣東廣州府南海縣人	賜進士出身第二甲一百名（71）
232	同治七年戊辰科	何如璋	廣東潮州府大埔縣人	賜進士出身第二甲一百名（27）
233	同治七年戊辰科	關朝宗	廣東肇慶府開平縣人	賜進士出身第二甲一百名（49）
234	同治七年戊辰科	潘衍桐	廣東廣州府南海縣人	賜進士出身第二甲一百名（53）
235	同治七年戊辰科	張喬芬	廣東廣州府南海縣人	賜進士出身第二甲一百名（66）
236	同治七年戊辰科	陸芝祥	廣東廣州府番禺縣人	賜進士出身第二甲一百名（69）
237	同治十年辛未科	呂紹緒／端	廣東廣州府南海縣人	賜進士出身第二甲一百二十名（13）
238	同治十年辛未科	黃家駒	廣東廣州府東莞縣人	賜進士出身第二甲一百二十名（61）
239	同治十年辛未科	區雲漢	廣東廣州府新會縣人	賜進士出身第二甲一百二十名（74）
240	同治十年辛未科	陳序球	廣東廣州府南海縣人	賜進士出身第二甲一百二十名（79）
241	同治十年辛未科	鄧容鏡	廣東廣州府東莞縣人	賜進士出身第二甲一百二十名（96）
242	同治十年辛未科	區諤良	廣東廣州府南海縣人	賜進士出身第二甲一百二十名（108）
243	同治十三年甲戌科	何崇光	廣東廣州府順德縣人	賜進士出身第二甲一百三十二名（7）
244	同治十三年甲戌科	陳華裘	廣東廣州府新會縣人	賜進士出身第二甲一百三十二名（10）
245	同治十三年甲戌科	姚禮泰	廣東廣州府番禺縣人	賜進士出身第二甲一百三十二名（14）
246	同治十三年甲戌科	沈錫晉	廣東廣州府番禺縣人	賜進士出身第二甲一百三十二名（18）
247	同治十三年甲戌科	黃玉堂	廣東廣州府順德縣人	賜進士出身第二甲一百三十二名（44）
248	同治十三年甲戌科	梁肇晉	廣東廣州府番禺縣人	賜進士出身第二甲一百三十二名（57）
249	同治十三年甲戌科	何其敬	廣東廣州府順德縣人	賜進士出身第二甲一百三十二名（77）
250	同治十三年甲戌科	楊凝鍾	廣東廣州府順德縣人	賜進士出身第二甲一百三十二名（95）
251	同治十三年甲戌科	劉廷鏡	廣東廣州府南海縣人	賜進士出身第二甲一百三十二名（104）
252	同治十三年甲戌科	張其翼	廣東廣州府新會縣人	賜進士出身第二甲一百三十二名（118）
253	光緒二年丙子恩科	戴鴻慈	廣東廣州府南海縣人	賜進士出身第二甲一百五十六名（4）
254	光緒二年丙子恩科	廖廷相	廣東廣州府南海縣人	賜進士出身第二甲一百五十六名（29）
255	光緒二年丙子恩科	潘寶鐄／黃	廣東廣州府番禺縣人	賜進士出身第二甲一百五十六名（32）
256	光緒二年丙子恩科	謝家政	廣東嘉應高要縣人	賜進士出身第二甲一百五十六名（36）
257	光緒二年丙子恩科	黎榮翰	廣東廣州府順德縣人	賜進士出身第二甲一百五十六名（81）
258	光緒二年丙子恩科	林其翔	廣東廣州府南海縣人	賜進士出身第二甲一百五十六名（98）
259	光緒二年丙子恩科	金學獻	廣東廣州府番禺縣人	賜進士出身第二甲一百五十六名（133）
260	光緒二年丙子恩科	黃輝齡	廣東廣州府香山縣人	賜進士出身第二甲一百五十六名（135）
261	光緒二年丙子恩科	羅配章	廣東廣州府順德縣人	賜進士出身第二甲一百五十六名（151）
262	光緒三年丁丑科	張鼎華	廣東廣州府番禺縣人	賜進士出身第二甲一百三十二名（6）
263	光緒三年丁丑科	曾耀南	廣東高州府茂名縣人	賜進士出身第二甲一百三十二名（24）
264	光緒三年丁丑科	何／凌端	廣東廣州府番禺縣人	賜進士出身第二甲一百三十二名（38）

265	光緒三年丁丑科	陳維岳	廣東廣州府番禺縣人	賜進士出身第二甲一百三十二名（45）
266	光緒三年丁丑科	餘家相	廣東廣州府新寧縣人	賜進士出身第二甲一百三十二名（58）
267	光緒三年丁丑科	楊國璋	廣東潮州府大埔縣人	賜進士出身第二甲一百三十二名（81）
268	光緒三年丁丑科	何榮階	廣東廣州府番禺縣人	賜進士出身第二甲一百三十二名（83）
269	光緒三年丁丑科	崔舜球	廣東廣州府南海縣人	賜進士出身第二甲一百三十二名（104）
270	光緒三年丁丑科	陳鳴謙	廣東廣州府三水縣人	賜進士出身第二甲一百三十二名（113）
271	光緒三年丁丑科	鄔質義	廣東廣州府番禺縣人	賜進士出身第二甲一百三十二名（119）
272	光緒六年庚辰科	潘作霖	廣東廣州府番禺縣人	賜進士出身第二甲一百三十三名（12）
273	光緒六年庚辰科	梁鼎芬	廣東廣州府番禺縣人	賜進士出身第二甲一百三十三名（31）
274	光緒六年庚辰科	吳國鎮／道鎔	廣東廣州府番禺縣人	賜進士出身第二甲一百三十三名（43）
275	光緒六年庚辰科	張嘉澍	廣東廣州府番禺縣人	賜進士出身第二甲一百三十三名（70）
276	光緒六年庚辰科	姜自駒	廣東肇慶府陽江縣人	賜進士出身第二甲一百三十三名（72）
277	光緒六年庚辰科	陳景鎏	廣東廣州府番禺縣人	賜進士出身第二甲一百三十三名（80）
278	光緒六年庚辰科	柳芳	廣東廣州府番禺縣人	賜進士出身第二甲一百三十三名（89）
279	光緒六年庚辰科	汪文炳	廣東廣州府香山縣人	賜進士出身第二甲一百三十三名（92）
280	光緒六年庚辰科	邱晉昕	廣東潮州府大埔縣人	賜進士出身第二甲一百三十三名（126）
281	光緒九年癸未科	丁仁長	廣東廣州府番禺縣人	賜進士出身第二甲一百二十四名（3）
282	光緒九年癸未科	陳如嶽	廣東廣州府南海縣人	賜進士出身第二甲一百二十四名（32）
283	光緒九年癸未科	潘履端	廣東廣州府番禺縣人	賜進士出身第二甲一百二十四名（67）
284	光緒九年癸未科	張管生	廣東廣州府南海縣人	賜進士出身第二甲一百二十四名（83）
285	光緒九年癸未科	冼寶翰	廣東廣州府南海縣人	賜進士出身第二甲一百二十四名（103）
286	光緒九年癸未科	鄭邦任	廣東潮州府潮陽縣人	賜進士出身第二甲一百二十四名（109）
287	光緒九年癸未科	梁鴻翥	廣東廣州府三水縣人	賜進士出身第二甲一百二十四名（122）
288	光緒十二年丙戌科	姜自驤	廣東肇慶府陽江縣人	賜進士出身第二甲一百三十名（2）
289	光緒十二年丙戌科	何彭年	廣東廣州府番禺縣人	賜進士出身第二甲一百三十名（28）
290	光緒十二年丙戌科	李煥堯	廣東廣州府三水縣人	賜進士出身第二甲一百三十名（47）
291	光緒十二年丙戌科	區震	廣東廣州府南海縣人	賜進士出身第二甲一百三十名（120）
292	光緒十五年己丑科	吳桂丹	廣東肇慶府高要縣人	賜進士出身第二甲一百三十名（17）
293	光緒十五年己丑科	羅鳳華	廣東廣州府順德縣人	賜進士出身第二甲一百三十名（32）
294	光緒十五年己丑科	梁於渭	廣東廣州府番禺縣人	賜進士出身第二甲一百三十名（112）
295	光緒十五年己丑科	林國贊	廣東廣州府番禺縣人	賜進士出身第二甲一百三十名（118）
296	光緒十六年庚寅恩科	任文燦	廣東廣州府花縣人	賜進士出身第二甲一百三十六名（14）
297	光緒十六年庚寅恩科	潘寶琳／礦	廣東廣州府番禺縣人	賜進士出身第二甲一百三十六名（29）
298	光緒十六年庚寅恩科	張蔚珍／增	廣東惠州府博羅縣人	賜進士出身第二甲一百三十六名（69）
299	光緒十六年庚寅恩科	錢昌瑜	廣東廣州府三水縣人	賜進士出身第二甲一百三十六名（85）
300	光緒十六年庚寅恩科	區天驥	廣東廣州府南海縣人	賜進士出身第二甲一百三十六名（92）

301	光緒十六年庚寅恩科	何天輔	廣東廣州府番禺縣人	賜進士出身第二甲一百三十六名（93）
302	光緒十六年庚寅恩科	吳尚謙／態／廉	廣東廣州府南海縣人	賜進士出身第二甲一百三十六名（102）
303	光緒十六年庚寅恩科	李晉熙	廣東雷州府海康縣人	賜進士出身第二甲一百三十六名（115）
304	光緒十六年庚寅恩科	梁芝榮	廣東廣州府南海縣人	賜進士出身第二甲一百三十六名（126）
305	光緒十六年庚寅恩科	羅傳瑞	廣東廣州府南海縣人	賜進士出身第二甲一百三十六名（136）
306	光緒十八年壬辰科	伍銓萃	廣東廣州府新會縣人	賜進士出身第二甲一百三十二名（12）
307	光緒十八年壬辰科	盧維慶	廣東廣州府番禺縣人	賜進士出身第二甲一百三十二名（23）
308	光緒十八年壬辰科	林國賡	廣東廣州府番禺縣人	賜進士出身第二甲一百三十二名（32）
309	光緒十八年壬辰科	何藻翔	廣東廣州府順德縣人	賜進士出身第二甲一百三十二名（38）
310	光緒十八年壬辰科	曾習經	廣東潮州府揭陽縣人	賜進士出身第二甲一百三十二名（78）
311	光緒十八年壬辰科	周汝鈞	廣東廣州府番禺縣人	賜進士出身第二甲一百三十二名（79）
312	光緒十八年壬辰科	江逢辰	廣東惠州府歸善縣人	賜進士出身第二甲一百三十二名（89）
313	光緒十八年壬辰科	周頌聲	廣東廣州府順德縣人	賜進士出身第二甲一百三十二名（93）
314	光緒十八年壬辰科	饒軫	廣東嘉應直隸州人	賜進士出身第二甲一百三十二名（101）
315	光緒十八年壬辰科	潘葆良	廣東廣州府順德縣人	賜進士出身第二甲一百三十二名（106）
316	光緒二十年甲午恩科	李翹芬	廣東廣州府順德縣人	賜進士出身第二甲一百三十二名（7）
317	光緒二十年甲午恩科	曾文玉	廣東廣州府新會縣人	賜進士出身第二甲一百三十二名（10）
318	光緒二十年甲午恩科	梁士詒	廣東廣州府三水縣人	賜進士出身第二甲一百三十二名（13）
319	光緒二十年甲午恩科	張其淦	廣東廣州府東莞縣人	賜進士出身第二甲一百三十二名（29）
320	光緒二十年甲午恩科	陳昭常	廣東廣州府新會縣人	賜進士出身第二甲一百三十二名（37）
321	光緒二十年甲午恩科	梁志文	廣東廣州府南海縣人	賜進士出身第二甲一百三十二名（48）
322	光緒二十年甲午恩科	楊裕芬	廣東廣州府南海縣人	賜進士出身第二甲一百三十二名（56）
323	光緒二十年甲午恩科	廖鳳章	廣東廣州府南海縣人	賜進士出身第二甲一百三十二名（79）
324	光緒二十年甲午恩科	程友琦	廣東廣州府南海縣人	賜進士出身第二甲一百三十二名（82）
325	光緒二十年甲午恩科	徐夔揚	廣東廣州府東莞縣人	賜進士出身第二甲一百三十二名（89）
326	光緒二十年甲午恩科	範公謨	廣東廣州府番禺縣人	賜進士出身第二甲一百三十二名（106）
327	光緒二十一年乙未科	凌福彭	廣東廣州府番禺縣人	賜進士出身第二甲一百名（3）
328	光緒二十一年乙未科	傅維森	廣東廣州府番禺縣人	賜進士出身第二甲一百名（5）
329	光緒二十一年乙未科	尹慶舉	廣東廣州府東莞縣人	賜進士出身第二甲一百名（39）
330	光緒二十一年乙未科	謝榮熙	廣東廣州府三水縣人	賜進士出身第二甲一百名（45）
331	光緒二十一年乙未科	康有為	廣東廣州府南海縣人	賜進士出身第二甲一百名
332	光緒二十一年乙未科	李國才	廣東嘉應州平遠縣人	賜進士出身第二甲一百名
333	光緒二十一年乙未科	李翰芬	廣東廣州府香山縣人	賜進士出身第二甲一百名（50）
334	光緒二十一年乙未科	歐家廉	廣東廣州府順德縣人	賜進士出身第二甲一百名（59）
335	光緒二十一年乙未科	劉慶騏	廣東廣州府順德縣人	賜進士出身第二甲一百名（98）
336	光緒二十四年戊戌科	何作猷	廣東廣州府香山縣人	賜進士出身第二甲一百五十一名（10）
337	光緒二十四年戊戌科	梁用弧	廣東廣州府順德縣人	賜進士出身第二甲一百五十一名（21）

338	光緒二十四年戊戌科	莫鑾幹／如鈺	廣東潮州府南海縣人	賜進士出身第二甲一百五十一名（23）
339	光緒二十四年戊戌科	吳功溥	廣東廣州府番禺縣人	賜進士出身第二甲一百五十一名（37）
340	光緒二十四年戊戌科	李彝坤	廣東廣州府順德縣人	賜進士出身第二甲一百五十一名（39）
341	光緒二十四年戊戌科	何國澧	廣東廣州府順德縣人	賜進士出身第二甲一百五十一名（49）
342	光緒二十四年戊戌科	麥秩嚴	廣東廣州府南海縣人	賜進士出身第二甲一百五十一名（74）
343	光緒二十四年戊戌科	鍾錫璜	廣東廣州府南海縣人	賜進士出身第二甲一百五十一名（80）
344	光緒二十四年戊戌科	黃家駿	廣東廣州府南海縣人	賜進士出身第二甲一百五十一名（95）
345	光緒二十四年戊戌科	廖佩珣	廣東惠州府歸善縣人	賜進士出身第二甲一百五十一名（102）
346	光緒二十四年戊戌科	歐鏞	廣東廣州府順德縣人	賜進士出身第二甲一百五十一名（108）
347	光緒二十四年戊戌科	林耀榮／增	廣東廣州府南海縣人	賜進士出身第二甲一百五十一名（122）
348	光緒二十四年戊戌科	楊沅	廣東嘉應直隸州人	賜進士出身第二甲一百五十一名（137）
349	光緒二十四年戊戌科	何端樹	廣東廣州府番禺縣人	賜進士出身第二甲一百五十一名（144）
350	光緒二十四年戊戌科	商廷修	廣東廣州駐防漢軍正白旗人	賜進士出身第二甲一百五十一名
351	光緒二十九年	黎湛枝	廣東廣州府南海縣人	賜進士出身第二甲一百五十名（1）
352	光緒二十九年	李慶萊	廣東廣州府南海縣人	賜進士出身第二甲一百五十名（15）
353	光緒二十九年	區大典	廣東廣州府南海縣人	賜進士出身第二甲一百五十名（33）
354	光緒二十九年	陳旭仁	廣東廣州府新會縣人	賜進士出身第二甲一百五十名（50）
355	光緒二十九年	談道隆	廣東廣州府新會縣人	賜進士出身第二甲一百五十名（69）
356	光緒二十九年	賴際熙	廣東廣州府增城縣人	賜進士出身第二甲一百五十名（76）
357	光緒二十九年	關文彬	廣東廣州府南海縣人	賜進士出身第二甲一百五十名（89）
358	光緒二十九年	溫肅	廣東廣州府順德縣人	賜進士出身第二甲一百五十名（125）
359	光緒二十九年	潘葆良	廣東廣州府順德縣人	賜進士出身第二甲一百五十名（106）
360	光緒三十年甲辰恩科	麥鴻鈞	廣東廣州府三水縣人	賜進士出身第二甲一百二十名（7）
361	光緒三十年甲辰恩科	江孔殷	廣東廣州府南海縣人	賜進士出身第二甲一百二十名（27）
362	光緒三十年甲辰恩科	岑光越	廣東廣州府順德縣人	賜進士出身第二甲一百二十名（24）
363	光緒三十年甲辰恩科	龍建／廷章	廣東廣州府順德縣人	賜進士出身第二甲一百二十名（32）
364	光緒三十年甲辰恩科	李翹燊	廣東廣州府新會縣人	賜進士出身第二甲一百二十名（38）
365	光緒三十年甲辰恩科	陳之鼎	廣東廣州府番禺縣人	賜進士出身第二甲一百二十名（45）
366	光緒三十年甲辰恩科	謝鑾坡	廣東廣州府番禺縣人	賜進士出身第二甲一百二十名（83）
367	光緒三十年甲辰恩科	陳啟輝	廣東廣州府新會縣人	賜進士出身第二甲一百二十名（93）
368	光緒三十年甲辰恩科	關賡麟	廣東廣州府南海縣人	賜進士出身第二甲一百二十名（101）
369	光緒三十年甲辰恩科	歐陽鼎	廣東廣州府順德縣人	賜進士出身第二甲一百二十名（117）

　　明清兩朝廣東進士仕宦構成的分析，在此作簡要說明，從本人已搜集到明朝 880 名進士中，他們在科舉等第的資料分析：明朝共有 7 名第一甲，約

爲 0.79%；175 名賜進士出身第二甲，約爲 19.88%，其他爲三甲進士共有 698 名，約爲 79.31%；至於清朝的 1029 名進士，他們在科舉等第的資料分析：清朝共有 13 名第一甲，約爲 1.26%；清朝共有 369 名賜進士出身第二甲，約爲 35.8%，其他爲三甲進士共有 643 名，約爲 62.94%。由此看來，清朝在賜進士及第一甲、賜進士出身第二甲兩方面均比明朝優勝。

從明清兩朝廣東狀元與進士仕宦構成，亦可引用中國的捐納制度再作進一步的闡述，第一、引用康熙雍正時期捐納制度作分析，〔註5〕第二、再從清末報捐監生和知府任官資格作考究。例如清朝知州縣的出身資格及監生和知府任官資格等結費規定，說明及探討中國的捐納制度，如何影響明清廣東狀元與進士仕宦構成。

康熙雍正時期捐納制度

《爵秩全覽》爲依據對清代七品到四品的地方官初任捐納比率進行統計，他認爲 1764 年捐納比率爲 22.4%，1840 年捐納比率爲 29.3%，1871 年捐納比率爲 52.2%，1895 年捐納比率爲 49.4%，反映了乾隆到晚清捐納作用增加的趨勢，若以清代七品到四品的地方官初任捐納這一標準來統計雍正朝引見官員的捐納比率，則在引見官員中道府縣等地方官有 3900 餘人，初任捐納有 1300 人，捐納比率爲 33%，這一比率高於 1764 年和 1840 年，由此看來，康熙雍正時期已盛行捐納選官。

捐納選官地域分佈與比率表說明：下表中廣東省是指籍貫，下表中引見人數指雍正時期引見各省籍的文官人數，捐納比人數指有捐納行爲者的比率，百分比是兩者的比率。

表 33　捐納官員地域分佈與比率表

省　區	捐納入數	引見人數	百分比
廣東	39	247	15.8

表 34　清末報捐監生和知府任官資格等結費規定 (單位：銀·兩)

省　別	監　生	知　府	知府（註冊赴選）	知府分發
廣東	8.4	120.0	120.0	120.0

〔註5〕《清史稿》卷一百十二（志八十七）選舉七（捐納），頁 3233。

從上表中可見，廣東在清末報捐監生和知府任官資格等結費規定，捐納監生的印結手續費爲 8.4 兩，而捐納知府任官資格是 120 兩，說知府註冊赴選和知府分發費同是是 120 兩，由於印結手續費在日後轉化爲京官的額外收入，因此，捐納制度對於明清廣東狀元與進士仕宦構成的影響，是不可忽視的。而下列清朝知州縣的出身資格統計表，可更深入呈現捐納制度對明清廣東狀元與進士仕宦構成的部分概況。

表 35　清朝知州縣的出身資格統計表

年　代	科目者	捐納者	其　他	合　計
雍正二年	967	296	83	1346
（1724）	72%	22%	6%	100
乾隆十年	1011	266	153	1430
（1745）	71%	19%	11%	100
乾隆 35 年	1175	235	55	1465
（1770）	80%	16%	4%	100
乾隆 51 年	1076	288	82	1446
（1786）	74%	20%	6%	100
嘉慶六年	1107	234	115	1456
（1801）	76%	16%	8%	100
道光二十年	1037	285	134	1465
（1840）	71%	20%	9%	100
道光三十年	915	311	196	1422
（1850）	64%	22%	14%	100
咸豐四年	965	332	123	1420
（1854）	68%	23%	9%	100
同治元年	669	544	184	1397
（1862）	48%	39%	13%	100
光緒元年	699	590	127	1416
（1876）	49%	42%	9%	100
光緒 22 年	777	523	103	1403
（1896）	56%	37%	7%	100
光緒 33 年	697	539	141	1377
（1907）	51%	39%	10%	100
宣統二年	773	509	124	1406
（1910）	55%	36%	9%	100

上表中的科目者爲享有進士或舉人等正途出身資格之人，捐納者爲通過捐納得到貢生監生等雜途出身之人，從上表的統計中可以得出以下概述，清代各朝中，知州知縣透過捐納出身通常占 20 至 30%，有的甚至高達 40% 左右，雖然享有進士或舉人等正途出身資格之人（科目者）在整體上佔有優勢，但是，捐納制度作爲社會流動工具的重要性已經不可忽視。

第五節　小　結

本章透過明朝至清朝廣東狀元和進士的地緣、年齡、仕宦及家族構成，歸納而成明朝至清朝廣東狀元和進士的人文構成的主題，雖然中國的捐納制度是對明朝至清朝廣東科舉發展的一大障礙，但從以下明清兩代科甲鼎盛的府作一對比，則仍可反映明清兩代廣東科舉發展是不錯的。

表 36　明清兩代科甲鼎盛的府

明朝名次	府	進士總數	清朝名次	府	進士總數
2	浙江、紹興	977	1	浙江、杭州	1,004
6	福建、福州	654	3	福建、福州	723
7	福建、泉州	627	5	廣東、廣州	600
8	浙江、寧波	598	6	浙江、紹興	505
9	浙江、嘉興	528	7	浙江、嘉興	476
10	福建、興化	524	8	浙江、湖州	421
11	浙江、杭州	520			
13	廣東、廣州	437			

〔註6〕

上述方志對於明代進士，都有專卷論列。

明代科甲鼎盛的府，在科甲地理分佈的重大變化，可在浙江及廣東的統計表題示，見表所見，明代浙江產生進士超過 500 名的府有四個，即浙江（寧波、杭州、紹興及嘉興），這項紀錄在清代也未被打破，此外，王陽明的心學是典型的紹興氛圍的產物。

〔註6〕《廣州府志》（光緒五年〔1879〕刊）；《寧波府志》（雍正八年〔1730〕刊）乾隆六年（1741）修訂；《嘉興府志》（光緒四年〔1878〕刊）；《紹興府志》（乾隆五十七年（1792）刊）；《福建府志》（乾隆十九年（1754）刊）；《杭州府志》（光緒五年〔1879〕刊）；《杭州府志》（民國十二年〔1923〕刊）。

　　清代浙江亦是科甲高度集中的府，在科甲地理分佈的變化中，可在浙江及廣東的統計表題示，清代浙江產生進士共 2406 名，即浙江（湖州、杭州、紹興及嘉興），在這期間，科甲最後趨向於少數大都市中心這一事實，從表的資料分析，在這統計資料說明，廣東大都會的雙子星番禺和南海，便是清代對外貿易的既得受惠的大都會明，廣東亦在明朝科甲鼎盛的府，從排名榜末升至第五名，其中一個重要原因是滿州實施的遷海令，東南港口全面實行海禁，並強制東南沿海居民內遷，福建沿海由於戰亂，國際貿易陷於中斷。

　　清代完全統一中國後，大部分對外貿易的重心南移廣東大都會的雙子星番禺和南海，特別是廣州十三行的設立，從滿州實施的遷海令，國家的經濟重心確已南移廣東，可合理地解釋表 20 有關浙江、福建及廣東出產的人數轉變的原因。

　　在各種有利廣東舉業持續發展及興盛的同時，廣東與文化發達的諸省競爭，例如山西、河南，也是一個新考驗，此外，清朝的定額分省制度，也很大程度影響到廣東的省科舉的入仕人數。例如在康熙五十二年後的甘肅，由之前沒有一個進士，但在定額分省制度實施後，甘肅進士總數為 255 名，可見諸省競爭的嚴峻程度。

　　此外，在清朝人口急速增長之時，廣東省平均每百萬人口中式的數目是急遽下降。

　　以明朝與清朝人口作比較，可得到以下初步結論，有助理解人口急增與定額分省制度實施後，對全國社會流動的影響，明朝人口較少，全國社會流動較高。清朝人口在康熙至嘉慶期間大量增加，使全國多數省份，特別是東南省份的社會流動率下降。可合理說明在康熙五十一年（1712）定額分省制度實施後，相關落後地區的科舉士子中式的機會略為廣闊的因果關係。

　　同時，從平民出身，以每百萬人口的進士分析，明朝的廣東省共有 76 人，清朝的廣東省卻只有 13 人。不言而喻，清朝的廣東省在社會流動方面是很艱難的。然而，清朝的廣東省仍有 3 名狀元及 1029 位進士。

　　本人曾於 2017 年 4 月 16 日前往南京中國科舉博物館，內有江南貢院的史料，根據中國科舉博物館的 25 塊記載了歷代江南貢院的重要碑刻，反映江南貢院為「中國古代官員的搖籃」，江南貢院為古代選拔人才，規模較大的科舉考場。科舉考場始建於南宋乾道四年（1168），僅考生號舍就有 20,644 間。

　　明清兩代，超過一半以上的官員是由江南貢院而來，僅清一代全國 112

名狀元中，出自江南貢院便高達 58 名，清朝的廣東省亦能佔有 3 名狀元席位。由此可引證兩點。第一是清代鎮江府（南京最主要城市，介於常州府與江寧府）確是「中國古代官員的搖籃」。

第二是清朝的廣東省在狀元席位方面，已占全國 2.7%。

再從橫向的方式作分析，根據《廣州府志》，光緒五年（1879）版，明清兩代科甲鼎盛的府作以下比較，清代的廣州已被列入科甲鼎盛的府。

明朝三年一度中式的進士，構成明代人才的主要部分，李周望《國朝歷科題名碑錄初集•附》、俞憲《皇明進士登科考》，以及各省的通志統計，明代自洪武四年辛亥科（1371）至崇禎十六年癸未科（1643），共舉行殿試八十八科，共錄取進士 24876 人，廣東排行第 12 名，進士共有 857 名；南直隸排行第 1 名，進士共有 4090 名。

從明代各直省進士統計分析中可知，明代進士的地理分佈總體格局：人才籍貫主要集中分佈在東南沿海與沿江的四個南直隸、浙江、江西與福建，其人數所佔比例是 53.56%，廣東則占比例是 3.45%，廣東排行第 12 名，進士共有 857 名，明朝顧鼎臣等編撰《明狀元圖考》之卷五《明三及第會元考》、《碑錄》、《登科考》、《明實錄》的記載繪成《明代巍科人物的各直省分統計表》，廣東排行第 7 名，狀元共有 3 名、榜眼及探花各 2 名、會元共有 4 名、三鼎甲共有 11 名。

自儒家從西元二世紀晚期建立正統地位以來，儒家的社會分層化理論，便成為以後兩千多年的指導原則，其中又以孟子的闡述最為清晰有力，孟子說：「勞心者治人，勞力者治於人，治於人者食人，治人者食於人，天下之通義也。」賢才的觀念隨著時代的前進，賢才的觀念越來越窄狹，到了明清時期，賢才的觀念竟緊縮到只剩經書的知識、僵化的行政理論和文學的學識。

明初大亂初定的綜合環境情勢，對於貧寒的人出奇地有利，在第一個時期洪武四年至弘治九年（1371～1496），這些寒微舉子佔了進士總數的大半。明清時代，統治階層地位的高貴，從服裝、宅邸、馬車、轎子、及侍衛僕人的人數，到葬禮的枝微之處。

至於在平民之下，明清時代還有為數不多的失去社會地位或墮落的賤民集團，包括有山陝的樂戶、江蘇與安徽的丐戶、浙江的墮民、廣東的蜑戶（水上人家）、及安徽南部的世僕（世襲僕人），還有一些分佈於全國各地的奴婢，他們沒有普通平民應有的權利。法律上還禁止他們與平民通婚，他們占全國

人口約 1%。雍正主政（1723～35）時數次敕令解放他們，從他們解放時起算，經過三代便可以參加科舉，這個事實，可由許多賤民的後代充分利用社會的解放機會，在不足法定的三代過渡期，就已捐得監生資格，得到證明。〔註7〕

　　明朝的開國君主朱元璋很早就瞭解初級教育的必要性，自洪武八年（1375）便屢詔各府縣設立社學。無疑地，在明代前半期，社學已普及全國，而且達到重要的教育目的，明代初期一百五十年的教育，要比當代西歐大部分的國家普及得多。

　　約在社學開始衰落的同一時期，不同籍貫的士人均在私立書院如雨後春筍般同步成長；雖然書院的並不是為初級教育而設立，但私立書院大大地填補國家教育的不足，書院源於唐代，最初的性質類似公立圖書館，而非學校。到了宋代，書院才成為圖書館，又是著名學者講學的學校。〔註8〕

　　在明朝王守仁（成化八年至嘉靖八年，1472～1529）和他眾多追隨者與仰慕者持續開辦私立書院，舉辦開放給上層與下層民眾的公眾講會。但是私立書院與公眾講會曾於嘉靖十六年（1537）、萬曆七年（1579）與天啟五年（1625）三次被禁。私立書院已完成它們的任務，對國家教育留下永久不可磨滅的影響。

　　經過半個多世紀的停滯，清代私立書院又興旺起來，但其目的與課程卻發生激烈的變化。明代私立書院首要的是哲學論述，準備考試只是附帶的事；但在清代，準備考試成為專注的目標。雍正元年（1723），他對士大夫階級從事嚴格的意識形態整合工作。所謂的私立書院，事實上幾乎已變成官學的補校。

表 37　清代廣東創設的書院

時　　　期	官方倡設的書院	私家設立的書院	總　　計
1662～1722 康熙元年至六十一年	69	12	81
1723～1735 雍正元年至十三年	20	0	20
1736～1795 乾隆元年至六十年	82	21	103
1796～1820 嘉慶元年至二十五年	31	20	51

〔註7〕　《清朝文獻通考》，頁5026至5027及《學政全書》（嘉慶十七年）〔1812〕年版，卷18。

〔註8〕　《大明會典》（萬曆十五年〔1587〕刊本），卷78，頁22b至23a及《明會要》，頁416至417。

1821～1850 道光元年至三十年	24	22	46
1851～1861 咸豐元年至十一年	4	24	28
1862～1874 同治元年至十三年	14	17	31
1875～1908 光緒元年至三十四年	14	37	51
總計	258	153	411

〔註9〕

　　廣東是新興人才省份，書院是屬於不少的府，這表示除偏遠的省份外，書院在全國應有更廣的地理分佈。

　　十八世紀後期開始，廣東有十九所較大型的書院發展出一套精緻的津貼制度，來幫助學生報考較高階的科舉考試。

　　根據《碑傳集》及《續碑傳集》中，也有詳列書院教養相資的史料，引文如下：興學校。給書院膏火，除不收學費外。並訂津貼寒士膏火辦法，供寒士生活之用。學者不特足以自給，並可贍養家室。安心讀書。書院除津貼寒士膏火外，又有日給廩餼者及膳田與餐錢等名目，亦且供宿。又有衣服資用，書院收藏書籍亦多，其大者設有藏書樓。更有贈書或購書送藏，至於小者，內亦廣徵書籍，地僻遠無從者，則遣官之江南求之

　　根據《海豐縣志》卷三十教育，可見明清時期社學的興盛情況。例如海豐縣內社學明嘉靖初年時有 5 所，包括南城社學、龍津社學、北門社學、石橋社學、捷勝社學。

　　明嘉靖元年（1522），陳景附、魏校提學到粵，倡辦書院，海豐縣創建書院 4 所。

表38　明代海豐縣籍貫士子入讀書院表

書院名稱	創建時間	地　點	性　質	創建人
文山書院	嘉靖元年（1522）	海城	官立	提學使魏校
清明書院	嘉靖元年（1522）	碣石城	官立	提學使魏校
西峰書院	嘉靖元年（1522）	海城	官立	提學使魏校
桂林書院	嘉靖元年（1522）	碣石城	官立	提學使魏校

〔註 9〕清朝書院數目是參考98本廣東的府志及縣志而編成。包括（清）周碩勳纂修，《乾隆潮州府志》清乾隆四十年、（清）嚴而舒纂《康熙順德縣志》清康熙十三年、（清）望江檀纂修，《乾隆番禺縣志》清乾隆三十九年、（清）陳蘭彬纂、毛昌善修，《光緒吳川縣志》清光緒十四年、（清）嚴 而舒纂，《民國順德縣志》等府志、州志及縣志。

　　清初，粵民反滿族的戰爭，干戈擾攘，朝廷害怕書院講學宣揚反滿族戰爭的精神，對書院頗多限制。戰亂至順治十六年，才告平息，康熙年間，認為創建書院便是興文教之舉，官吏的倡建，也為天子作人育化之意，同時，亦出現由私人出資捐助設立的書院。

表 39　清代海豐縣籍貫士子入讀書院表

書院名稱	創建時間	地　點	性質	創建人	辦學經費租穀（石）	辦學經費租錢（兩）
龍山書院	康熙二十五年（1686）	海城	官立	知縣姚德基		
鳳山書院	乾隆二十三年（1758）	仙尾鎮	私立	地方公建	49	100,000
麗江書院	乾隆三十九年（1774）	紅宮左側	私立	貢生蔡大武黎必發等捐建	380	100,000
德鄰書院	嘉慶八年（1803）	坎下城	官立	坎白鹽場大使德瑛	20	100,000
海豐書院	道光十年（1830）	海豐縣城	官立	知縣吳毓鈞	60	100,000
蓮峰書院（五坡嶺）	道光十九年（1839）	海豐縣城	官立	知縣張熉	24	100,000

宋至清代籍貫是海豐縣登科人數表

朝　代	進士數	鄉榜數	貢生數	武科數
宋代	9 人	失考	171 人	失考
元代	失考	失考	171 人	失考
明代	6 人	68 人	失考	失考
清代	18 人	61 人	56 人	35 人

〔註 10〕

　　在闡釋明清兩朝廣東狀元與進士的地緣、年齡、家族、仕宦方面的發展，本文已從明清兩朝，廣東狀元與進士的籍貫及廣東在各縣興建書院培養人才等方面，從不同的廣東人才籍貫，到人才接受書院教育的概況作探討，應該特別指出，廣東人才本身的籍貫和入讀廣東各縣興辦的書院，兩者的密切關係，基本上，大部分廣東各縣興辦的書院，只接受廣東籍貫的士子入讀，從而鞏固廣東人才的優勢，此情況與在清朝盛行的科舉賓興制度完全相同。現以歷朝狀元籍貫為例，全面歸納唐朝至清朝不同籍貫的人才在科舉方面變化的概況。

〔註10〕于卜熊（清）纂修：《廣東省）海豐縣志》卷二，臺北，成文出版社，民國55年。

表40　歷朝狀元籍貫表〔註11〕

地　區	合　計	唐、五代	北宋、遼	北宋、金、西夏	元	明	清
廣東	9	2	0	1	0	3	3
四川	18	8	5	1	1	2	1
湖北	11	1	4	0	2	1	3
浙江	68	1	5	21	1	20	20
湖南	6	3	0	0	0	1	2
江西	40	5	5	7	2	18	3
江蘇	84	7	4	5	0	18	50
福建	36	2	7	13	0	11	3
山西	16	7	2	5	2	0	0
安徽	25	2	2	3	1	5	12
貴州	2	0	0	0	0	0	2
廣西	8	3	1	0	0	0	4
河北	46	18	7	8	6	3	4
山東	37	10	10	7	0	4	6
陝西	14	9	2	0	0	2	1
甘肅	4	4	0	0	0	0	0
河南	53	27	20	2	1	2	1
遼寧	8	1	3	1	0	0	3
內蒙古	5	0	0	1	4	0	0
寧夏	2	1	0	1	0	0	0
黑龍江	1	0	0	1	0	0	0
總計	493	111	77	77	20	90	118

〔註11〕胡兆量等，《中國文化地理》（北京：人民教育出版社，2005年），頁133。明朝包括張獻忠大西。清朝包括太平天國。

第六章　個案考察
（以清朝乾隆時代爲例）

第一節　乾隆時代共有 257 名廣東進士的背景

　　本節有關乾隆時代，廣東共有 257 名進士的資料，是在本文第二章的分析結果基礎上，本人期望再從人文地理方向進行分析，在整個清朝的進士總數只有 1,029 名，而只在乾隆時代，在廣東進士人數方面，已占 24.97%，本人相信這資料，並非單從舉辦科舉的次數上，可以說明及解釋，雖然乾隆皇帝在位期間共舉辦科舉取士合 27 次。現從三方面作出闡釋廣東在乾隆時代共有 257 名進士的背景。

一、乾隆時期的書院政策

　　對於乾隆時期廣東書院的發展，乾隆皇帝本人作出了突出的貢獻，乾隆皇帝和他的祖父康熙一樣，他對漢族傳統文化異常熱愛，早在即位之前，他即熟讀《詩》、《書》四子，背誦不遺一字。

　　乾隆皇帝即位不久，他即頒佈諭旨。重申已故父皇雍正晚年的書院政策，該諭旨稱：「書院之制，我世宗憲皇帝設之省會，發帑金以資膏火，恩意至渥也。」最高統治者親自下令於全國興建書院，從乾隆皇帝初年，各省督撫以下所有滿漢官員差點全體出動，全國上下都出現了興建書院的熱潮，大致實現了縣縣皆有書院，廣東科舉家族掌握了這發展舉業的黃金時機，在清朝共有 4,365 所書院中，廣東便已占 482 所書院中，占全國興建書院的 11%；而且

單在乾隆時期，廣東書院便興建共有 112 所，占廣東在清朝的興建書院的
23%。特別值特注意的是：除了在廣東舉業鼎盛的清遠、東莞、揭陽、南海、
順德及番禺等縣外〔註1〕，也有在科舉發展中的海豐縣興建書院。例如乾隆三
十九年海豐麗江書院。可見乾隆皇帝與廣東科舉家族在發展舉業的步伐絕對
是一致的，加上全國上下都出現了興建書院的熱潮，乾隆時期，廣東書院興
盛的轉捩點，正是在此有利條件的背景下孕育出來。

此外，乾隆時期廣東書院的藏書發展，亦有賴乾隆皇帝重視應考科舉藏
書的理念，據廣東廣雅書院統計，其藏書有：經 475 部、6070 冊；史 650 部、
10631 冊；子 251 部、2683 冊；集 941 部、88777；典志 116 部、1251 冊；叢
書 231 部、14042 冊。總計為 2672 部、43555 冊。其中史部和集部都超過了
經部，反映廣東科舉家族重史和重考據的學風。〔註2〕

由此觀之，乾隆時期廣東書院的發展，實有賴乾隆皇帝對科舉教育的重
視，而最重的是廣東科舉家族掌握了這發展舉業的黃金時機。

二、乾隆時期的科舉賓興政策

清代廣東在興建書院方面已有一定的成果，廣東科舉家族隨著發展科舉
方向而言，下一步便是要解決龐大的無償資助的教育公益基金，讓廣東考生
參加各類明清科舉考試。

清代廣東共轄有 19 個府級行政單位，包括 9 府、7 直隸州、3 直隸廳、
下轄全省府州縣總數為 103 個。清代廣東共有 61 個府州縣，占全省府州縣總
數的 59.2%，廣東全省賓興分佈較為平均，廣東現今屬海南省的瓊州府多數縣
均有直接命名為賓興的助考公益基金存在。

賓興作為中國古代典型的教育公益基金，賓興始於宋，元、明、及清繼
續沿用。清代典籍特別是地方文獻中常見的賓興是指地方財政性科舉經費，
作為地方財政性科舉經費的賓興一詞可細分為兩類。

第一類是指地方政府舉行賓興禮而進行的預算，如乾隆《欽定盛京通
志》卷四十四《學校二》：「公宴、賓興等禮：中式文舉人，每人給花紅銀

〔註1〕 包括清遠鳳城書院、東莞龍溪書院、揭陽鴻溪書院、南海潁川書院、順德梯
　　　 雲及番禺越華書院。參考《廣州府志》（光緒）；《清遠縣志》（民國）；《東莞
　　　 縣志》（民國）；《番禺縣志》（同治）；《揭陽縣志》（乾隆）；《順德縣志》（康
　　　 熙）；《南海縣志》（宣統）；《海豐縣志》（乾隆）。
〔註2〕 乾隆《欽定盛京通志》卷四十四《學校二》。

十兩。」

　　第二類是指地方政府編定所有財政性科舉經費，清代各省舉人參加會試，均可領取路費補貼，如乾隆《海澄縣志》卷五《殿役下・存留》：在記載各類經費的細目之前，先交待了存留費用的總數：「存留支給官役俸食、驛站、賓興、祀典等項共銀二千八百四兩四錢。」

　　賓興是專用於無償資助考生參加各類明清科舉考試的中國古代典型的教育公益基金，如廣東海豐縣知縣于卜熊《新立賓興記》〔註3〕記載海豐縣鄭氏家族捐獻田產340石、塭租銀87兩，作爲廣東海豐縣士子赴試旅費。

　　從上述引文中，可反映在乾隆年間，廣東科舉家族已經把賓興科舉制度，成爲專用於無償資助考生參加科舉考試的教育公益基金的專有名詞，例如廣東樂昌縣記載舉人鄧蔚錦《賓興序》一文，文中以賓興作爲名詞使用。

　　清代建立以來，各地官紳及地方政府不僅努力保持明代原有儒學科舉田產，還借鑒明代的經驗，採取各種方式對本地科舉進行擴充，如廣東惠來縣儒學明在天啓年間以文昌鋪75間爲惠來縣考生科舉路費。

　　總括而言，廣東科舉家族在清代科舉賓興的這一發展歷程中，不僅是對廣東明清兩朝人才資助的繼承與彰顯，更是清代科舉公益活動的良性選擇，而清代科舉賓興通過將國家敬賢禮士與社會公益傳統鎔鑄合一。

　　我們可探究科舉賓興的起源，應可上推至明代中後期，從明代的全國分佈進行分析，明代設立賓興較多的是廣東，共有11個府縣設立賓興。

　　乾隆時期是清代歷時第二長的帝王時期，在乾隆時期全國設立科舉賓興的府州縣逐漸增加，其中初設了科舉賓興的府州縣共有73個，其中廣東設立賓興共18個，現以下表顯示時序，並作重點說明如下：

表41　乾隆時期全國設立科舉賓興表

乾隆時期	廣東地點	賓興名稱
乾隆十一年（1746）	1）廣東海康縣	附儒學
乾隆十三年（1748）	2）廣東海豐縣	賓興產業
乾隆十六年（1751）	3）廣東番禺縣	附儒學
乾隆十六年（1751）	4）廣東翁源縣	附儒學

〔註3〕　（清）于卜熊，《新立賓興記》，（清）于卜熊，史本：《乾隆海豐縣志》卷四　　　　　《學校志》、乾隆《海澄縣志》卷五。

乾隆二十二年（1757）	5）廣東新興縣	附儒學
乾隆二十二年（1757）	6）廣東海陽縣	附書院
乾隆二十七年（1762）	7）廣東興寧縣	科舉田
乾隆三十五年（1770）	8）廣東順德縣	田租
乾隆四十一年（1776）	9）廣東瓊山縣	賓興田
乾隆四十二年（1777）	10）廣東吳川縣	未詳
乾隆四十四年（1779）	11）廣東信宜縣	李劉賓興
乾隆五十三年（1788）	12）廣東信宜縣	鄉試賓興田
乾隆年間	13）廣東信宜縣	九圖鄉試新捐賓興
乾隆四十八年（1783）	14）廣東歸善縣	佐賓興租
乾隆四十九年（1784）	15）廣東和平縣	賓興田
乾隆五十年（1785）	16）廣東長樂縣	未詳
乾隆五十一年（1786）	17）廣東縣	賓興田租、貢租
乾隆五十一年（1786）	18）廣東縣	佐賓興租

　　乾隆之前清代全國沒有設立科舉賓興，乾隆時期增設了新的科舉賓興的府州縣共有 10 個，合計乾隆時期 60 年中平均每年有 1.38%個府州縣新設了科舉賓興。綜合清朝前期、中期、後期科舉賓興的時間分佈情形，製成下表以作說明：

表 42　清朝前期、中期、後期科舉賓興的時間分佈狀況表

	前　期	中　期	後　期	合　計
廣東	15	49	32	96
四川	0	25	52	77
湖北	3	42	22	67
浙江	8	32	20	60
湖南	1	30	25	56
江西	3	40	9	52
江蘇	1	32	16	49
福建	11	22	6	39
山西	6	7	16	29
安徽	3	12	9	24
貴州	0	13	10	23
廣西	1	9	13	23
河北	1	10	8	19

山東	2	6	8	16
雲南	6	7	3	16
陝西	0	1	9	10
甘肅	0	8	2	10
河南	2	0	4	6
臺灣	0	2	3	5

表 43　清朝科舉賓興的時間分佈表

時　　期	初　設	增　設	合　計
（1）1644～1661 順治元年至順治十八年	2	2	4
（2）1662～1722 康熙元年至康熙六十一年	48	2	50
（3）1723～1735 雍正元年至雍正十三年	6	3	9
（4）1736～1795 乾隆元年至乾隆六十年	73	10	83
（5）1796～1820 嘉慶元年至嘉慶二十五年	65	19	84
（6）1821～1850 道光元年至道光三十年	135	45	180
（7）1851～1861 咸豐元年至咸豐十年	35	20	55
（8）1862～1874 同治元年至同治十三年	67	46	113
（9）1875～1911 光緒元年至宣統三年	48	51	99

圖 9　清朝科舉賓興的時間分佈表

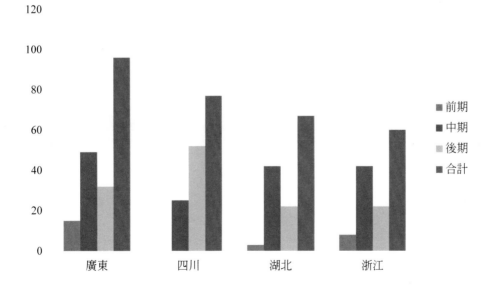

　　由此可見，乾隆時期廣東科舉賓興制度的鼎盛，實有賴乾隆皇帝對廣東科舉教育的重視，而最重的是廣東科舉家族掌握了這發展舉業的黃金時機。在乾隆時期奠下對廣東科舉賓興制度的基礎下，直至嘉慶年間，廣東茂名縣邑人何世遠倡捐經費 500 兩，設立助考基金，說明廣東科舉賓興制度在乾隆皇帝積極的支持下，對廣東科舉成績的提高起了立竿見影的作用。而且更有繼往開來，薪火相傳的精神，不言自明，乾隆皇帝在推動廣東科舉賓興制度方面的貢獻是有意義的。本人整理的清代廣東三鼎甲表以作說明。

表 44　清代廣東三鼎甲表

時　期	合　計	狀　元	榜　眼	探　花
（1）1644～1661 順治元年至順治十八年	34			
（2）1662～1722 康熙元年至康熙六十一年	92			
（3）1723～1735 雍正元年至雍正十三年	70			
（4）1736～1795 乾隆元年至乾隆六十年	257	1		
（5）1796～1820 嘉慶元年至嘉慶二十五年	106			1
（6）1821～1850 道光元年至道光三十年	144	1	1	1
（7）1851～1861 咸豐元年至咸豐十年	36		1	
（8）1862～1874 同治元年至同治十三年	79	1		1
（9）1875～1911 光緒元年至宣統三年	211		3	1
總數	1,029	3	5	5

　　從上表的資料分析顯示，乾隆時期廣東科舉的鼎盛，可從廣東科舉的佳績呈現出來，而最重的是廣東科舉家族掌握了這發展舉業的黃金時機。在乾隆時期，清代首位廣東士人莊有恭成為狀元，而乾隆時代的廣東，廣東三鼎甲分別共有 3 名狀元、榜眼及探花各 5 名，合共 13 名三鼎甲一甲進士〔註4〕、進士及第的人數高達 149 人，而說明乾隆時期廣東科舉賓興制度，在乾隆皇帝積極的支持下，造就了廣東科舉成績豐碩的成果。

〔註 4〕13 名清代三鼎甲一甲進士包括：狀元三名包括莊有恭、林召棠、梁耀樞；榜眼五名包括林彭年、譚宗濬、許其光、左霈、朱汝珍；探花五名包括李文田、陳伯陶、張岳崧、羅文俊、商衍鎏。清朝進士數目是參考 82 本廣東的府志及縣志而編成。包括（清）周碩勳纂修，《乾隆潮州府志》清乾隆四十年、（清）嚴而舒纂《康熙順德縣志》清康熙十三年、（清）望江檀纂修，《乾隆番禺縣志》清乾隆三十九年、（清）陳蘭彬纂、毛昌善修，《光緒吳川縣志》清光緒十四年、（清）嚴而舒纂，《民國順德縣志》等府志及縣志；同時亦參考《明清歷科進士題名碑錄》洪武四年至光緒三十年。第一冊至第四冊，臺北：華文書局股份有限公司，1969 年。

第二節　乾隆時代廣東科舉賓興的空間分佈與特點

　　清代廣東共轄有 19 個府級行政單位，包括 9 府、7 直隸州、3 直隸廳、下轄全省府州縣總數爲 103 個。清代廣東共有 61 個府州縣，占全省府州縣總數的 59.2%，廣東全省賓興分佈較爲平均，廣東現今屬海南省的瓊州府多數縣均有直接命名爲賓興的助考公益基金存在。

　　總括而言，清代廣東科舉賓興除了普遍較早之外，另外一個重要特點是在儒學、書院及文社中附設賓興的現象俯拾皆是，其中如乾隆庚辰（1760）潮州知縣段藻捐俸所置田租 100 石，「爲諸生科舉卷費，遞年俱諸生經收。」

　　此外，清代廣東各縣多有將家族祠堂作書院的傳統，而在潮州府豐順縣則將祠堂稱爲鵬湖書院，並「購置產業，設立賓興，以補助士林應試經費。」

表 45　清朝廣東賓興情況

府州縣	賓興名
1）廣州府	附書院
2）廣州府番禺縣	附儒學
3）廣州府東莞縣	附儒學
4）廣州府增城縣	附儒學、書院
5）廣州府清遠縣	賓興經費、入學經費
6）肇慶府四會縣	賓興崇祀祠、印金局
7）肇慶府高明縣	附儒學
8）羅定直隸州	德儀祠
9）韶州府	邵賓興經費
10）韶州府仁化縣	附儒學、書院
11）韶州府英德縣	賓興科場經費、印金
12）南雄州始興縣	賓興田租、貢租
13）惠州府歸善縣	佐賓興租
14）惠州府海豐縣	賓興產業
15）惠州府和平縣	賓興田
16）廣州府南海縣	附儒學
17）廣州府順德縣	附青雲文社
18）廣州府新寧縣	附儒學
19）廣州府香山縣	印金局
20）肇慶府高要縣	賓興局

21）肇慶府新興縣	附儒學
22）肇慶府德慶州	賓興局、金冊
23）羅定州西寧縣	興賢書院、雲龍書院
24）韶州府樂昌縣	賓興、育才堂
25）韶州府翁源縣	附儒學
26）南雄直隸州	科舉田租、貢租
27）連州直隸州	星州鄉試賓興、西溪鄉試賓興
28）惠州府長寧縣	賓興、義田
29）惠州府河源縣	闔邑賓興店
30）潮州府	文會田、黃山祖
31）潮州府海陽縣	鷹揚堂
32）潮州府潮陽縣	附書院
33）潮州府饒平縣	附儒學、文武印金
34）潮州府澄海縣	附儒學
35）潮州府豐順縣	印金
36）潮州府揭陽縣	學租、文公印金
37）潮州府惠來縣	俸賓興田、文昌閣鋪
38）潮州府普寧縣	科舉田、琢玉堂
39）嘉應直隸州	科舉卷資田、貢租
40）嘉應州興寧縣	科舉田
41）嘉應州長樂縣	賓興租穀
42）嘉應州平遠縣	科舉卷資田
43）高州府	附書院
44）高州府電白縣	闔邑老賓興
45）高州府化州	舊賓興義田、新賓興義田
46）高州府石城縣	大賓興、小賓興
47）高州府茂名縣	合邑賓興、印金
48）高州府信宜縣	生員冊金、新進印金
49）高州府吳川縣	賓興、印金局
50）雷州府	附儒學
51）雷州府海康縣	賓興
52）雷州府徐聞縣	附儒學、書院
53）雷州府遂溪縣	賓興租、賓興書室
54）陽光直隸縣	賓興
55）瓊州府瓊山縣	賓興田

56）瓊州府定安縣	賓興田
57）瓊州府會同縣	吳公賓興田
58）瓊州府澄邁縣	賓興
59）瓊州府文昌縣	賓興田
60）瓊州府臨高縣	附書院
61）崖州萬縣	賓興田

〔註5〕

由此可見，乾隆時期廣東科舉賓興制度的地域分佈特色，實有助於理解廣東科舉特別興盛的府縣。例如南海縣、番禺縣、東莞縣、順德縣、潮州府等府縣，而最重的是廣東科舉家族掌握了這發展舉業的黃金時機。在乾隆時期，廣東科舉家族奠下對廣東科舉賓興制度的基礎下，持續設立助考基金，對廣東科舉成績的提高和士子安心地用功準備科考是異常重要的。

第三節　乾隆時代廣東科舉制度興盛的地區個案

現以清朝乾隆四年廣東番禺縣狀元莊有恭的縣為例，作為清朝乾隆時代科舉制度興盛的縣府個案。在科舉賓興制度方面，在清朝乾隆皇帝執政期間，廣東廣州府番禺縣已設立賓興田產。

廣東廣州府番禺縣作為明清以來中國華南經濟繁庶的地區，其家族賓興也較為豐富，粵人炭崇尚科名，父兄之勉勵其子弟可謂無微不至，於是世家大族，類皆有公田，子弟苟得應考，則食其租入，子弟不會憂慮生計而不能應考。

乾隆之前清代全國沒有設立科舉賓興，乾隆時期增設了新的科舉賓興的府州縣共有10個，合計乾隆時期60年中平均每年有1.38%個府州縣新設了科舉賓興。

乾隆時期是清代歷時第二長的帝王時期，在乾隆時期全國設立科舉賓興的府州縣逐漸增加，其中初設了科舉賓興的府州縣共有73個，其中廣東設立賓興共18個。

此外，廣東廣州府番禺縣是清朝新興的科舉省份，書院也如此高密度地分佈，這表示除偏遠的省份外，書院在全國應有更廣的地理分佈。

〔註 5〕毛曉楊，《清代科舉賓興史》（湖北：華中師範大學出版社有限責任公司，2014年），頁 109 至 139。

在興建書院方面，番禺縣儒學與舉業在清代興盛的實況，例如乾隆二十年（1755）的越華書院。番禺縣儒學徵收田產，除歲科解繳學院支給貧生燈油銀三十七兩一錢三分外，餘備諸生月課獎賞。

乾隆對廣東廣州府番禺縣所作出的貢獻，特別值得注意的兩個政策。第一是他積極地透過在廣東興建書院，第二是利用賓興制度，成就了廣東廣州府番禺縣狀元與進士的發展。

綜合清朝乾隆時代科舉制度興盛的縣府情況，以下表以作說明：

表 46　清朝興建書院數量表與清朝廣東狀元產生分析

時　　期	官方倡設的書院	私家設立的書院	總　計	增長排名	清代廣東狀元共有三名
1662～1722 康熙元年至六十一年	69	12	81	2	
1723～1735 雍正元年至十三年	20	0	20	7	
1736～1795 乾隆元年至六十年	82	21	103	1	莊有恭 乾隆四年 己未科
1796～1820 嘉慶元年至二十五年	31	20	51	3	
1821～1850 道光元年至三十年	24	22	46	4	林召棠 道光三年 癸未科
1851～1861 咸豐元年至十一年	4	24	28	6	
1862～1874 同治元年至十三年	14	17	31	5	梁耀樞 同治十年 辛未科
1875～1908 光緒元年至三十四年	14	37	51	3	
總計	258	153	411		

本節以清朝乾隆四年廣東番禺狀元莊有恭為例，作為清朝乾隆時代科舉制度興盛的縣府個案。在科舉賓興制度方面，在清朝乾隆皇帝執政期間，廣東廣州府番禺縣已有長遠的科舉教育藍圖。

廣州府洪武十年（1377）的人口，居民 186,583 戶，659,028 口，平均每戶 3.5 口，縣別包括番禺縣、南海縣、東莞縣、陽山縣、新會縣、增城縣、香山縣、清遠縣等八縣。此三角州核心各縣人口較多，周邊、香山縣、清遠縣及陽山三縣人口較少。

表 47　廣州府洪武十年（1377）的人口

縣　別	戶　數	口　數	每戶平均口數
南海縣	58,368	188,639	3.2
番禺縣	33,110	109,487	3.3
東莞縣	26,782	91,020	3.4
新會縣	32,414	135,933	4.2
陽山縣	7,703	35,053	4.6
增城縣	16,013	55,206	3.4
香山縣	7,870	26,820	3.4
清遠縣	4,323	16,870	3.9
總計	186,583	659,028	3.5

〔註 6〕

　　從廣東廣州府洪武十年（1377）的人口，至乾隆五十二年（1787）年人口地理分佈的變化，可見廣東持續的人口增長，與其產生狀元與進士人數是比例是有密切關係的。（1787 年廣東人口，單位千，16,014），雖然清朝在康熙期間已開創的捐納制度，在清朝乾隆皇帝即位後，下諭停止捐納制度，惟留生童捐監一項。清朝官吏出身有正途及異途之分，由科舉者爲正途，捐納者爲異途，清朝的捐納制度對於廣東廣州府番禺縣或至全國的各科舉府縣的影響，在進士人數和各科舉府縣的解額兩方面的比例是有密切關係的。雖然清朝廣東廣州府番禺縣受惠於朝乾隆皇帝的兩個政策。第一是他積極地透過在廣東興建書院，第二是利用賓興制度，但是，廣東廣州府番禺縣的科舉家族仍然要面對清朝的捐納和解額制度，因此，在這兩個清朝的政策之下，由於清朝以外族入主中原，雍正皇帝明謂正途出身人員，往往徇私結黨，易亂國政，反不若授職富人，藉以牽制科甲。故此，清朝君主視捐納制度爲控制科甲士人的手段及國策，必然更全面地執行此個鞏固國祚的捐納制度，所以，在明清時代均有的捐納制度，爲何清朝君主如此重視捐納制度，應可合理地解釋爲何明朝的整體進士人數，要比清朝的整體進士人數爲多的因素。

　　綜合而言，乾隆時期廣東科舉家族掌握了發展舉業的黃金時機，並在有系統的制度下孕育不少進士人才。而透過在廣東科舉家族曾出現狀元的府縣，作爲乾隆時期的個案考察，便更能夠對番禺縣、南海縣東莞縣、順德縣、

〔註 6〕《廣州府志》（光緒五年〔1879〕刊）。

潮州府等科舉興盛的府縣，以個案重組方式呈現當時發展舉業的部分實況。
在本文第七章，將對廣東科舉家族其中三個培養最多三鼎甲人才的搖籃，南
海縣、順德縣、番禺縣，進行詳盡的地域個案研究。

第七章　地域考察
（以廣東南海、順德及番禺縣爲例）

第一節　明清時期廣東科舉制度的特色

　　本節有關廣東各省的地域個案分析共有兩個理念，第一、本文第二章列出明清兩朝的進士數據，總共有 1,909 名明清進士的籍貫分類，從人文地理方向進行分析，在明朝與清朝廣東的進士總數合共 2,406 名，本文在研究明清廣東進士人數方面，已占總數約 79%，本人利用相關資料進行分析，在明清兩朝的廣東進士數量排名依次爲南海、順德及番禺縣。在廣東八十多個府縣中位列三甲，南海、順德及番禺縣的三鼎甲與進士數目，在人文地理方面的研究價值，是具有一定的代表性。現從譚其驤編：《中國歷史地圖集》第七冊及第八冊有關明清廣東地圖作南海、順德及番禺縣地理概述如下：

圖 10　明朝廣東地圖

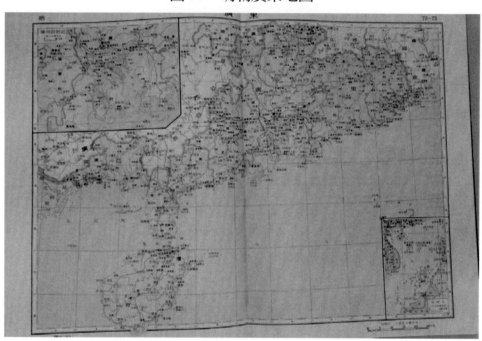

圖 11　明朝廣東南海、順德及番禺縣

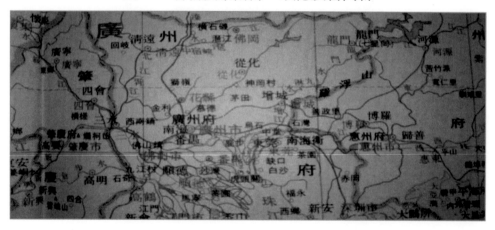

圖12　清朝廣東地圖

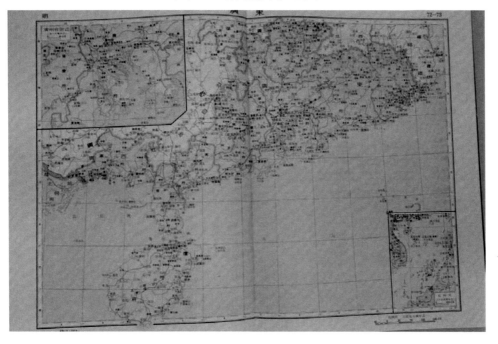

第二、本文進行考察廣東各省的地域個案方式：以南海、順德及番禺縣的狀元與進士進行分類，再從廣東各省的地域個案中，歸納不同廣東地域的狀元與進士人文地理方面的異同。

在開始瞭解廣東各省的地域個案分析之前，本文將以明清期間有關科舉的史料先進行歸納後，才以廣東南海、順德及番禺縣的進士個案，分析明清期間廣東狀元與進士的人文地理分佈研究結果，最後以南海、順德及番禺縣爲例，作出總結。

明朝時代，由於中國古代各地經濟、文化的發展是有差異的，故其所具有的科舉能力也是不平均的，明代期間，經濟、文化最爲發達的江西、浙江、福建和南直地區，在科舉競爭中獨佔鰲頭。

因在洪武三十年（1397），北方竟無一中式者，因而發生明史上著名的南北榜（又稱春夏榜）事件，明太祖使用兩個過激的手段，包括殺戍考官和通過夏榜盡取北士，表面上處理及解決此問題。

但實際上，明太祖並未從制度上處理及解決問題，故經濟、文化最爲發達的江西、浙江、福建和南直地區，仍然是進的主要來源之地。顯然，長此以往，這種情況對明朝鞏固北方和邊陲落後地區的統治是不利的。

直至宣德後分南、北卷，進而又南、北、中卷，按規定比例錄取，從而在制度上保證了進士來源之地的廣泛性，這種政策解決了明朝統治北方和邊陲落後地區的憂慮。

從開放、客觀及相對公正爲特徵的科舉制度，在明代期間處於發展的鼎盛階段，主要重點如下：

第一、完全實現了科舉與官辦學校教育的緊密關係，教學內容完全是以科舉考試內容爲中心的，而且科生也以學校生員爲主體，明代後期什至差點完全源於學校，從而使科舉教育成爲以學校教育爲基礎的考試。

第二、取士地域的廣泛性增強，並得到制度的保證，主要是宣德後分南、北卷，進而又南、北、中卷，按規定比例錄取，從而在制度上保證了進士來源之地的廣泛性，例如陝西、雲南、四川及廣西四省的解額，與經濟、文化最爲發達的江西、浙江、福建和南直地區的差距，要遠遠小於二者在科舉實力上的差距。

第三、明代中葉後形成了中央和地方要職差點全部由進士佔據，非進士不得入翰林，非翰林不得入內閣的局面，科舉功名成爲決定士人地位和朝廷政治資源配置的主要因素。

清朝關於科舉家族的概念，是指在清朝時代聚族而居，從事舉業人數眾多，取得舉人功名的家族。清朝把開科取士作爲緩和遼藩地區滿漢民族矛盾，爭取漢族知識分子加入清政權，提升滿族自身文化素質的重要措施。

天聰八年（1634）四月，皇太極初命禮部，考取通滿州、蒙古、漢書文義者，取中滿族剛林、蒙古人俄博特、漢人宜成格等 16 人爲舉人，是爲清朝科舉之始。

從沿用明朝科舉制度至獨有的科舉政策，在清代期間處於發展的鼎盛階段，主要重點如下：

第一、清朝每當新皇帝登基、皇帝、太后壽誕等，清朝都會增加鄉試、會試，稱爲「恩科」。相對而言，若爆發大規模戰爭，如康熙時「三藩之亂」，長達八年之久。咸豐及同治年間，又有長達十四年之久的太平天國戰爭，不少地方因發大規模戰爭被迫中止科舉考試制度。清朝實行鄉試、會試「恩科」的結果，就使清朝在鄉試、會試的數量上，大大多於明朝。相對而言，明朝立國 276 年，舉行鄉試、會試共計 88 科，平均三年不足一科。清朝從入關後計算，立國 268 年，到光緒二十九年（1903）最後一科爲止，按平均三年一科計算，應不多於 90 科，而清朝實際舉行鄉試、會試共計 112 科。

　　第二、取士地域的廣泛性增強，並得到制度的保證，清朝逐漸形成遍佈全國各地的科舉家族，從事舉業的人數，還反映在清朝科舉家族鄉試大、及小省的劃分上，鄉試大省、中省及小省的劃分，取決於兩種因素：一是根據各省人口，二是經濟文化發展情況。乾隆九年（1745），清朝政府規定內地各省鄉試取額爲大省、中省及小省的劃分，大省包括直隸（順天）135 人、江南 114 人、江西和浙江 94 人、福建 85 人、湖廣 93 人。中省包括廣東 72 人、河南 71 人、山東 69 人、陝西 61 人、山西、四川皆 60 人。小省包括雲南 54 人、廣西 45 人、貴州 36 人等。

　　第三、清朝會試共計 112 科，進士總人數只有 2 萬多人，而清朝龐大的文官隊伍，所需官員在萬人之上，一旦考中進士。出仕機會始終在百分之百，清朝進士有甲科或甲榜之稱，一甲狀元授修撰，榜眼及探花授編修。二、三甲科進士授庶起士，主事、中書、行人、評事、博士、推官、知州、知縣等官有差。

　　總括而言，清朝沿用大部分明朝的制度，包括科舉制度、科舉賓興制度、興建書院政策、捐納制度、科舉定額等制度，在相同的制度下，不同的統治者卻有各類的實施方式及施政理念，例如在第五章第三節曾討論的清朝捐納制度，因此，本章在第三節先採用鉅集觀的方式以唐朝至清朝三鼎甲進士及二甲與三甲進士進行分析，再在第七節對廣東科舉家族其中三個培養最多三鼎甲人才的搖籃（南海縣、順德縣及番禺縣）爲例，期望本章的結論更具啓發性。

第二節　廣東南海、順德及番禺縣進士個案分析

廣東南海縣狀元個案（一）

　　簡文會（890？～950？），南海（今廣東南海）人，南漢乾亨四年（920）庚辰科狀元。簡文會年幼聰慧出眾，品性耿直，他善詩作，名噪一時，狀元及第後，以才學見用。累官至尚書右丞。

　　乾和年間，南漢劉晟帝暴戾而殘酷，簡文會進言，觸怒中宗。被貶謫爲禎州刺史，任上，他盡心盡職，頗有政聲，爲民所稱道，以清廉務實著稱，終死於禎州任上。

簡文會鄉里有「簡狀元井」。後來明朝倫文敘也曾居住此地，乾亨元年（917），南海改爲咸寧、常康二縣，故也有稱簡文會爲咸寧人。

這一個案例在於從《南海縣志》有關五代南漢進士第一人（狀元）五代南漢時期，廣東學子如何學習刻苦，向上流動的上佳例子。

廣東南海縣狀元個案（二）

根據《南海縣志》第二十七卷 人物作以下增補：

倫文敘（1467～1513），字伯疇。南海（今廣東南海）人，明孝宗弘治十二年（1499）己科進士第一人（狀元）。倫文敘長身玉立，雖出身貧寒，但他年幼聰慧出眾，5歲時與一群孩子玩耍時，被一名會相面的人看中，他說：「此兒必大魁天下」。

倫文敘登第後，任翰林院修撰，正德五年（1510）充經筵講官，以啓君心。後因病死於任內，年僅47歲。倫文敘著有《白沙集》

倫文敘三位兒子均考中進士，一家之中，父子兄弟連登四元，均以魁元策名，故稱爲「一門四進士，父子魁三元。」

倫文敘長子倫以諒，字彥周，正德十一年（1516）鄉試第一，正德十五年。（1520）成進士。以諒官至南京通政司參議。

倫文敘次子倫以訓，字彥武，正德十二年（1517）會試第一，殿試第二。以訓官至南京國子監祭酒。

倫文敘三子倫以詵，字彥群，嘉靖十七年（1538）進士。以詵官至南京兵部武選司郎中。

廣東南海倫文敘以會元廷試及第狀元，長子以諒解元登進士第，次子以訓會元廷試第二人，少子以詵進士。一家之中父子兄弟，並以魁元策名當世的個案研究內容，本文已從嶺南文化，家族歷史，周邊環境進行研究及闡釋，詳細內容請參本文第二至第七章。

此一廣東狀元個案例兩個重點：第一是從倫文敘三位兒子均考中進士，一家之中，父子兄弟連登四元，均以魁元策名，故稱爲「一門四進士，父子魁三元。」反映廣東南海的舉業興盛的實況。第二是倫文敘重視三位兒子的舉業發展及培養，呈現了當時廣東學子的傳承舉業的實況，亦是本文第三節的參考個案之一。

廣東番禺縣狀元個案（一）

根據《番禺縣志》第四十四卷 列傳十三作以下增補：

莊有恭（1713～1768），字容可，號滋圃。廣東番禺 （今廣東廣州）人，清朝乾隆四年（1739）己未科進士第一人（狀元）。

莊有恭其父奕仁本爲福建晉江人，偕弟奕洲遊粵，因家番禺。莊有恭少年時已有神童之譽，清朝乾隆四年（1739）莊有恭高中狀元，任翰林院修撰，莊有恭一生在官場大起大跌，乾隆十七年，因浙江人獻書稿他置之不理而罰重，乾隆三十一年，莊有恭因曾授意浙江按察使朱奎揚等有意徇私，被徹銷職務侯審。

至於政績方面，莊有恭爲官於浙江，在江浙興修水利，乾隆二十七年，他積極安排竹籠條石，修建坦水，築高加厚附塘土堰，徹底改建危殆舊塘。

乾隆三十三年（1768），莊有恭病死福州任上，年五十五。

這一個案例提供清朝狀元一個重要的地域資料。在分析人才地域資料分佈時，當更清晰顯示人才前三代的社會流動及轉戶籍，例如莊有恭其父奕仁本爲福建晉江人，偕弟奕洲遊粵，因家番禺。同時，透過這一個案例，讓研史者更注重戶籍的考證。

廣東番禺縣狀元個案（二）

根據清・同治十年《番禺縣志》點注本第三十六卷列傳五作以下增補：

張鎮孫，（1235～1278），字鼎卿，號粵溪。南海（今廣東南海）龍尾人，宋度宗咸淳七年辛未科（1271）進士第一人（狀元）。

《張氏家譜》：先是童謠曰：「河南人見面，廣州狀元見。」

張鎮孫少年時，學習刻苦，博文強記，15 歲參加童子試，名冠諸生，聲振鄉里。

張鎮孫 35 歲以第五名通過地方選拔試，第二年狀元及第，張鎮孫中狀元後，授秘書省正字。進秘書省校書郎，不久，因不肯依附賈似道，出爲婺州通判。

宋度宗咸淳十年（1274），宋度宗駕崩，年僅 4 歲太子恭帝即位，元軍逼近宋都臨安，張鎮孫因念雙親，棄官回南海奉養父母，遭彈劾被罷官免職。

恭帝君臣降元後，《張氏家譜》：因泣辭父母，於謝村石壁，糾結鄉豪，屯站謝村之煙管間。宋臣擁立端宗即位，張鎮孫爲龍圖閣待制，廣東制置使

兼經略按撫。不久，元軍復占廣州，景炎三年（1278），張鎮孫兵敗被俘，英勇就義。

張鎮孫善於詩文，殿試時，洋洋七千言，一揮而就。張鎮孫著有《見面亭集》十六卷。

這一個案例在於從《番禺縣志》引用《張氏家譜》有關南宋進士第一人（狀元）張鎮孫。張鎮孫是南宋時期，廣東學子如何學習刻苦，向上流動的上佳例子，同時，他在元軍復占廣州，景炎三年（1278），張鎮孫兵敗被俘，英勇就義，亦是廣東士子對國家的忠勇例子。

廣東順德縣狀元個案（一）

根據《順德縣志》第二十二編 人物作以下增補：

梁耀樞（1832～1888），字冠祺，號叔簡。廣東順德人，清朝同治十年辛未科進士第一人（狀元）。

清朝同治十年梁耀樞狀元及第，登第後，任翰林院修撰，掌收國史，同治十二年，梁耀樞出任鄉試同考官。

光緒二年（1876），任湖北學政，光緒六年，任會試同考官、充任教習庶起士、典試會試。

光緒十四年，梁耀樞官至詹事府詹事，同年，卒於任上。享年 56 歲。

此一案例可透過梁耀樞在當學政及任會試官、教習庶起士、典試會試等工作，反映清朝舉業的興盛。

廣東順德縣狀元個案（二）

根據《順德縣志》作以下增補：

黃士俊

黃士俊（1570～1655），字亮垣，號振宇。自稱「碧灘釣叟」，廣東順德人，明朝萬曆三十五年丁未科進士第一人（狀元）。

黃士俊少負偉志，好學上進，督學許尚志十分讚賞他的文章和品行，預言他大魁天下，27 歲黃士俊奪廣東鄉試第一，名冠諸生，聲振鄉里。

明朝萬曆三十五年（1607），31 歲的黃士俊殿試第一，黃士俊登第後。黃士俊任翰林院修撰，天啟三年（1623），以太子洗馬升為詹事兼侍讀，不久又升為禮部右侍郎，黃士俊為官耿介剛直，曾因得罪宦官魏忠賢，引病辭官，再在崇禎元年（1628）任吏部右侍郎，翌年又升為禮部尚書。崇禎 17 年（1644）

被晉封爲柱國、武英殿大學士，皇帝又一次派人召回他回京，但他還不及上路，李自成已攻入北京，崇禎已於煤山弔死，黃士俊因此積極參加反清戰爭，數年而卒，王夫之曾爲他題詩道：「順德黃閣老士俊，四十年狀元宰相。」享年 85 歲。

這一個案例的重要性在於南宋進士第一人（狀元）張鎭孫與明朝黃士俊，兩位廣東學子在愛國情操方面，同爲南宋及明朝作出英勇就義的忠勇例子。此外，兩位廣東學子對於權貴及宦官的迫害方面，同爲南宋及明朝作出廣東學子的風骨及性格。

廣東南海縣榜眼個案個案（一）

林彭年，廣東南海上林村人，字龍基，亦字地山。號朝珊，清朝咸豐十年庚申（1860）獲一甲第二名（榜眼）。

清朝咸豐十年庚申（1860）林彭年獲一甲第二名登第後，授編修，累遷山東道監察御史。

此一案例可透過林彭年在當編修，累遷山東道監察御史等工作，反映清朝廣東士子的典型仕途。亦是本文第三節的參考個案之一。

廣東南海縣榜眼個案個案（二）

譚宗濬，廣東南海縣人，字叔裕，道光二十六年生。清同治十三年甲戌科殿試譚宗濬獲一甲第二名（榜眼）。

清同治十三年甲戌科殿試譚宗濬獲一甲第二名登第後，授編修，清道光二年八月，任提督四川學政，清道光八年六月，爲江南鄉試副考試官，累遷雲南鹽法道，署按察使。清道光十四年卒於途，年四十歲，譚宗濬工於文，熟於掌故，有遼史記事本末，希古堂詩文集。

此一案例可透過譚宗濬在當授編修，提督四川學政，清道光八年六月，爲江南鄉試副考試官等工作，反映清朝舉業的興盛。亦是本文第三節的參考個案之一。

廣東番禺縣榜眼個案

許其光，字耀斗，一字懋昭。廣東番禺人，清朝道光三十年庚戌殿試一甲二名（榜眼）。

清朝清朝道光三十年庚戌年許其光登第後，任編修，咸豐二年六月，爲湖北鄉試副考官，同治五年五月，大考一等。擢侍講，旋改御史，累官清河道。

此一案例可透過許其光在當湖北鄉試副考官、侍講等工作，反映清朝舉業的興盛。亦是本文第三節的參考個案之一。

廣東南海縣探花個案（一）

廣東廣州府南海縣民籍陳子壯，明萬曆四十七年己未科（1619），陳子壯獲一甲第三名探花

根據《南海縣志》第二十七卷 人物作以下增補：

陳子壯（1596～1647），字集生。南海（今廣州石井）人，明萬曆四十七年（1619）進士。廷對及第第三名探花，經歷明萬曆、天啓、崇禎時期，順治四年，兵敗被俘，不降被殺。

永曆帝贈陳子壯太師上國柱、中極殿大學士（廣東三鼎甲共 26 人中，陳子壯是最高官階的一位）、番禺侯、諡文忠。後人把他與陳邦彥、張家玉合稱「明末嶺南三忠」或「廣東三忠」。〔註1〕

這一個案例的重要性在於提供了嶺南廣東士子的愛國情操，包括南宋進士第一人（狀元）張鎮孫、明朝黃士俊及陳子壯，三位廣東學子在愛國情操方面，同爲南宋及明朝作出英勇就義的忠勇例子。

本文只能提供的十多個案例中，便有三個或以上英勇就義的例子。亦是本文第三節的參考個案之一。

〔註 1〕《明清歷科進士題名碑錄》（二）（臺灣：華文股份有限公司，1969），頁 1189；亦參《明代進士題名錄》（下）（臺灣：正祥房藏圖書，1960）；清朝進士數目是參考 98 個廣東的府志及縣志而編成。包括（清）周碩勳纂修，《乾隆潮州府志》清乾隆四十年、（清）嚴而舒纂《康熙順德縣志》清康熙十三年、（清）望江檀纂修，《乾隆番禺縣志》清乾隆三十九年、（清）陳蘭彬、毛昌善修，《光緒吳川縣志》清光緒十四年、（清）嚴而舒纂，《民國順德縣志》等府志及縣志；同時亦參考《明清歷科進士題名碑錄》洪武四年至光緒三十年。第一冊至第四冊，臺北：華文書局股份有限公司，1969 年。亦參何炳棣著，徐泓譯注，《明清社會史論》臺北：聯經出版股份有限公司，2013 年 4 月初版二刷，參考的圖表目次包括頁 54、56、236、249、281、283、284、288、306、307 及 313。

廣東南海探花個案（二）

羅文俊，廣東南海縣人，字泰瞻，乾隆五十六年生。清道光二年壬午恩科殿試羅文俊獲一甲第三名（探花）。

清道光二年壬午恩科殿試羅文俊獲一甲第三名（探花）登第後，授編修，清道光二十年八月，任提督浙江學政，清道光二十四年八月，爲順天鄉試副考試官，清道光三十年卒，年六十歲。丙辰探花洪昌燕，乙巳榜眼金鶴清，壬子狀元章鋆，均出其門。

此一案例可透過羅文俊獲一甲第三名（探花）登第後，授編修，清道光二十年八月，任提督浙江學政，清道光二十四年八月，爲順天鄉試副考試官等工作，其一是反映清朝舉業的興盛。其二是廣東士子的重視舉業發展及培養，例如羅文俊向學生講授六經，著書立說，呈現了當時廣東學子的傳承舉業的實況。亦是本文第三節的參考個案之一。

廣東南海縣探花個案（三）

陳伯陶，廣東南海縣人，字子礪，鄉會試皆第一。清光緒十八年殿試陳伯陶獲一甲第三名（探花）。

清光緒十八年殿試陳伯陶獲一甲第三名（探花）登第後，授編修，清光緒十九年五月，爲雲南鄉試副考試官，清光緒二十三年五月，爲貴州鄉試副考試官，清光緒三十二署理江寧提學使，旋實授，並予連任，宣統二年六月，乞養開缺。

此一案例可透過授編修，清光緒十九年五月，爲雲南鄉試副考試官，清光緒二十三年五月，爲貴州鄉試副考試官，清光緒三十二署理江寧提學使等工作，反映清朝舉業的興盛。亦是本文第三節的參考個案之一。

廣東順德縣探花個案

李文田，廣東順德縣人，字芍農，道光十四年生。清咸豐九年（1859）己未科殿試李文田獲一甲第三名（探花）。

清咸豐九年（1859）己未科殿試李文田獲一甲第三名登第後，授編修，清同治三年八月，入直南書房，任江西學政，清同治九年六月，爲浙江鄉試副考試官，累遷侍讀學士。清同治二十一年十月卒於途，年六十二歲，文田幼貧力學，嘗爲梁思通政伴讀，其疏請停止修復頤和園工事，以節庫帑，其亢直敢言，爲人所佩服。

此一案例可透過李文田獲一甲第三名登第後，授編修，清同治三年八月，入直南書房，任江西學政，清同治九年六月，爲浙江鄉試副考試官，累遷侍讀學士，反映清朝舉業的興盛。同時文田幼貧力學，嘗爲梁思通政伴讀，廣東學子如何學習刻苦，向上流動的上佳例子。

其疏請停止修復頤和園工事，以節庫帑，其亢直敢言，爲人所佩服。也反映廣東學子的敢言報國的特性。

廣東番禺縣探花個案

第三位爲經歷三個時代（即清朝、中華民國及中華人民共和國）的番禺縣（漢軍正八旗人）商衍鎏，著有《清代科舉考試述錄》，清道光三十年（1904），商衍鎏獲一甲第三名探花。

商衍鎏（1874～1963）著作《清代科舉考試述錄》對於本文在研究方面有重要的參考價值，他在 1954 年開始進行《清代科舉考試述錄》的工作，1958 年 5 月由三聯書店出版，內容包括清朝童生、舉人及進士的考試及清朝各種考試作出詳細的介紹，同時對考生資格、考官情況、考試場所的各項規定及考試方針皆有全面描述。

廣東南海縣進士個案（一）

根據《南海縣志》第二十七卷 人物作以下增補：

黃衷（1474～1553），字子和。南海人，明弘治九年（1496）進士。授南京戶部主事，曾任戶部員外郎、兵部員外郎、禮部郎中及後升至工部右侍郎兼御史與兵部右侍郎，任內黃衷均能安民除盜，執法除奸，境內糧政整肅。

廣東南海縣進士個案（二）

根據《南海縣志》第二十七卷 人物作以下增補：

龐尚鵬（1523～1581），字少南。桂城頭坊人，明嘉靖三十二年（1553）進士。初任江西樂平知縣，繼升監察御史，出劾南京、浙江軍餉、按察河南，任內龐尚鵬均能安民除盜，執法除奸，請罪參將戚繼光及張四維。一時豪宦墨吏，望風而去。巡按浙江時，民苦徭役，便議將田賦、雜稅、兵役，實行折銀合併徵收，督行一年，卓有成效。乃上疏請均徭役，杜偏累，以後成爲全國推行徵收田賦、雜稅、兵役的法定制度。史稱一條鞭法。萬曆四年，全面推行一條鞭法，萬曆五年，被權臣張居正令吏科陳三謨告發龐尚鵬補給年月有錯誤，罷官回籍，居家四年卒，時 58 歲。

　　這兩個案例的重要性在於提供了嶺南廣東士子的性格特點，包括明朝陳子壯、黃衷及龐尙鵬三位廣東學子在安民除盜，執法除奸方面，同爲明朝作出忠誠例子。亦是本文第三節的參考個案之一。

廣東南海縣進士個案（三）

　　根據《南海縣志》第二十七卷人物作以下增補：

　　何文綺（1779～1855），號樸園。九江煙橋人，清嘉慶二十五年（1820）進士。授兵部主事，假歸授徒爲業，門生眾多，清道光二十四年（1844），受聘主講粵秀書院，數年間人才迭出。卒年76歲。著有《課餘匯鈔》、《四書講義》和《周易從善錄補注》。〔註2〕

　　這一個案例有助於說明廣東士子在清朝期間，產生不少卓越的進士人才，例如何文綺假歸授徒爲業，門生眾多，清道光二十四年（1844），受聘主講粵秀書院，數年間人才迭出。其重視地方的舉業發展及培養，向鄉中子弟講授經書，著書立說，呈現了當時廣東學子的傳承舉業的實況。

廣東南海、順德及番禺縣地域個案分析

　　本文是以人文地理學作爲地域單元，並用系統科學的原理與方法研究人地關係，探討人地關係地域系統形成、發展、演變與分佈規律。

相　　同	南海進士	順德進士	番禺進士
重視科舉發展	張鎮孫	黃士俊	莊有恭
積極培育鄉親	陳伯陶	李文田	許其光
相異	南海進士	順德進士	番禺進士
安民除盜	黃衷及龐尙鵬		
誓死報國	陳子壯		

〔註2〕所有進士案例資料是參考史籍如下：
　　　《明清歷科進士題名碑錄》（二）（臺灣：華文股份有限公司，1969）頁1189；亦參《明代進士題名錄》（下）（臺灣：正祥房藏圖書，1960）；清朝進士數目是參考89個廣東的府志及縣志而編成。包括（清）周碩勳纂修，《乾隆潮州府志》清乾隆四十年、（清）嚴而舒纂《康熙順德縣志》清康熙十三年、（清）望江檀纂修，《乾隆番禺縣志》清乾隆三十九年、（清）陳蘭彬纂、毛昌善修，《光緒吳川縣志》清光緒十四年、（清）嚴而舒纂，《民國順德縣志》等府志及縣志；同時亦參考《明清歷科進士題名碑錄》洪武四年至光緒三十年。第一冊至第四冊，臺北：華文書局股份有限公司，1969年。

一、南海進士的特性

廣東南海學子如何學習刻苦，向上流動的上佳例子；廣東南海的舉業興盛的實況。第二是倫文敘重視三位兒子的舉業發展及培養，呈現了當時廣東學子的傳承舉業的實況；在當授編修，提督四川學政，清道光八年六月，為江南鄉試副考試官等工作，反映清朝舉業的興盛；

廣東南海士子重視舉業發展及培養，例如羅文俊向學生講授六經，著書立說，呈現了當時廣東學子的傳承舉業的實況；廣東學子在安民除盜，執法除奸方面，並且有些進士更為國家犧牲，顯出他們忠君愛國的情操。

二、順德進士的特性

廣東順德士子用心在學政、會試考官、教習庶起士及典試等工作，反映廣東順德士子對於科舉的熱誠；此外，廣東學子對於權貴及宦官的迫害方面，作出抵禦，顯示廣東順德學子的風骨特性。

三、番禺進士的特性

廣東番禺士子用心在湖北鄉試副考官、侍講等工作，反映清朝舉業的興盛。而番禺進士積極培育鄉親，希望他們在科舉方面，取得良好成績。

第三節　歷朝廣東三鼎甲及進士分析

透過上述廣東南海縣、順德縣及番禺縣進士個案，加上唐代至清朝三鼎甲的人數及地理分佈特色，整體檢視歷朝廣東三鼎甲及進士的概況。

唐朝三鼎甲一甲進士包括：狀元一名莫宣卿。

一名五代三鼎甲一甲進士包括：狀元一名簡文會。

四名南宋三鼎甲一甲進士包括：狀元一名張鎮孫；榜眼一名王大寶；探花兩名包括：李昂英、李孟博。

七名明代三鼎甲一甲進士包括：狀元三名包括倫文敘、林大欽、黃士俊；榜眼兩名包括倫以訓、劉存業；探花兩名包括徐瑞、陳子壯。

十三名清代三鼎甲一甲進士包括：狀元三名包括莊有恭、林召棠、梁耀樞；榜眼五名包括林彭年、譚宗濬、許其光、左霈、朱汝珍；探花五名包括李文田、陳伯陶、張岳崧、羅文俊、商衍鎏。

本人根據上述合共 26 名各朝三鼎甲名單，以下表作說明。

表48　廣東唐朝至清朝三鼎甲地域分佈數目表（共26人）

籍　貫	狀元（9人）	榜眼（8人）	探花（9人）
廣東封開（1人）	莫宣卿（唐）		
廣東南海（8人）	簡文會（五代）	林彭年（清）	陳子壯（明）＊
	張鎮孫（南宋）	譚宗濬（清）	羅文俊（清）
	倫文敘（明）	倫以訓（明）	
廣東海陽（2人）	林大欽（明）		
廣東潮州		王大寶（南宋）	
廣東順德（3人）	黃士俊（明）		李文田（清）
	林召棠（清）		
廣東番禺（5人）	莊有恭（清）	許其光（清）	李昂英（南宋）
			徐瑞（明）
			商衍鎏（清）
廣東東莞（2人）		劉存業（明）	
			陳伯陶（清）
廣東（1人）			李孟博（南宋）
廣東吳川（1人）	梁耀樞（清）		
廣東清遠（1人）		朱汝珍（清）	
廣東廣州（1人）		左霈（清）	
廣東瓊州（1人）			張岳崧（清）

＊代表仕途至宰輔官職：中極殿大學士

圖13　歷代廣東三鼎甲進士數量及地域分佈

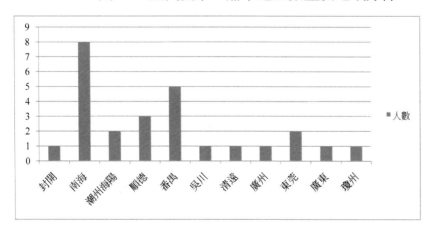

歷代廣東三鼎甲進士數量及地域分佈分析如下：

廣東南海共 8 人，在狀元及榜眼各有 3 位，均居首名；第二名爲廣東番禺共 5 人，在探花人數共 3 位，居首名；第三名爲廣東順德共 3 人，廣東潮州和東莞各有 2 人，封開、瓊州、清遠、廣東、吳川、廣東各有 1 人。而更進一步分析，本人主要是以已知所有歷朝進士人數作分析，特別指出的是，本文現所引用的歷朝進士人數，仍有很大程度的考訂空間，只屬一些初步搜集的歷朝進士人數。

表 49　歷代三鼎甲及進士數目表

*爲已知人數　括弧（　）爲廣東三鼎甲人數及百分比

朝　代	開科次數	狀　元*	榜　眼*	探　花*	進　士
唐（0.1%）	263	142（1）0.7%	29（0）	19（0）	6,617
五代十國（0.6%）	47	14（1）7%	10（0）	7（0）	653
南北宋（1.1%）	118	118（1）0.8%	95（1）1%	83（2）2.4%	42,457
遼	57	53（0）	4（0）	0（0）	2,479
金	41	29（0）（詞賦科）	11（0）	2（0）	1,815
元	16	16（0）	10（0）	9（0）	1,139
明（2.56%）	85／91	90（3）3%	90（2）2%	90（2）2%	24,594／24,636（1,377）5.58%
清（3.8%）	112	114（3）2.7%	114（5）4%	114（5）4%	26,747／26,888（1,031）3.76%

〔註 3〕

歷代三鼎甲及進士數目及地域分佈分析如下：

南北宋爲歷朝產生進士最多的朝代，進士合共 42,457 人，而廣東在南宋時期，在三鼎甲（狀元、榜眼、探花）共有 4 位（1 狀元 1 榜眼 2 探花），從客觀的因素分析，廣東科舉家族是選擇了正確的科舉教育方向，才會從唐朝至五代，廣東正處於舉業發展中的，但是在南宋時期，共有 4 位（1 狀元 1 榜眼 2 探花），其中一個異常重要的成功方案，便是南北宋廣東科舉家族持續重視興建書院，根據本人設計的歷朝廣東新建書院及歷朝三鼎甲數字顯示，唐至五代廣東只興建合共 3 所書院，並不積極培養人才，特別指出的是，從歷

〔註 3〕明朝廣東及第包括狀元三人、榜眼二人、探花二人及會元四人、會元四人包括梁儲、倫文敘（父）、倫以訓（子）及霍韜。

朝廣東新建書院及歷朝三鼎甲數字顯示，北宋時期的廣東科舉家族是開墾期
（可能已興建書院 4 至 19 所書院），南宋（可能已興建書院 17 至 32 所書院），
由此可見，南宋時期取得首個具突破性的收成期，絕對不是偶然出現四名傑
出的人才，而事實上，南北宋廣東科舉家族持續重視興建書院，合共興建 36
所書院，便是一個重要歷史證明。其後明朝及清朝，特別是清朝廣東科舉家
族，更寫下歷代三鼎甲名額方面最輝煌的一頁，共 13 名三鼎甲名額（3 狀元
5 榜眼 5 探花及）。下表爲歷朝廣東新建書院及歷朝三鼎甲數字表：

表 50　歷朝廣東新建書院及歷朝三鼎甲數字表

朝　代	書院數量	歷朝三鼎甲數字
唐	2	1 狀元
五代十國	1	1 狀元
北宋	4	0
南宋	17	4（1 狀元 1 榜眼 2 探花）
未詳南北宋	15	0
遼	0	0
金	0	0
元	3	0
明	195	7（3 狀元 2 榜眼 2 探花）
清	482	13（3 狀元 5 榜眼 5 探花）
總數	719	26

〔註4〕

〔註 4〕清朝進士及書院數目是參考 98 本廣東的府志、州志、縣志及而編成。
　　　　1）《光緒廣州府志》，上海：上海書店，2003，卷三十四選舉（表三至十五），
　　　　　　頁 555 至 737 及卷六十六學校書院社學附、頁 116 至 139；卷四十一選舉，
　　　　　　頁 654 至 665。
　　　　2）《同治韶州府志》，上海：上海書店，2003，卷七及八選舉，頁 138 至 188
　　　　　　及卷十七學校、頁 364 至 379。
　　　　3）《光緒曲江縣志》，上海：上海書店 2003，卷二表三爲選舉，頁 25 至 46 及
　　　　　　卷九及十學校、頁 129 至 154。
　　　　4）《民國樂昌縣志》（有缺佚）卷七及八學宮及教育、頁 317 至 337。沒有記
　　　　　　載選舉。
　　　　5）《民國仁化縣志》（有缺佚）卷二學宮及學校、頁 467 至 471。卷五爲選舉，
　　　　　　頁 521 至 527。
　　　　6）《道光直隸南雄州志》（有缺佚）卷十四爲書院、頁 258 至 270。卷七及八
　　　　　　爲選舉，頁 110 至 155。

7)《乾隆保昌縣志》（有缺佚）卷五學宮及學校、頁 623 至 629。卷九爲選舉，頁 659 至 682。

8)《光緒惠州府志》，上海：上海書店 2003，卷七選舉，頁 569 至 577 及卷十六教育、頁 634 至 637。

9)《光緒高州府志》，上海：上海書店 2003，卷六選舉，頁 228 至 240 及卷四學校志、頁 195 至 211 。

10)《雍正從化縣新志》，上海：上海書店 2003，卷三選舉，頁 401 至 402 及卷二學校志、頁 335 至 339。

11)《康熙增城縣志》，上海：上海書店 2003，卷六選舉，頁 96 至 108 及卷二學宮、頁 49 至 51。（有缺佚）。

12)《民國增城縣志》，上海：上海書店 2003，卷十五至十六選舉，頁 526 至 562 及卷八教育、頁 424 至 460。

13)《民國花縣志》，上海：上海書店，2003，卷八選舉（表三至十五），頁 63 至 74 及卷五學校志、頁 45 至 52。

14)《同治番禺縣志》，上海：上海書店，2003，卷十一至十二選舉，頁 74 至 125。及卷十六學校志、頁 157 至 183。

15)《宣統番禺續志》，上海：上海書店，2003，卷十五至十六選舉，頁 201 至 216 及卷十至十一學校、頁 140 至 163。

16)《民國續番禺縣志》，上海：上海書店，2003，無載選舉及學校史料。

17)《道光長樂縣志》，上海：上海書店 2003，卷八選舉（表三至十五），頁 63 至 74 及卷五學校志、頁 45 至 52。

18)《民國西寧縣志》，上海：上海書店，2003，無選舉卷，卷九至十一學校書院社學附、頁 65 至 90。（有缺佚）。

19)《光緒德慶州志》卷十選舉，頁 546 至 557 及卷五書院、頁 435 至 441。

20)《康熙羅定直隸州志》卷六人物志，頁 119 至 133 及卷二學校、頁 54 至 57。（有缺佚）。

21)《民國羅定志》卷六選舉，頁 360 至 374 及卷二學宮、頁 292 至 298。

22)《道光封川縣志》志六選舉，頁 618 至 642 及志二學校、頁 532 至 534。

23)《道光開建縣志》第二冊選舉志，頁 738 至 748，無記載學校史料。

24)《光緒四會縣志》卷六選舉，頁 319 至 350 及卷二學校、書院及社學頁 138 至 178。（有缺佚）。

25)《道光廣寧縣志》卷十選舉，頁 127 至 135 及卷九學校頁 119 至 127。

26)《乾隆新興縣志》卷二十選舉，頁 353 至 377 及卷八學校頁 278 至 291。

27)《道光東安縣志》卷三選舉，頁 589 至 595 及卷一學校頁 551 至 557。

28)《宣統高要縣志》卷十六選舉，頁 210 至 245 及卷十二至十三學校頁 162 至 177。

29)《民國懷集縣志》第三冊選舉，頁 576 至 595 及第一冊學校頁 501 至 517。

30)《光緒吳川縣志》卷六選舉，頁 209 至 247 及卷四學校頁 116 至 125。

31)《宣統徐聞縣志》卷十二選舉，頁 520 至 545 及卷五學校頁 484 至 486。

32)《嘉慶雷州府志》卷十五選舉，頁 372 至 410 及卷六學校頁 218 至 235。（有缺佚）。

33)《嘉慶海康縣志》卷五選舉，頁 84 至 140 及卷二學校頁 54 至 58。（有缺佚）。

34）《民國海康縣續志》卷十四至十六選舉，頁 411 至 476 及卷九至十學校志頁 361 至 411。（有缺佚）。

35）《道光肇慶縣志》卷十四至十五選舉，頁 495 至 554 及卷六學校頁 200 至 225。

36）《光緒茂名縣志》卷五上選舉表，頁 177 至 199 及卷三學校頁 94 至 114。

37）《民國石城縣志》卷六選舉，頁 487 至 502 及卷四學校頁 434 至 450。

38）《光緒化州志》卷八選舉，頁 213 至 244 及卷三及五學校頁 60～63 及 105～118。

39）《光緒信宜縣志》卷五選舉，頁 487 至 502 及卷三學校頁 481 至 496。（有缺佚）。

40）《康熙陽春縣志》卷八選舉，頁 76 至 80 及卷五學校頁 47 至 58。

41）《民國陽春縣志》卷七選舉，頁 355 至 366 及卷五學校頁 340 至 348。

42）《道光遂溪縣志》卷八選舉，頁 623 至 632 及卷三學校頁 537 至 553。

43）《康熙陽江縣志》卷三選舉表，頁 72 至 76 及卷二學校頁 48 至 54。（有缺佚）。

44）《民國陽江縣志》卷二十七選舉，頁 452 至 474 及卷十七學校頁 331 至 355。（有缺佚）。

45）《光緒重修電白縣志》卷十六選舉表，頁 147 至 162 及卷五學校頁 48 至 51。

46）《民國電白縣新志稿》沒有記載選舉表 及第六章教育頁 419 至 432。（有缺佚）。

47）《光緒香山縣志》卷十一選舉表，頁 194 至 229 及卷六學校頁 69 至 80。

48）《民國香山縣志續編》卷九選舉表，頁 577 至 588 及卷四學校頁 543 至 549。

49）《道光新會縣志》卷六選舉表，頁 212 至 256 及卷三學校頁 142 至 157。

50）《同治新會縣續志》卷五選舉表，頁 509 至 515 及卷二學校頁 498 至 499。

51）《乾隆鶴山縣志》卷九選舉表，頁 695 至 702 及卷四學校頁 654 至 660。（有缺佚）。

52）《光緒高明縣志》卷十二選舉表，頁 151 至 166 及卷七學校頁 88 至 112。

53）《民國開平縣志》卷二十五選舉表，頁 470 至 487 及卷八學校頁 323。

54）《民國赤溪縣志》卷五選舉表，頁 124 至 126 及卷三學校頁 67 至 70。

55）《光緒新寧縣志》卷五選舉表，頁 252 至 265 及卷九學校頁 295 至 305。

56）《民國恩平縣志》卷十七至十八選舉表，頁 681 至 705 及卷六學校頁 544 至 546。

57）《光緒高州府志》卷二十八至三十二選舉表，頁 386 至 445 及卷十三至十四學校頁 176 至 201。

58）《嘉慶澄海縣志》卷十七選舉表，頁 143 至 170 及卷十五學校頁 121 至 134。

59）《光緒海陽縣志》卷十四至十五選舉表，頁 476 至 516 及卷十九學校頁 535 至 539。

60）《光緒饒平縣志》卷七選舉表，頁 133 至 165 及卷二學校頁 49 至 52。（有缺佚）。

61）《雍正惠來縣志》卷六選舉表，頁 610 至 627 及卷八學校頁 631 至 634。

62）《乾隆南澳志》卷六選舉表，頁 439 至 442 及卷六學校頁 431 至 438。

63）《民國南澳縣志》沒有記載選舉表及學校，此縣志爲未完成稿。

64）《光緒潮陽縣志》卷十五選舉表，頁217至250及卷六學校頁64至78。

65）《乾隆海豐縣志》卷五選舉表，頁585至589及卷四學校551至566。

66）《同治海豐縣志續編》卷二十選舉表，頁699至701，沒有記載學校史料。

67）《宣統南海縣志》卷十選舉表，頁233至243及卷六學校頁181至184。

68）《嘉慶三水縣志》卷九選舉表，頁651至686及卷五學校頁605至618.（有缺佚）。

69）《康熙順德縣志》卷五至六選舉表，頁141至196及卷二學校頁89至90。（有缺佚）。

70）《民國順德縣志》卷八選舉表，頁588至607及卷二學校頁513至520。

71）《嘉慶嘉應州志》卷二十選舉表，頁329至361及卷十六學校頁244至268。

72）《民國新修大埔縣志》沒有記載選舉表，卷八學校頁167至170。

73）《康熙長樂縣志》卷四選舉表，頁106至118及卷二學校頁45至48。（有缺佚）。

74）《道光長樂縣志》卷三選舉表，頁248至273及卷六學校頁293至295。

75）《咸豐興寧縣志》卷八選舉表，頁483至493及卷七學校頁474至483。

76）《乾隆潮州府志》卷二十六至二十七選舉表，頁453至549及卷二十四學校頁408至438。

77）《民國潮州府志略》沒有記載選舉表，學校頁175至187。

78）《民國潮州志》沒有記載選舉表，儒學頁530至554。

79）《光緒惠州府志》卷二十一至二十二選舉表，頁382至432及卷九學校頁135至151。

80）《雍正歸善縣志》卷五選舉表，頁80至102及卷十一學校頁161至172。（有缺佚）。

81）《乾隆博羅縣志》卷七選舉表，頁455至472及卷四學校頁431至438。（有缺佚）。

82）《康熙河源縣志》卷五選舉表，頁56至65及卷二學校頁17至18。

83）《同治河源縣志》卷七選舉表，頁256至307及卷六學校頁230至240。（有缺佚）。

84）《雍正連平州志》卷六選舉表，頁576至581及卷四學校頁521至533。

85）《民國和平縣志》卷十五選舉表，頁167至199及卷九學校頁107至113。

86）《嘉慶龍川縣志》三十二冊選舉表，頁453至465及十三冊學校頁361至372。（有缺佚）。

87）《道光永安縣三志》卷五選舉表，頁645至657及卷二學校頁603至608。

88）《嘉慶新安縣志》卷十五選舉表，頁453至549及卷七學校頁805至806。

89）《民國東莞縣志》卷四十四至四十八選舉表，頁403至479及卷十七學校頁139至146。

90）《民國始興縣志》卷三選舉表，頁26至50及六學校頁104至106。

91）《嘉慶翁源縣志》卷三選舉表，頁364至377及卷七學校頁394至395。（有缺佚）。

92）《康熙乳源縣志》卷六選舉表，頁506至511及卷四學校頁489至490。（有缺佚）。

圖 14　歷朝廣東新建書院及歷朝三鼎甲數字

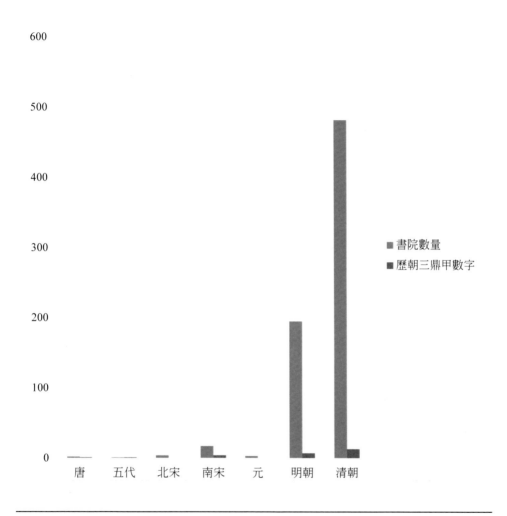

93）《民國清遠縣志》卷十選舉表，頁 321 至 342 及卷十五學校頁 465 至 491。
　　（有缺佚）。

94）《順治陽山縣志》卷五選舉表，頁 83 至 85 及卷三學校頁 45 至 49。

95）《民國陽山縣志》卷七選舉表，頁 248 至 251 及卷六學校頁 237 至 248。

96）《民國連山縣志》卷二選舉表，頁 412 至 419 及卷四學校頁 445 至 446。

97）《道光連山綏傜廳縣志》沒有記載學校及選舉表史料。

98）《同治連州志》卷四選舉表，頁 665 至 680 及卷三學校頁 623 至 629。（有
　　缺佚）。

至於歷朝三鼎甲數位是本人根據廣東唐朝至清朝三鼎甲地域分佈數目表整理
後的資料。及參考劉令，《清代廣東進士名錄》（美國：美國東西文化出版社，
1970），頁 16 至 21 進行清代廣東進士人數及史料核對工作。

地域個案考察（以廣東南海縣、順德縣及番禺縣為例）

本文透過上一節的歷朝廣東新建書院、歷朝三鼎甲數字和明清朝廣東共
1,909 名進士分析，只能部分反映廣東科舉家族對興辦科舉教育及培養士子兩
方面的貢獻，事實上，廣東科舉家族在興辦科舉教育及培養士子兩方面的經
費，是極龐大的支出，從客觀的因素分析，單是憑著滿腔熱血是不能成功的，
因此，廣東科舉家族重視科舉賓興制度，相信是清朝廣東科舉鼎盛的其中一
個要素，再從歷朝廣東新建書院及歷朝三鼎甲數字分析，清朝廣東科舉能創
出輝煌佳績，共 13 名三鼎甲名額（3 狀元 5 榜眼 5 探花及）是與清朝前期、
中期、後期科舉賓興的時間分佈狀況息息相通的。

根據清朝前期、中期、後期科舉賓興的時間分佈狀況顯示，在 18 個地區，
廣東以 96 所賓興居首位，引用上述兩個分析圖表的意義在於反映廣東科舉家
族在興辦科舉教育及培養士子兩方面的貢獻，加上廣東科舉家族在清朝乾隆
期間，掌握到乾隆皇帝的部分科舉政策的重點，並在廣東科舉家族根據已有
的宗族制度加以改良及發揮，最終廣東科舉家族成功建構了具有組織及系統
的舉業發展方案。現以廣東南海及番禺為例加以說明如下：

根據清同治十年的《番禺縣志》卷一沿革

明朝廣東廣州府：番禺倚，從化弘治二年（1489）以番禺橫潭村置。《明
史・地理志》。

清朝廣東廣州府：番禺，花縣番禺，南海二縣地，康熙二十四年（1685）
析置。《大清一統志》。

根據清同治十年的《番禺縣志》卷十六建置略三學校書院、社學附，可
見番禺縣舉業的興盛情況。其中學田租額可見是對考生的經濟資助，即現今
的獎學金，引文如下：

> 番禺縣儒學徵收田產，除歲科解繳學院支給貧生燈油銀三十七
> 兩一錢三分外，餘備諸生月課獎賞。

而書院林立，也是番禺縣儒學與舉業在明清兩代興盛的實況，例如興建
於萬曆八年（1580）的龍德書院、康熙二十二年（1683）的羊城書院、康熙
四十九年（1710）的粵秀書院、雍正八年（1730）的禺山書院、乾隆二十年
（1755）的越華書院、同治八年（1769）的應元書院。

此外，番禺縣社學的位置資料，也有詳列，例如中隅社學，在明顯巷。東隅社學，在豪賢。南隅社學，在蝦欄巷。北隅社學，在朝天街。西隅社學，在忠襄裏。東西隅社學，在小南門。武林社學，在二牌樓。

《碑傳集》及《續碑傳集》中，也有詳列書院教養相資的史料，引文如下：

> 興學校。給書院膏火，除不收學費外。並訂津貼寒士膏火辦法，供寒士生活之用。學者不特足以自給，並可贍養家室。安心讀書。書院除津貼寒士膏火外，又有日給廩餼者及膳田與餐錢等名目，亦且供宿。又有衣服資用，書院收藏書籍亦多，其大者設有藏書樓。更有贈書或購書送藏，至於小者，內亦廣徵書籍，地僻遠無從者，則遣官之江南求之。

再根據《南海縣志》卷二十教育，可見明清時期社學的興盛情況。南海縣內社學明崇禎十五年（1642）時有 151 所，康熙二十六年（1687）時增加至 157 所。

而南海縣內書院林立，也是南海縣儒學與舉業在明清兩代興盛的實況，至德至嘉靖年間，當中大科書院與白鹿書院，同名於世，清初南海縣書院最盛時達 40 多所。

第四節　小　結

總括而言，根據唐代至清代廣東三鼎甲、進士個案及地域考察分析，隨著歷朝中國的科舉制度已漸趨成熟，我們可以確證廣東在科舉方面的發展是持續進步的。而且廣東在經濟及商業兩方面漸見興盛，加上廣東商人極重視科舉功名的誘因下，因此，明清期間，廣東雖各只有三位狀元，卻在進士方面，廣東分別在明朝有 1,377 名及在清朝有 1,029 名進士。

明清期間，不同君主對科舉的施政，也具有極重的地域性考慮。可進一步闡釋，例如明代人口比清代少，使全國社會流動較高，但康熙五十一年（1712）分省定額制度實施後，在犧牲發達的東南地區爲前提下，科甲成功者的地理分佈卻更均勻，廣東因而在戶口持續增長的優勢下，廣東擁有略爲廣闊的中式機會（特別在清朝），詳情已在本文第五章及本章說明。本文應該特別指出的是，明清時代，廣東在科舉的成就是較多被忽略的，本人推論應有兩個原因。

　　第一是廣東在唐朝以前，常被評爲化外之地，廣東令人有文化落後的印象，已根深柢固地發展出來，所以研究廣東科舉人才的專著不多，更因爲歷朝的三鼎甲及進士人數有限，更難以廣東在科舉的成就爲題作出探究；第二是近代廣東歷史較著名的是革命歷史，特別是從太平天國洪秀全、孫中山、梁啓超等以廣東人爲主，其中又以從事革命或在科舉改革或廢除有關的歷史，相對而言，廣東在科舉的成就方面的題目，便更難以專題方式作出探究。事實上，若從歷朝的三鼎甲及進士人數的增長百分比分析，廣東在科舉的成就，其實絕對不能忽視的。引用下列分析略作說明

　　根據《杭州府志》，民國十二年（1923）版《廣州府志》，光緒五年（1879）版，從清代科甲鼎盛的府作分析，縣份首名爲仁和和錢塘（即浙江與杭州），進士總數有 756 名，名列第一，廣東省進士總數有 248 名，名列第八，廣州大都會的雙子城番禺和南海兩個縣，足見科甲最後趨向集中少數十大都市中心之一。

　　從隋唐的化外之地，廣東省直到清朝，在全國科甲鼎盛的府中，廣東省已擢升至名列第八，可見廣東省在舉業發展的豐碩成果。

　　研究中國家族在地方上所扮演的角色，是可從方志上及登科錄找到相關材料的，而有關地方家族的研究，主要是由人類學家開始，特別是研究中國南方的英國人類學家例如 Maurice Freedman ,Kinship Organization in Southern China ,（London , Athlone . 1958）.Maurice Freedman ,Chinese Lineage and Society ,（ London , Athlone . 1966）.

　　Maurice Freedman ,Family and Kinship in China Society,（Stanford , Stanford University Press . 1970 ），他注意到中國的家族組織，以共有財產（corporate property）或中國人一向注意的「共居共財」爲其特色，地方家族的研究，Maurice Freedman 認爲要瞭解中國社會運作、社會流動，必定要把家族的組織弄清楚，這主張後來便開始影響歷史學者。〔註5〕

　　本章透過地域個案考察（以廣東南海縣、順德縣及番禺縣爲例），重組從明代至清代廣東南海縣及番禺縣，在科舉方面相關的歷史，並在有限的內容及資料兩方面，作出初步的小結。

〔註 5〕　（美）李弘祺，《中國科舉考試及其近代解釋五論》，刊於劉海峰，《科舉制的
　　　　終結與科舉學的興起》（湖北：華中師範大學出版社，2006 年），頁 6。

　　本人應該特別指出，清代廣東南海縣、順德縣及番禺縣的科舉家族，在科舉賓興資助方面是有明文指出，只有所屬居民，才可接受科舉賓興資助，相信在審查方面，並沒有追溯前三代的原籍，因爲清朝乾隆時期的狀元莊有恭，其父奕仁本爲福建晉江人，偕弟奕洲遊粵，因家番禺。而根據《南海縣志》和《番禺縣志》所載，只有所屬居民才可接受科舉資助，由此看來，清代廣東南海縣及番禺縣的科舉家族的理念，正好說明以共有財產（corporate property）或中國人一向注意的「共居共財」爲其籌辦舉業的特色，而《南海縣志》和《番禺縣志》所載，只有所屬居民才可接受科舉資助的申請限制，不言自明，廣東南海縣、順德縣及番禺縣科舉家族定下保障自己縣府的制度，應對是廣東南海縣、順德縣及番禺縣舉業興盛的原因之一。

　　明清期間，南海、順德及番禺縣均設立科舉賓興制度，培養士子的實況，最後略舉三例，以作說明：第一、南海縣、順德縣及番禺縣均透過借書制度，提供借用其他地方的罕見書籍，藉以優化士子的學養。

　　第二、士子兄弟同樣免稅的制度，令到士子無憂地準備科舉考試。

　　第三、商人大力支持，令到學田的數量充足，士子因此具備足夠的資金，支付所有報考科舉考試的費用。

　　由此看來，南海縣、順德縣、番禺縣設立科舉賓興制度，充分呈現經濟發達和南海縣、順德縣、番禺縣的傳統文化，例如重視文化及科舉發展。

第八章　總　結

明清期間，不同君主對科舉的施政，也具有極重的地域性考慮。可進一步闡釋，例如明代人口比清代少，使全國社會流動較高，但康熙五十一年（1712）分省定額制度實施後，在犧牲發達的東南地區為前提上，科甲成功者的地理分佈卻更均勻，廣東因而在戶口持續增長的優勢下，廣東擁有略為廣闊的中式機會（特別在清朝），本文應該特別指出的是，明清時代，廣東在科舉的成就是較多被忽略的，本文新的發現共有兩點如下：

第一是廣東在唐朝以前，常被評為化外之地，廣東令人有文化落後的印象，已根深柢固地發展出來，所以研究廣東科舉人才的專著不多，更因為歷朝的三鼎甲及進士人數有限，更難以廣東在科舉的成就為題作出探究。

第二是近代廣東歷史較著名的是革命歷史，特別是從太平天國洪秀全、孫中山、梁啓超等以廣東人為主，其中又以從事革命或在科舉改革或廢除有關的歷史。相對而言，以廣東在科舉成就作為題目，便更難以專題方式作出探究。事實上，若從歷朝的三鼎甲及進士人數的增長百分比分析，特別是明清時期，廣東在科舉的成就，其實是絕對具有代表性的。明清以來，廣府人，客家人，潮汕人均重視教育，事實上，廣東在唐朝以前，常被評為化外之地，廣東令人有文化落後的印象，已根深柢固地發展出來，本人認為廣東客家人及潮汕人在科舉的成就，其實絕對不能忽視的。

個人研究的創造性成果

從明清廣東初期、中期及後期的 89 多個府、州、縣，共 1,909 名進士分佈規律的籍貫，本文進行了共六個時期的分析，並再根據明代與清代的相關

資料作比較，最終發現南海、順德、番禺縣的進士人數為首三名的成果。對於進行研習廣東人文地理領域上，期望本文可作一些參考用途。

新的見解及啟示

本文透過明清廣東初期、中期及後期的進士人數及人文地理比較，重組明清廣東進士的人地關係，並探討人地關係地域系統形成（例如明清廣東科舉家族的確立）、發展（例如明清廣東各府縣重視科舉功名的實況）、演變（例如明清廣東各府縣推行科舉賓興制度的成果）與分佈規律（例如明清廣東初期、中期及後期的進士人數及人文地理分析結果）。綜合而言，本文揭示了明清兩朝的三鼎甲及進士人數的增長百分比啟示，其啟示是廣東在科舉的成就，其實是絕對不能忽視的。

在本研究的領域中的地位和作用

明清廣東的科舉成就與當時廣東的繁榮概況，兩者之間的密切關聯性，特別是對於國民經濟發展願景與藍圖兩方面，本文在研究與綜述兩方面，應初步建立實用價值。對於研習廣東人文地理領域方面，期望本文可作一些參考用途。

本文實用價值共有三點：第一點是在內容方面：本文在明清廣東 1,909 名進士的資料分析的基礎上，以朝代及地域兩類個案考察，作為人文地理分佈規律的參考，在南海、順德和番禺的地域個案考察方面，重組廣東明清時期狀元與進士人數的增加、地域分佈的特色和進士任官重點的施政的異同；至於朝代個案考察方面，乾隆對廣東科舉家族所作出的貢獻、明清廣東科舉家族積極地透過興建書院及利用科舉賓興制度，闡釋明清時期廣東狀元與進士人數的增加的部分原因。乾隆時期廣東科舉賓興制度的鼎盛，實有賴乾隆皇帝對廣東科舉教育的重視，而最重的是廣東科舉家族掌握了這發展舉業的黃金時機。在乾隆時期奠下對廣東科舉賓興制度的基礎上，直至嘉慶年間，廣東茂名縣邑人何世遠倡捐經費 500 兩，設立助考基金，說明廣東科舉賓興制度在乾隆皇帝積極的支持下，對廣東科舉成績的提高起了立竿見影的作用。而且更有繼往開來，薪火相傳的精神，不言自明，乾隆皇帝在推動廣東科舉賓興制度方面的貢獻是非常重要的。

由此可見，乾隆時期廣東科舉賓興制度的地域分佈特色，實有助於理解廣東科舉特別興盛的府縣。例如南海縣、番禺縣、東莞縣、順德縣、潮州府

等府縣，而最重的是廣東科舉家族掌握了這發展舉業的黃金時機。在乾隆時期，廣東科舉家族奠下對廣東科舉賓興制度的基礎下，持續設立助考基金，對廣東科舉成績的提高和士子安心地用功準備科考是異常重要的。

第二點是在材料方面：本文參考了中國、臺灣、日本、美國及加拿大等國家的歷史學家在廣東狀元與進士的史料研究，加上本文注重引用明清科舉史實的原始資料和利用圖表進行歸納及分析，並且本人曾於 2017 年往南京江南貢院博物館進行實地考察。

第三點是在觀點方面：雖然本文提出的觀點，只屬初步的研習階段，而本文提出透過闡釋廣東科舉家族興建書院及利用科舉賓興制度，可進一步闡釋明清時期廣東狀元與進士人數持續增加的原因。

本研究的價值和意義

本文的研究價值在於將一直被忽略的廣東狀元與進士，透過 1,909 名廣東進士的籍貫分析，重組明清廣東的科舉成就實況。

事實上，明清廣東的科舉發展是充滿障礙的。例如從古代廣東的歷史、氣候特性、自然地理及社會風俗等方面，說明古代廣東在人文地理發展方面，初時可以說是充滿困難的。

但自宋元以後，北方中原地區受到較多的戰亂，使到大量中原人口遷往生活較為穩定的南方居住、中原人民在農耕收穫方面增加和商貿更為繁榮，使到遷往廣東的中原人口大增。此外，被貶到廣東任官的唐宋文人，對於廣東的文化發展，特別是在啓發唐宋兩朝的廣東家族，直接影響他們對科舉的概念，使廣東家族開始重視科舉及功名兩方面的發展及鞏固，唐宋文人在建立科舉制度的貢獻，確實可以使整個廣東的不同地區，在參加科舉考試方面的承傳方面，將這種優良的學風持續地鞏固起來。宋朝廣東的文化與中原文化相差收窄，廣東開始在人文地理發展方面，朝向興盛的方向邁進，正是唐宋文人在建立廣東文化及科舉的貢獻。

廣東在此時期的政治、經濟、文化等多方面的發展，特別在明朝和清朝，更因地緣政治和人口急遽增長的關係，廣東的發展快速，使明朝和清朝的君主，更注重廣東在科舉方面的發展，因此，明清期間，從廣東不同府志、州志及縣志中，可以充分反映廣東各府縣州的人地關係，地域系統形成和演變。相對而言，從古代廣東的歷史、氣候特性、自然地理及社會風俗等方面，宏觀進行明清廣東狀元與進士的人文地理研究，對於明清廣東科舉的興盛發

展，是有一定的參考價值。

　　本文的研究意義是從廣東狀元與進士，在不同地理分佈（例如廣東封開、南海、海陽、順德、番禺、吳川等府縣）和制度、朝代的蛻變中，闡釋狀元的孕育背景及其與人文地理的關係。

　　從人文地理的理論而言，人文地理學是指以地域為單元，本文從 1,909 名明清進士的籍貫進行系統方法研究，明清廣東初期、中期及後期的進士人數及人文地理比較，重組明清廣東進士的人地關係，並探討人地關係地域系統形成、發展、演變與分佈規律。上述研究過程，本文的第二章至第七章已作闡釋，本文的研究意義正是揭示廣東的南海、順德及番禺，成為明清時代整個廣東的三鼎甲及進士的搖籃。

本研究要討論的問題與建議

　　本文希望探討明清廣東的科舉成就與今天廣東的繁榮，兩者之間的關聯性，特別是對於國民經濟發展願景與藍圖兩方面，兩者有多大程度上產生實用價值和理論意義。事實上，明清期間，在相同的制度下，廣東各府、州、縣家族，有的成為科舉家族，有的家族卻不能成功，本人相信是與人文地理有關，應該可進一步探討，本人建議可從廣東各府、州、縣科舉家族，對功名的重視程度和所屬地區的科舉成功情況作一深入探討。而本文嘗試以清朝九個府及四個直隸州的進士分佈，作為研究粵港澳大灣區的參考。

本人今後努力的方向

　　本人今後努力的方向是持續優化本書的內容，從以下的方向進行研習，期望最終可以出版一部有關明清廣東人文地理的專著。並且積極推廣研習歷史地理學的重要性，透過薪火相傳的方式，使人民對於歷史地理學有更深入的探究研習的興趣。

　　此外，在撰寫本文期間，本人發現兩個案例，其一是清朝狀元及進士一個重要的地域資料。在分析人才地域資料分佈時，當更清晰顯示人才前三代的社會流動及轉戶籍，例如清朝乾隆時期的狀元莊有恭，其父奕仁本為福建晉江人，偕弟奕洲遊粵，因家番禺。同時，透過這一個案例，讓研史者更注重戶籍的考證。這研習歷史的歷程是充滿意義的。

　　其二是在廣東而言，本來舉業較落後的廣東府海豐縣，可從宋代至清代的海豐縣登科人數得知，應該特別指出，從宋代至清代的海豐縣登科人數中，

出現失考的紀錄。本人相信是因為元代的廣東海豐縣是反元的積極地區，其他朝代如宋明兩朝的失考的情況，日後將作出研究。

最後本人以清朝廣東九個府及四個直隸州的進士分佈，作為研究粵港澳大灣區的參考，應該特別注意廣州、肇慶、惠州、東莞、香港及澳門的人才發展規律，本文嘗試以廣東明清進士與粵港澳大灣區作一回顧與前瞻。

圖 15 廣東九個府及四個直隸州進士分佈表

名 次	府／直隸州	進士總數
1	廣州府	600 名進士
2	潮州府	140 名進士
3	嘉應直隸州	91 名進士
4	肇慶府	62 名進士
5	惠州府	51 名進士
6	瓊州府	29 名進士
7	高州府	21 名進士
8	韶州府	10 名進士
9	雷州府	7 名進士
10	南雄直隸州	6 名進士
10	連州直隸州	6 名進士
11	廉州府	4 名進士
12	羅定直隸州	2 名進士
		1,029 名進士

廣東九個府產生的進士數量

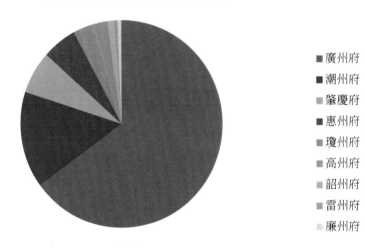

廣州府
潮州府
肇慶府
惠州府
瓊州府
高州府
韶州府
雷州府
廉州府

廣東四個直隸州進士分佈表

名　次	直隸州	進士總數
1	嘉應直隸州	91 名進士
2	南雄直隸州	6 名進士
2	連州直隸州	6 名進士
3	羅定直隸州	2 名進士

廣東四個直隸州的進士數量

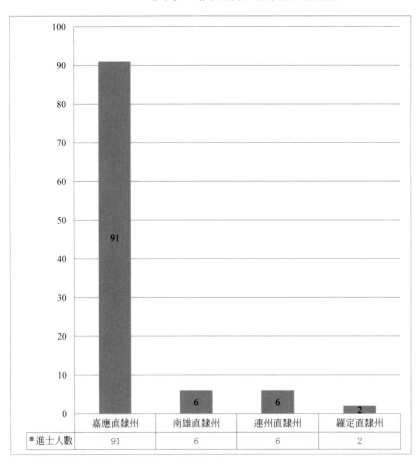

	嘉應直隸州	南雄直隸州	連州直隸州	羅定直隸州
■進士人數	91	6	6	2

廣東清朝進士與粵港澳大灣區回顧與前瞻
（2016 年粵港澳大灣區各市人均地區生產總值（美元））分析

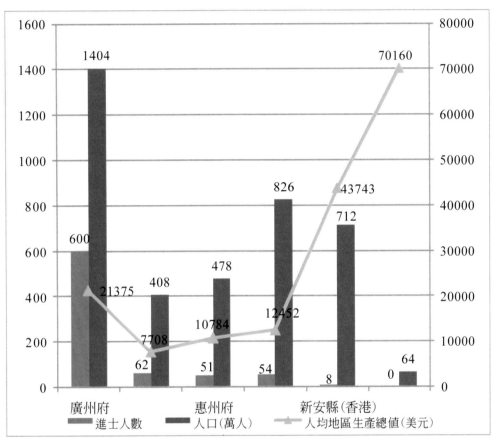

進士 人數 名次	府	進士 總數	2016年粵港澳大 灣區各市的常住 人口（萬人）	2016 年粵港澳大灣 區各市生產總值 （億美元）	2016 年粵港澳大灣 區各市人均地區生 產總值（美元）
1	廣州府	600	廣州市 1,404（萬人）	2,944（億美元）	21,375（美元）
4	肇慶府	62	肇慶市 408（萬人）	314（億美元）	7,708（美元）
5	惠州府	51	惠州市 478（萬人）	514（億美元）	10,784（美元）
	廣州府 東莞縣	54	東莞市 826（萬人）	1,028（億美元）	12,452（美元）
	廣州府 新安縣	8	香港特別行政區 712（萬人）	3,209（億美元）	43,743（美元）
			澳門特別行政區 64（萬人）	453（億美元）	70,160（美元）

廣東清朝進士與粵港澳大灣區回顧與前瞻
（2016 年粵港澳大灣區各市生產總值（億美元))分析

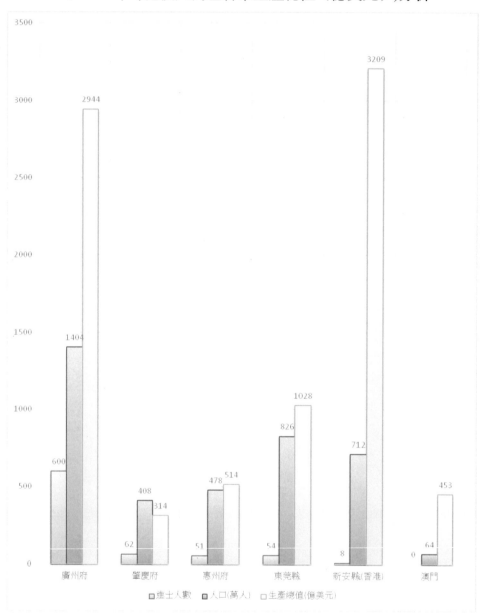

廣東四個直隸州與新安縣進士分佈表

名　次	直隸州	進士總數
1	嘉應直隸州（今梅州）	91 名進士
2	新安縣（香港特別行政區）	8 名進士
3	南雄直隸州（今南雄市）	6 名進士
3	連州直隸州（今連州市）	6 名進士
4	羅定直隸州（今羅定州）	2 名進士

廣東四個直隸州與新安縣進士分佈表

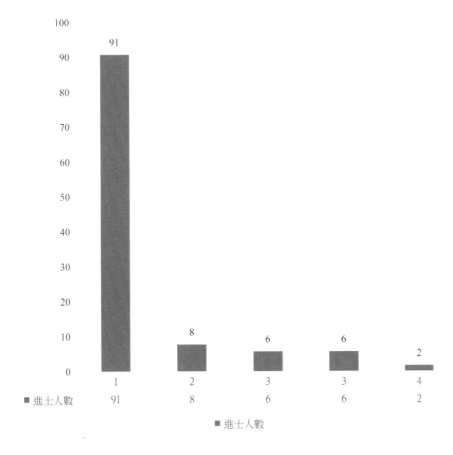

資料檢自香港立法會秘書處資料研究組（2018）資料便覽：粵港澳大灣區概況頁 2（圖 2），頁 5（圖 4 及圖 5），FS03／17-18。資料研考組，2018 年 2 月 23 日，網址：https://www.legco.gov.hk/research-publications/Chinese/1718fs03-overview-of-guangdong-hong-kong-macao-bay-area-20180223-c.pdf〔瀏覽日期：2018 年 10 月 15 日〕。

參考文獻

（1）專著

引用書目

廣東府志刻本影印

〔1〕《光緒廣州府志》，上海：上海書店，2003。

〔2〕《同治韶州府志》，上海：上海書店，2003。

〔3〕《光緒惠州府志》，上海：上海書店，2003。

〔4〕《乾隆潮州府志》，上海：上海書店，2003。

〔5〕《光緒高州府志》，上海：上海書店，2003。

廣東州志刻本影印

〔1〕《雍正連平州志》，上海：上海書店，2003。

〔2〕《道光直隸南雄州志》，上海：上海書店，2003。

〔3〕《嘉慶嘉應州志》，上海：上海書店，2003。

〔4〕《光緒德慶州志》，上海：上海書店，2003。

廣東縣志刻本影印

〔1〕《道光長寧縣志》，上海：上海書店，2003。

〔2〕《雍正從化縣新志》，上海：上海書店，2003。

〔3〕《康熙增城縣志》，上海：上海書店，2003。

〔4〕《乾隆保昌縣志》，上海：上海書店，2003。

〔5〕《光緒曲江縣志》，上海：上海書店，2003。

〔6〕《民國仁化縣志》，上海：上海書店，2003。

〔7〕《民國始興縣志》，上海：上海書店，2003。

〔8〕《嘉慶翁源縣志》，上海：上海書店，2003。

〔9〕《民國花縣志》，上海：上海書店，2003。

〔10〕《康熙乳源縣志》，上海：上海書店，2003。

〔11〕《道光英德縣志》，上海：上海書店，2003。

〔12〕《同治番禺縣志》，上海：上海書店，2003。

〔13〕《宣統番禺續志》，上海：上海書店，2003。

〔14〕《民國續番禺縣志》，上海：上海書店，2003。

〔15〕《民國清遠縣志》，上海：上海書店，2003。

〔16〕《順治陽山縣志》，上海：上海書店，2003。

〔17〕《民國連山縣志》，上海：上海書店，2003。

〔18〕《同治連州縣志》，上海：上海書店，2003。

〔19〕《雍正歸善縣志》，上海：上海書店，2003。

〔20〕《康熙河源縣志》，上海：上海書店，2003。

〔21〕《光緒普寧縣志》，上海：上海書店，2003。

〔22〕《乾隆陸豐縣志》，上海：上海書店，2003。

〔23〕《乾隆海豐縣志》，上海：上海書店，2003。

〔24〕《光緒潮陽縣志》，上海：上海書店，2003。

〔25〕《雍正惠來縣志》，上海：上海書店，2003。

〔26〕《光緒饒平縣志》，上海：上海書店，2003。

〔27〕《光緒海陽縣志》，上海：上海書店，2003。

〔28〕《嘉慶澄海縣志》，上海：上海書店，2003。

〔29〕《咸豐興寧縣志》，上海：上海書店，2003。

〔30〕《民國東莞縣志》，上海：上海書店，2003。

〔31〕《民國大埔縣志》，上海：上海書店，2003。

〔32〕《民國豐順縣志》，上海：上海書店，2003。

〔33〕《康熙埔陽縣志》，上海：上海書店，2003。

〔34〕《光緒鎮平縣志》，上海：上海書店，2003。

〔35〕《嘉慶平遠縣志》，上海：上海書店，2003。

〔36〕《嘉慶新安縣志》，上海：上海書店，2003。

〔37〕《道光永安縣志》，上海：上海書店，2003。

〔38〕《嘉慶龍川縣志》，上海：上海書店，2003。

〔39〕《民國和平縣志》，上海：上海書店，2003。

〔40〕《乾隆博羅縣志》，上海：上海書店，2003。

〔41〕《道光肇慶縣志》，上海：上海書店，2003。

〔42〕《道光封川縣志》，上海：上海書店，2003。

〔43〕《康熙羅定州縣志》，上海：上海書店，2003。

〔44〕《光緒四會縣志》，上海：上海書店，2003。

〔45〕《道光東安縣志》，上海：上海書店，2003。

〔46〕《乾隆新興縣志》，上海：上海書店，2003。

〔47〕《道光廣寧縣志》，上海：上海書店，2003。

〔48〕《宣統高要縣志》，上海：上海書店，2003。

〔49〕《嘉慶海康縣志》，上海：上海書店，2003。

〔50〕《嘉慶雷州縣志》，上海：上海書店，2003。

〔51〕《宣統徐聞縣志》，上海：上海書店，2003。

〔52〕《光緒吳川縣志》，上海：上海書店，2003。

〔53〕《光緒重修電白縣志》，上海：上海書店，2003。

〔54〕《康熙陽江縣志》，上海：上海書店，2003。

〔55〕《道光遂溪縣志》，上海：上海書店，2003。

〔56〕《康熙陽春縣志》，上海：上海書店，2003。

〔57〕《光緒信直縣志》，上海：上海書店，2003。

〔58〕《光緒化州縣志》，上海：上海書店，2003。

〔59〕《民國赤溪縣志》，上海：上海書店，2003。

〔60〕《民國開平縣志》，上海：上海書店，2003。

〔61〕《民國石城縣志》，上海：上海書店，2003。

〔62〕《光緒茂名縣志》，上海：上海書店，2003。

〔63〕《民國恩平縣志》，上海：上海書店，2003。

〔64〕《光緒新寧縣志》，上海：上海書店，2003。

〔65〕《光緒高明縣志》，上海：上海書店，2003。

〔66〕《乾隆鶴山縣志》，上海：上海書店，2003。

〔67〕《道光新會縣志》，上海：上海書店，2003。

〔68〕《光緒香山縣志》，上海：上海書店，2003。

〔69〕《康熙順德縣志》，上海：上海書店，2003。

〔70〕《嘉慶三水縣志》，上海：上海書店，2003。

〔71〕《宣統南海縣志》，上海：上海書店，2003。

〔72〕《乾隆揭陽縣志》，上海：上海書店，2003。

中文資料、檔案、著作與論文

1. 中文資料、檔案

古籍（以年份作順序）

進士名簿刻本影印

〔1〕《洪武四年進士登科錄》，1371 年。

〔2〕《永樂十年進士登科錄》，1412 年。

〔3〕《天順元年進士登科錄》，1457 年。

〔4〕《成化五年進士登科錄》，1469 年。

〔5〕《成化八年進士登科錄》，1472 年。

〔6〕《成化十一年進士登科錄》，1475 年。

〔7〕《弘治九年進士登科錄》，1496 年。

〔8〕《正德十一年進士登科錄》，1521 年。

〔9〕《嘉靖三十八年進士登科錄》，1559 年。

〔10〕《萬曆五年進士登科錄》，1577 年。

〔11〕《萬曆十一年癸未年會試錄》，1583 年。

〔12〕《萬曆二十九年辛丑科進士履歷便覽》，1601 年。

〔13〕《順治六年己丑科會試四百名進士三代履歷便覽》，1649 年。

〔14〕《康熙十五年丙辰科二百九名進士三代履歷便覽》，1676 年。

〔15〕《隆慶二年進士登科錄》，1568 年。

〔16〕《萬曆五年進士登科錄》，1577 年。

〔17〕《萬曆八年進士登科錄》，1580 年。

〔18〕《萬曆十四年丙戌會序錄》，1586 年。

〔19〕《萬曆三十八年庚戌科序齒錄》，1600 年。

〔20〕《順治九年壬辰科進士三代履歷》，1652 年。

〔21〕《順治十二年乙未科進士三代履歷》，1655 年。

〔22〕《順治十五年戊戌科進士三代履歷》，1658 年。

〔23〕《順治十六年己亥科會試進士三代履歷》，1659 年。

〔24〕《康熙十二年癸丑科會試進士三代履歷便覽》，1673 年。

〔25〕《康熙二十一年壬戌科同年序齒錄》，1682 年。

〔26〕《康熙二十四年乙丑科三代進士履歷》，1685 年。

〔27〕《康熙四十二年癸未科三代進士履歷》，1703 年。

〔28〕《道光二年壬午科同年序齒錄》，1822 年。

〔29〕《道光十五年乙未科會試同年齒錄》，1835 年。

〔30〕《道光二十四年甲辰科會試同年齒錄》，1844 年。

〔31〕《咸豐九年己未科會試同年齒錄》，1859 年。

〔32〕《咸豐十年庚申恩科會試同年齒錄》，1860 年。

〔33〕《同治四年乙丑科會試同年齒錄》，1865 年。

〔34〕《同治七年戊辰科會試同年齒錄》，1868 年。

〔35〕《同治十年辛未科會試同年齒錄》，1871 年。

〔36〕《同治十三年甲戌科會試同年齒錄》，1874 年。

〔37〕《光緒二年丙子恩科會試同年齒錄》，1876 年。

〔38〕《光緒三年丁丑科會試同年齒錄》，1877 年。

〔39〕《光緒六年庚辰科會試同年齒錄》，1880 年。

〔40〕《光緒九年癸未科會試同年齒錄》，1883 年。

〔41〕《光緒十二年丙辰科會試同年齒錄》，1886 年。

〔42〕《光緒十五年己丑科會試同年齒錄》，1889 年。

〔43〕《光緒十六年庚寅科會試同年齒錄》，1890 年。

〔44〕《光緒十八年壬辰恩科會試同年齒錄》，1892 年。

〔45〕《光緒二十一年乙未科會試同年齒錄》，1895 年。

〔46〕《光緒二十四年戊戌科會試同年齒錄》，1898 年。

〔47〕《光緒三十年甲辰科會試同年齒錄》，1904 年。

舉人・貢生名簿刻本影印（同年齒錄）

〔1〕《雍正十二年寅卯拔貢同年序齒錄》，1734～35 年。

〔2〕《乾隆三年戊午科順天鄉試錄》，1748 年。

〔3〕《乾隆四十八年癸卯科同年序齒錄》，1783 年。

〔4〕《嘉慶九年甲子科直省鄉試同年齒錄》，1804 年。

〔5〕《嘉慶二十一年丙子科各省鄉試同年齒錄》，1816 年。

〔6〕《道光辛巳科（元年）各省同年全錄》，1821 年。

〔7〕《道光戊子科（八年）直省同年錄》，1828 年。

〔8〕《道光辛卯（十一年）各省同年全錄》，1831 年。

〔9〕《道光壬辰科（十二年）直省鄉試同年齒錄》，1832 年。

〔10〕《道光甲午科（十四年）直省同年錄》，1834 年。

〔11〕《道光乙未科（十五年）恩科直省同年錄》，1835 年。

〔12〕《道光癸卯科（二十三年）直省同年全錄》，1843 年。

〔13〕《道光甲辰（二十四年）恩科直省同年錄》，1844 年。

〔14〕《道光己酉科（二十九年）各省選拔明經通譜》，1849 年。

〔15〕《咸豐乙卯科（五年）直省鄉同年齒錄》，1855 年。

〔16〕《同治九年庚午科直省鄉試同年齒錄》，1870 年。

〔17〕《光緒己卯科（五年）直省同年齒錄》，1879 年。

〔18〕《光緒乙酉科（十一年）各直省選拔明經通譜》，1885 年。

〔19〕《光緒丁酉科（二十三年）各直省選拔同年明經通譜》，1897 年。

〔20〕《光緒丙午科（三十二年）優貢同年齒錄》，1906 年。

〔21〕《宣統庚戌科（二年）舉貢考同年齒錄》，1910 年。

〔22〕《天一閣藏明代科舉錄選刊‧登科錄》，杭州：天一閣博物館影印出版，2006 年。

〔23〕《天一閣藏明代科舉錄選刊‧會試錄》，杭州：天一閣博物館影印出版，2007 年。

〔24〕《天一閣藏明代科舉錄選刊‧鄉試錄》，杭州：天一閣博物館影印出版，2010 年。

其他府志與通志刻本影印

〔1〕《吉安府志》，光緒二年（1876）版。

〔2〕《常德府志》，嘉慶十八年（1813）版。

〔3〕《江南通志》，乾隆元年（1736）版。

〔4〕《福州府志》，萬曆四十一年（1613）版。

〔5〕《福建通志》，道光二十九年（1849）版及（1922）年版。

〔6〕《杭州通志》，光緒五年（1879）版及（1923）年版。

〔7〕《常德府志》，嘉慶十八年（1813）版。

其他縣志影印本

〔1〕《江寧縣志》，萬曆二十五年（1597）版。

〔2〕《宣城縣志》，光緒十四年（1888）版。

〔3〕《廬陵縣志》，宣統三年（1911）版。

〔4〕《建陽府志》，天一閣本（嘉靖）版。

〔5〕《浙江通志》，天一閣本（嘉靖）版。

〔6〕《寧波府志》（雍正八年〔1730〕刊）乾隆六年（1741）修訂。

〔7〕《嘉興府志》（光緒四年〔1878〕刊）。

〔8〕《紹興府志》（乾隆五十七年（1792）刊）。

〔9〕《福建府志》（乾隆十九年（1754）刊）。

〔10〕《杭州府志》（光緒五年〔1879〕刊）。

〔11〕《杭州府志》（民國十二年〔1923〕刊）。

小說

〔1〕《醒世恒言》：生活出版社。

〔2〕《官場現形記》：亞東書局版。

〔3〕（清）吳敬梓撰：汪原放標點，《儒林外史》，上海：亞東圖書館，1920。

古籍

〔1〕班固（唐）顏師古注：《漢書》，北京：中華書局，1962 年 6 月。

〔2〕（西漢）司馬遷，《史記》北京：中華書局，2007 年 6 月。

〔3〕（唐）魏徵：《隋書》北京：三泰出版社，1973 年 8 月。

〔4〕《遼史》卷二十《光宗紀三》。

〔5〕《遼史》卷二十七《開祚帝紀四》。

〔6〕《金史》卷五十一《選舉志》一。

〔7〕《元史》卷八一《選舉志》一。

〔8〕《明史》卷七十《選舉志》二。

〔9〕《清高宗實錄》卷五五八。

〔10〕《清太宗實錄》卷十八。

〔11〕《大清會典事例》卷三三七、卷三五四。

〔12〕《清代朱卷集成》卷六、八、三四三冊。

〔13〕（清）徐松《登科記考》卷二十二北京：中華書局，1984 年。

〔14〕《清史稿》卷一百六。

〔15〕《清史稿》卷一零八。

〔16〕《清史稿》卷一零九。

〔17〕《清史稿》卷一百十一。

〔18〕《清史稿》卷一百十二。

〔19〕《清史稿》卷五。

〔20〕《清史稿》卷七。

〔21〕乾隆《欽定盛京通志》卷四十四。

〔22〕（清）于卜熊，史本：《乾隆海豐縣志》卷四《學校志》。

專著

中文主要參考書目

〔1〕胡兆量等。《中國文化地理》。北京：人民教育出版社，2005 年。

〔2〕宋元強。《清朝的狀元》。吉林：吉林文史出版社，1992 年版。

〔3〕王志明。《雍正朝官僚制度研究》。上海：上海古籍出版社，2007 年。

〔4〕胡巧利。《陳子壯》。廣東：廣東人民出版社，2011 年。

〔5〕馬鏞。《清代鄉會試同年齒錄》。上海：上海科學技術文獻出版社，2013 年。

〔6〕毛曉陽。《清代科舉賓興史》。湖北：華中師範大學出版社有限責任公司，2014 年。

〔7〕《明清歷科進士題名碑錄》。洪武四年至光緒三十年。第一冊至第四冊，臺北：華文書局股份有限公司。

〔8〕《明代進士題名錄》。刻本影印臺灣：正祥房藏圖書，1960 年。

〔9〕劉海峰。《科舉制的終結與科舉學的興起》。湖北：華中師範大學出版社，2006 年。

〔10〕廣東省地方史編纂委員會編。《廣東省志·地名志》。廣東：廣東人民出版社，1999 年。

〔11〕廣東省地方史編纂委員會編。《廣東省志·風俗志》。廣東：廣東人民出版社，2002 年。

〔12〕何炳棣，徐泓譯注。《明清社會史論》。臺北：聯經出版股份有限公司，2013 年 4 月初版二刷。

〔13〕顧鼎臣。《明狀元圖考》。中國書店本。

〔14〕盛朗西編。《中國書院制度》。上海：中華書局，民國 23 年 11 月初版。

〔15〕曹濟平。《中國歷代狀元錄》。鄭州：河南人民出版社，1992 年。

〔16〕陳廣傑、劉長琚。《廣東歷代狀元》。廣州：廣州文化出版社，1989 年 12 月第一版。

〔17〕陳廣傑、劉長琚。《廣東歷代狀元》。廣州：廣州高等教育出版社，1998 年 1 月第 1 版。

〔18〕陳正祥。《廣大地志》。香港：天地圖書有限公司，1978 年 5 月第 1 版。

〔19〕陳正祥。《西北區域地理》。上海：商務印書館，1947 年第 1 版。

〔20〕陳正祥。《中國方志的地理學價值》。香港：中文大學出版社，1965 年第 1 版。

〔21〕陳正祥。《中國歷史文化地理上冊》。臺灣：南天書局有限公司，1995 年第 10 初版。

〔22〕陳正祥。《中國遊記選注第一集》。臺灣：南天書局有限公司，1994年第10初版。

〔23〕高明士。《隋唐貢舉制度》。臺北：文津出版社，1999年6月第一版。

〔24〕胡兆量。《中國區域發展導論》。北京：北京大學出版社，1999年9月第1版。

〔25〕胡兆量等。《中國文化地理概述》。北京：北京大學出版社，2009年4月第3版。

〔26〕胡兆量等。《中國文化地理綱要》。北京：人民出版社，2005年4月第一版。

〔27〕李潤強。《清代進士群體與學術文化》。北京：中國社會科學出版社，2007年4月第一版。

〔28〕羅香林。《唐代廣州光孝寺與中印交通之關係》。香港：中國學社，1960年初版。

〔29〕毛佩琦編。《中國狀元大典》。雲南：人民出版社，1999年6月第一版。

〔30〕吳宣德。《明代進士的地理分佈》。香港：中文大學出版社，2009年第1版。

〔31〕蕭錦源。《狀元史話》。重慶：重慶出版社，1992年。

〔32〕林澤民。《明嘉靖海豐縣志及其他》。廣州：海豐人文資料編輯組，2001年。

〔33〕楊永、陳賢釵合著。《海陸豐文化探源》。香港：中流出版社有限公司，2000年。

〔34〕廖幼華。《歷史地理學的應用嶺南地區早期的發展》。臺北：文津出版社有限公司，2004年。

〔35〕林俯。《地名史話》。臺北：國家出版社，2004年。

〔36〕史念海。《唐代歷史地理研究》。北京：中國社會出版社，1998年。

〔37〕史念海。《中國歷史地理論叢第二輯》。陝西：陝西人民出版社，1985年。

〔38〕陳漢成。《「嶺南之風」實地考察課堂研究和編寫教材計劃》。第二版，香港：保良局唐乃勤初中書院，2012年。

〔39〕劉令。《清代廣東進士名錄》。美國：美國東西文化出版社，1970年。

〔40〕張榮芳、黃淼章。《南越國史》。廣州：廣東人民出版社，1995年。

〔41〕鄭培凱。《嶺南歷史與社會》。香港：香港城市大學出版社，2003年。

〔42〕多洛肯。《明代福建進士研究》。上海：上海辭書出版社，2004年7月第一版。

〔43〕多洛肯。《明代浙江進士研究》。上海：上海古籍出版社，2004 年。

〔44〕徐紅。《北宋初期進士研究》。北京：人民出版社，2009 年 4 月第一版。

〔45〕米文寶編。《寧夏人文地理》。香港：亞洲開發研究院，2006 年 11 月第一版。

〔46〕葉寶明編。《人文地理學》。北京：人民教育出版社，2006 年 5 月第一版。

〔47〕葉寶明編。《人文地理研究》。江蘇：江蘇教育出版社，1989 年 4 月第一版。

〔48〕譚其驤編。《中國歷史地圖集》。第七冊，香港：三聯書店，1992 年第一版。

〔49〕譚其驤編。《中國歷史地圖集》。第八冊，香港：三聯書店，1992 年第一版。

〔50〕商衍鎏。《清代科舉考試述錄》。北京：紫禁城出版社，2014 年。

（2）連續出版物

（甲）大陸地區期刊論文

一）陳直：《隋進士科開始於煬帝大業元年考》原載文史第 3 期，1963 年 10 月。

二）顧頡剛：〈中國考試制度史序〉，北京：《燕京大學圖書館報 89 卷》，一九三六年四月。

三）金旭東：〈科舉制起源辨析之商榷〉，北京：《歷史研究》，一九八四年六月。

四）林天蔚：《唐末嶺南狀元莫宣卿考》原載食貨月刊（復刊）第 5 期第 7 卷，1977 年 8 月。

五）潘光旦、費考通：《科舉與社會流動》原載清華社會科學第 4 卷 1 期，1947 年。

六）錢穆：《中國歷史上之考試制度》原載考銓第 1 期月刊，1951 年 4 月。

七）特格舍、王志強：《元朝蒙古進士科簡介》原載內蒙古社會科學第 2 期，1983 年。

八）中國第一歷史檔案館：《順治年間科舉題本選》原載歷史檔案第 3 期，1987 年。

（乙）美國及日本學者期刊論文

一）埃爾曼（美）：《明清時期科舉制度下的政治社會與文化更新》原載國外社會科學第 8 期，1992 年。

二）福澤宗吉（日）：《唐代科舉與兩稅法的關係》原載史淵 74 卷，1957 年

11 月。

三）福澤宗吉（日）:《唐登科記總目》史淵出版社，1952 年 7 月。

四）根本誠（日）:《唐代「選」的結構與機能》原載史觀 79 卷，1969 年 3 月。

五）新井洋子（日）:《登科記考補（索引第二）》，京都大學人文科學研究所出版社，1949 年。

六）竹田龍兒（日）:《唐代選舉的一個側面》原載史學第 20 卷 2 期，1941 年 11 月。

二、外文著作與譯著

英文書籍

1. 外文著作

1. Ho,Ping-ti ,Studies on the Population of China ,1368～1953, Cambridge , Massachusetts : Harvard University Press . 1959.

2. Ho,Ping-ti :（Cradle of the East : An Enquiry into the Indigenous origins of Techniques and Ideas of Neolithic and Early Historic China , 5000～1000 B.C.）， New York , Columbia University Press .1959.

3. Ho,Ping-ti :（Ladder of Success In Imperial China：Aspects of Social Mobility （1368～1911）, New York , Columbia University Press . 1961.

4. Hsu , Cho-yum（許倬雲）,（Ancient China in Transition : An Analysis of Techniques and Ideas of Social Mobility , 722～222 B.C.）Stanford : Stanford University Press .1962.

5. Yong-ho Cheo（崔永浩）, The Civil Examinations and the Social Structure in Early Yi Dynasty Korea ,1392～1600（Seoul：Korean Research Center , 1987）.

6. Amiot , Jean J.M.（錢德明）, Memoires concernant .（《北京傳教士關於中國歷史、科學、數學、藝術、風俗、習慣錄》,第六卷）, Paris Nyon , 1776 ～1789.

7. Jonathan Fenby. THE DRAGON THRONE DYNASTIES OF IMPERIAL CHINA 1600BC～AD1912. London : Quercus Publishing PLC, 2008. Endymion Wilkinson. CHINESE HISTORY A MANUAL REVISED AND ENLARGED. London : Harvard University Press Cambridge, 2000. Benjamin A. Elman , A Cultural History of Civil Examinations In Late Imperial China,（Berkeley , CA , 2000）.

8. Joseph Needham : China and the origins of Qualifying Examinations in Medicine in his clerksand craftmen in China ,（Cambridge , Cambridge

University Press ,1970）.

9.Heelee G Creel : The origins of Statecraft in China（Chicago University Press , 1970）.

10. Shigeru Ngkayama（中山茂）: Academic and Scienific in China, in Japan and the West（Tokyo University Press, 1962）.

11. William Ayers : Chang Chih-tung and educational Reform in China ,（Harvard University Press, Cambridge , Massachusetts ,1971）.

12. John K.Fairbank : Chinese Thought and Institutions ,（Chicago University Press , 1957）.

13. Ichisada Miyazaki : China Examination Hell : The Civil Services Examinations of Imperial China,（John Weatherhill , inc, 1976）.

14. Iona Man Cheong : The class of 1976 , Examinations, State and Elite in Eighteenth Century China（Stanford , CA . 2004）.

15. Etienne Zi：Pratique des Examines Litteraires en Chine ,（Shanghai , 1894）.

16. Cynthia Brokaw , and Kaiwing Chow, Printing and Book cultures in late Imperal China ,（Berkeley , CA . 2005）.

17. Benjamin A.Elman , Classicism Politics , and Kinship : The Chang-chau School of new Text Confucianism in late Imperial China,（ Berkeley , CA . 1990）.

18. Benjamin A.Elman , "Rethinking 'Confucianism and non- Confucianism', in Modern Chinese History" , in Rethinking 'Confucianism : Past and Present in China , Japan , Korea , and Vietnam .（Los Angeles , CA . 2002）.

19. John Chaffee , The Thorny Gates of Learning in Sung China . New edition ,（Albany , NY . 1995 ）.

20. David Johnson , "Communication , Class , and Consciousness in late Imperial China " , Popular Culture in late Imperial China ,（Berkeley , CA . 1985 ）.

21. Benjamin A.Elman , Classicism Politics , and Kinship : The Chang-chau School of new Text Confucianism in late Imperial China,（Berkeley , CA . 1990）.

22. F.W., Imperial China : 900～1800 ,（Cambridge , Harvard University Press , 1999 ）.

23. Maurice Freedman , Kinship Organization in Southern China ,（London , Athlone . 1958 ）.

24. Maurice Freedman , Chinese Lineage and Society ,（London , Athlone . 1966）.

25. Maurice Freedman ,Family and Kinship in China Society,（Stanford, Stanford University Press . 1970 ）.

2. 外文譯著

1. 崔瑞德〔英〕編、金衛民等譯，2007，《劍橋中國遼金西夏金元史，907～1368年》（北京：中國社會科學出版社）。

2. 崔瑞德〔英〕、魯惟一〔英〕編、楊品泉譯，2007，《劍橋中國秦漢史，西元前211年至西元220年》（北京：中國社會科學出版社）。

3. 崔瑞德〔英〕、牟復禮、張書生譯、謝亮生校，1992，《劍橋中國明代史，1368～1644年》（北京：中國社會科學出版社）。

4. 崔瑞德〔英〕編、中國社會科學研究所、西方漢學研究課題組譯，2007，《劍橋中國隋唐史，589～906年》（北京：中國社會科學出版社）。

5. 費正清、羅德里克·麥克法誇爾主編，李向前等譯，冀岱澧校，《劍橋中華人民共和國史：1966～1982》（海口：海南出版社），1992。

6. 費正清、羅德里克·麥克法誇爾主編、王建朗等譯、陶文釗等校，1990，《劍橋中華人民共和國史，1949～1965》（上海：上海人民出版社）。

7. 費正清、章建剛等譯，1992，《劍橋中華民國史》（上海：上海人民出版社）。

8. 費正清、中國社會科學院歷史研究所編譯室譯，1985，《劍橋中國晚清史》（北京：中國社會科學出版社）。

日文專著

1. 〔日〕天野郁夫，1983，《考試的社會史》（東京：東京大學出版會）。

2. 〔日〕宮崎市定，1987，《科舉史》（東京：東京平凡社）。

3. 〔日〕宮崎市定，1984，《科舉——中國的考試地獄》（東京：東京中央公論社）。

4. 〔日〕平田茂樹，1997，《科舉制與官僚制》（東京：東京山川出版社）。

5. 〔日〕村上哲見，1980，《科舉史話：考試制度與文人官僚》（東京：東京講談社）。

6. 〔日〕平川祐弘，1991，《西洋的衝擊》（東京：東京岩波書店）。

7. 〔日〕內藤湖南，2004，《中國史通論》（東京：社會文獻出版社）。

8. 〔日〕宮崎市定，2003，《宮崎市定全集》（東京：東京岩波書店）。

9. 〔日〕波斯義信，2003，《宋代江南經濟史》（東京：東京出版社）。

10. 〔日〕宮崎市定，1946，《科舉》（東京：東京秋田屋）。

11. 〔日〕鹽野宏著、楊建順譯，1999，《行政法》（北京：法律出版社）。

12. 〔日〕宮崎市定，1993，《宋代的太學生活》（東京：東京岩波書店）。

13. 〔日〕宮崎市定，1963，《論宣祖時代的科舉榮宴圖》（東京：東京岩波書店）。

14.〔日〕久辛南，1990，《日本古代學校之研究》（東京，玉川大學出版社）。

後　記

　　本文由於集中於明清時代的中國科舉制度發展情況，對於整個科舉制度發展史是從無到有的研習歷程，期間使用了較多時間進行史料搜集及文獻回顧，導致論文的撰寫時間倉促，很多明清時代的廣東狀元與進士的分佈及資料問題，還沒有來得及進行仔細的史料研究及文獻探討。又由於本人的水準與學識有限，對本題目的研究也只是停留在初級階段，故希望得到專家學者更多的批評和指正。

　　在此特別向以下學者及師友致謝，包括暨南大學文學院陳偉明教授、吳宏岐教授、郭聲波教授、王銀田教授、黃忠鑫教授、王元林教授、冀滿紅教授、潮龍起教授、華南農業大學魏露苓教授、廣東技術師範學院李琴教授、加拿大西安大略大學休倫學院歷史系方駿正教授、香港教育大學客席講師梁操雅博士及博士研究生聶浩然同學。